전남대학교 인문학연구원 HK+ 가족커뮤니티사업단 번역총서 · 8
터치, 생명의 감각을 회복하다

Touch: Recovering Our Most Vital Sense by Richard Kearney
Copyright © 2021 Columbia University Press
All rights reserved.
Korean Copyright © 2025 Hankukmunhwasa
This Korean edition is a complete translation of the U.S. edition,
specially authorized by the original publisher, Columbia University Press,
New York, U.S.A.
This arrangement is made by Bestun Korea Agency, Seoul, Korea.
All rights reserved.

이 책의 한국어 판권은 베스툰 코리아 에이전시를 통하여
저작권자인 Columbia University Press와 계약한 한국문화사에 있습니다.
저작권법에 의해 한국 내에서 보호를 받는 저작물이므로
어떠한 형태로든 무단 전재와 무단 복제를 금합니다.

전남대학교 인문학연구원 HK+ 가족커뮤니티사업단
번역총서

8

터치, 생명의 감각을 회복하다

리차드 카니 지음
김연민·김은혜 옮김

한국문화사

함께 작업을 시작했던 동료 김은영 선생님을 애도하며
이 책을 바칩니다.

옮긴이의 말

2020년 전 세계를 강타한 코로나는 우리에게 터치의 공포를 심어 주었다. 터치를 통해 감염이 확산되었기에 과거에는 영화에서나 볼 법한 사회적 격리가 광범위한 영역에서 시행되었다. 우리가 터치를 혐오하는 만큼 손 세정제와 마스크는 불티나게 팔렸다. 그만큼 우리는 그동안 손을 통해 타인과 직간접적으로 연결되었고, 공기를 통해 타인과 호흡해 왔다. "인간은 사회적 존재다"라는 명제는 곧 "인간은 터치하는 존재다"의 다른 표현이었던 것이다.

많은 전문가와 미래 학자들이 포스트휴머니즘, 트랜스휴머니즘 등의 용어로 전통적인 인간 개념이 코로나로 인해 급진적으로 변화될 것이라는 예측을 쏟아 냈다. 뉴노멀new normal 시대에 새로운 관계 법칙들이 기존의 관계들을 급속도로 대체하게 될 것이라는 내용이 주를 이루었다. 그러나 국제보건기구가 국제공중보건 위기상황 해제를 선언한 2023년 5월 이후 약 18개월 후인 2025년 1월 현재, 인류는 코로나 이전의 대면 관계를 빠른 속도로 회복했다. 우리는 다시 사람들과 자연스럽게 악수와 포옹을 했고, 학교는 대면 수업으로 전환되었으며, 마스크는 병원에서 권고사항이 되었고, 손 세정제는 최근 마지막으로 사용한 때가 언제인지 기억이 나지 않을 정도로 우리는 터치하는 존재로서 몸의 기억들을 회복했다.

리차드 카니Richard Kearney의 『터치』Touch는 코로나가 정점이던 2021년 인류가 터치 위기를 겪으면서 인간 존재에 대한 근원적인 질문을 본격적으로 던지기 시작하던 무렵 출간되었다. 카니는 고대 신화에서부터 현대

해석학, 트라우마 연구 및 뇌과학에 이르기까지 다양한 분야에서 터치의 중요성을 언급한다. 그러나 그는 터치를 잃어가고 있는 현시대에서 순박한 노스탤지어적 관점이 아닌 균형 잡힌 통찰력으로 터치가 지닌 양가성을 끊임없이 사유한다. 상황에 따라 좋은 터치와 나쁜 터치, 치유하는 터치와 해를 가하는 터치가 있다. 누군가를 터치하는 것뿐만 아니라, 누군가로부터 터치를 받는 "이중 감각"이 매우 중요하다. 또한 디지털 시대에 우리가 육체로부터 분리되는 "탈육화"excarnation 현상에 대해 분석하면서, 카니는 우리가 터치스크린을 사용할수록 터치를 상실하여 관계로부터 고립을 경험하게 되지만, 동시에 전 세계 사람들과 온라인으로 연결되어 더욱 활발히 관계의 망을 확장해 가고 있음도 조명한다. 아이러니의 아이러니한 현상이다. 터치를 혐오하는 시대에 역설적으로 우리는 더더욱 터치를 갈망하고 있었던 것이다. 이 책을 번역한 우리 번역자들도 코로나 시대에 새롭게 개발된 화상회의 기술 덕분에 저자 카니와 2022년 1월 중 총 9시간 동안 전남대학교 영어영문학과 대학원생들과 현대대륙철학과 터치에 관한 세미나를 진행할 수 있었다. 코로나로 대면 소통이 불가능해진 덕분에, 오히려 저자 직강 온라인 수업을 들을 수 있는 기회가 주어진 것이었다. 이 역시 아이러니한 일이 아닐 수 없었다.

    카니는 현재 미국 보스턴 칼리지Boston College 철학과에 재직 중이며, 국내 독자들에게 『이방인, 신, 괴물』Strangers, Gods, and Monsters, 2003을 통해 인간 정체성과 타자성에 관한 탐구로 알려졌고, 이미 『현대유럽철학의 흐름』Modern Movements in European Philosophy, 1994에서 현상학을 비롯한 20세기 주요 유럽대륙 사상가들의 철학을 이해하기 쉬운 언어로 정리하여 국내 연구자들에게 훌륭한 학술자료를 제공한 바 있다. 또한 그는 아일랜드 출신으로 20세기 후반 유혈 보복의 악순환이 계속되던 북아일랜드 분쟁을 종결짓는 평화협정문(1998) 작성에 참여한 바 있다. 그가 집필한 『포스트민족주의 아일랜드』*Postnationalist Ireland*, 2002와 『항해: 아일랜드 에세이 모음집, 1976-2006』*Navigations: Collected Irish Essays*, 1976-2006(2006)은 아일랜드 식민지배와 분단의 역사에 관한 철학적 통찰을 담아 아일랜드학 연구가들에게 필독서로 꼽힐 만큼 그는 학술적으로 중요한 업적들을 남겨왔다. 더불어 『재신론: 신 이후 신에게로 되돌아가기』*Anatheism: Returning to God After God*, 2010 집필 이후 육체 해석학에 관한 연구를 진행해 오고 있고, 코로나 위기 이후로 인간의 몸에 관한 담론을 선도해 오고 있다.

우리는 번역 작업을 하면서 원서에 담긴 카니의 독특한 문체를 살리기 위해 공을 들였다. 그는 특히 언어에 대한 섬세한 감각을 지닌 작가로, 시적인 언어유희와 미묘한 뉘앙스를 담은 용어들을 종종 사용했다. 우리는 이러한 용어들을 본문에서 괄호 안에 원문을 병기해 독자들이 저자가 의도한 언어적 "터치"를 경험하도록 했다. 본문 이외에도 독자들에게 책의 후반부에 수록된 각 장에 관한 「깊이 읽기」를 반드시 읽어보기를 추천한다. 여기에는 원문만큼이나 풍성한 터치에 관한 저자의 해박한 지식과 함께, 지금까지 터치에 관한 역사, 문학, 문화, 심리학, 철학, 의학 등 다양한 분야의 연구 성과들이 망라되어 있다. 터치를 본격적으로 연구하고 싶은 모든 연구자들에게 「깊이 읽기」는 소중한 학술 연구 목록을 제공해 줄 것이다.

본 번역서를 통해 독자들이 저자와 사(상)상적으로 서로를 터치하고 터치 받을 수 있는 시적 사건을 경험할 수 있기를 기대한다. 특히 정치적 혼란과 보복의 악순환 가운데 있는 한국 사회가 터치를 통해 잃어버린 몸의 기억을 회복하기를, 터치를 통해 서로에게 상처 입은 치유자가 되어 경직된 이념의 프레임을 넘어 열린 미래를 자유롭게 상상할 수 있기를 소망한다. "Let's Keep in Touch."

2025년 1월
옮긴이들

편집자의 말

노 리미츠No Limits 시리즈
코스티카 브라다탄Costica Bradatan 편집

삶에서 가장 중요한 질문들은 끊임없이 우리를 따라다닌다. 이 질문에 답할 올바른 한 가지 방법도, 답을 찾는 유일한 장소도 없다. 철학자와 예언자, 시인과 학자, 과학자와 예술가 모두가 명료함과 의미를 추구하는 여정에서 각자의 방식으로 진리를 탐구한다. 우리는 이러한 질문 자체에 관심을 두기보다 이 질문이 우리에게 어떤 의미를 지니는지 생각한다. 이를 통해 우리는 결국 자신을 더 깊이 이해하게 된다. 노 리미츠는 사상의 경계를 자유롭게 넘나들며 지적 탐구의 즐거움을 만끽하는 창의적 사상가들을 한곳에 모은다. 이들은 어디로 향하든, 어떤 비판의 장벽을 넘어서든 탐구의 여정 자체가 보람되고, 더 나아가 삶을 변화시키는 힘을 지닌다는 것을 증명해 보인다. 지식과 자기 인식에는 끝이 없으며, 우리 자신을 형성해 나가는 과정에도 마찬가지로 한계는 없다.

마크 C. 테일러Mark C. Taylor, 『개입: 스마트한 신체 스마트한 것들』*Intervolution: Smart Bodies Smart Things*
톰 루츠Tom Lutz, 『무목적성』*Aimlessness*

감사의 말

많은 친구, 동료, 그리고 가족에게 감사의 인사를 전하고 싶다. 이 글의 여러 초고를 꼼꼼히 읽어주고 탁월한 견해를 제시해 준 다음 분들에게 깊은 감사를 표한다. 패니 하우Fanny Howe, 브라이언 트리너Brian Treanor, 존 마누사키스John Manoussakis, 쉴라 갤러거Sheila Gallagher, 레드몬드 오핸론Redmond O'Hanlon, 패트릭 헤더만Patrick Hederman, 사이먼 슬리먼Simon Sleeman, 제임스 테일러James Taylor, 그리고 매트 클레멘테Matt Clemente. 또한, 형식, 교정 그리고 저작권 사용승인에 도움을 준 보스턴 칼리지 조교 피터 클라페스Peter Klapes, 윌리엄 헨델William Hendel, 우르와 하미드Urwa Hameed, 사라 호튼Sarah Horton, 그리고 노아 발데즈Noah Valdez에게 감사드린다. 마지막으로 가족들, 특히 케이론Chiron과 아스클레피오스Asclepius 신화에 관해 중요한 통찰을 준 형 마이클Michael, 아내 앤Anne 그리고 일러스트를 제공해 준 딸 시몬Simone과 사라Sarah에게 특별히 감사를 표한다. 이 책이 터치를 다루기에, 손으로 그린 딸들의 잉크 드로잉은 더욱 의미가 있다.

또한, 컬럼비아 대학 출판사의 훌륭한 편집자들 웬디 로크너Wendy Lochner, 코스티카 브라다탄Costica Bradatan, 수잔 펜삭Susan Pensak, 그리고 로웰 프라이Lowell Frye 에게 진심으로 감사의 말을 전하고 싶다. 처음부터 끝까지 그들과 함께 작업할 수 있어 즐거웠으며, 여러 초안과 수정 과정을 거치는 동안 보여준 그들의 지원, 조언, 그리고 인내에 깊은 감사를 드린다.

목차

옮긴이의 말 7
편집자의 말 11
감사의 말 12

머리말 우리는 감각을 잃어가고 있는가? ·································· 15
제1장 감각 회복하기 ··· 23
제2장 터치의 철학 ·· 49
제3장 상처 입은 치유자 이야기 ··· 77
제4장 치유하는 터치 ·· 103
제5장 탈육화 시대에서 터치 회복하기 ································ 135
맺음말 터치와 코로나바이러스 ·· 159

깊이 읽기 167
찾아보기 220

일러두기

1. 이 책은 Richard Kearney의 *Touch: Recovering Our Most Vital Sense* (New York: Columbia University Press, 2021)를 완역한 것이다.
2. 「깊이 읽기」는 원저자의 해설이다.
3. Touch는 기본적으로 "터치"로 번역했으나, 문맥에 따라 "접촉" 또는 "만지다" 등으로 번역했다.
4. 본문과 「깊이 읽기」에서 사용된 용어 feeling, emotion, affective는 각각 "느낌," "감정," "정서적인"으로 번역했다. 특히 감정과 정서 개념은 국내에서 종종 혼용되나, 본문에서 맥락을 고려하여 위와 같이 구별하여 번역했다.
5. 진한 글씨는 원문에서 원저자가 강조한 단어이다.
6. 본문과 「깊이 읽기」에서 사용한 대괄호 [ ] 기호 안 내용은 독자들의 이해를 돕기 위해 옮긴이들이 추가한 설명이다.
7. 단행본과 저널명은 『 』, 단편소설, 시, 논문과 장 제목은 「 」, 미술작품, 영화, 드라마 및 게임은 〈 〉로 표기했다.
8. 원문에 포함된 사소한 오류(철자, 기호, 인용 등)는 옮긴이들이 원저자와 이메일을 통해 오류를 확인하고 직접 수정 번역하였다.

머리말

우리는 감각을 잃어가고 있는가?

나는 아일랜드라는 나라에서 자랐다. 그곳에서는 사람들이 술에 취했을 때(아일랜드공화국)나 서로 죽이려고 할 때(북아일랜드)에만 서로를 터치했다. 그런 농담이 돌았는데, 다행히도 내 성장 과정은 달랐다. 나의 외가는 "키스하는 킨먼스"Kissing Kinmonths라고 불렸는데, 그들은 항상 어떤 이유로든 서로에게 키스를 했다. 어머니는 그 이름에 걸맞게, 일곱 자녀에게 넘치는 애정을 쏟아부었고, 잠들기 전 기도와 함께 나를 안아준 어머니의 포옹은 프루스트적Proustian이라고 할 만큼 풍성했다. 친가는 사 대를 이어온 의사 집안이었으며, "환자를 대하는 태도"와 "치유의 터치"로 잘 알려져 있었다. 실제로 할아버지는 환자들과의 악수로 유명해서 "프랑스 의사"라는 별명을 얻었다. 아일랜드 사람들은 프랑스인이라면 몸으로 무엇이든 할 수 있다고 생각했던 것 같다. 심지어 악수까지 포함해서 말이다. 아버지와 다섯 명의 삼촌, 네 명의 사촌, 그리고 내 맏형과 남동생도 모두 의학을 직업으로 삼았다. "터치를 통한 치료"therapies of touch에 대해서는 나중에 다시 이야기하겠지만, 지금은 형제자매, 부모, 조부모가 세대를 넘어 밀접한 관계를 유지하는 매우 애정이 넘치는 가정에서 자랐다는 사실만 말해두겠다. 우리를 둘러싼 아일랜드 문화가 역사적 트라우마(기근과 식민 지배)와 종교적 엄숙주의(가톨릭 얀세니즘*과 개신교 청교도주의)의 상처를 안고 있었지만 말이다. 내가 어릴 때 피임, 이혼, 그리고 동성애를 금하는 법령은 여전히 "육체의 죄"에 맞서는 전쟁의 지표였다. 그리고 학교에서 겪은 잦은 신체적 학대는 극복해야 할 깊은 상처를 남겼다. 그 이후로 많은 변화가 있었지만, 나를 형성해 온 경험의 가방 안에는 긍정적인 것과 부정적인 것이 뒤섞여 있었다고 말할 수 있겠다.

그러나 이 책은 자서전도 아니고 육체를 대하는 아일랜드 문화를 연구하는 인류학도 아니다. 이 글은 디지털 기술이 주도하는 시뮬레이션의 시대와 확장되는 가상 경험 문화 속에서, 우리 시대 터치의 위기에 관심을 두는 모든 독자를 위한 에세이다. 나의 질문은 다음과 같다. 우리의 경험이 점점 더 매개됨에 따라, 우리는 우리의 감각과 단절되고 있는가? 우리는 점점 더 비육체적인disembodied 방식으로 몸에 집착하는 "탈육화"excarnation 시대에 들어서고 있는가?[1] 왜냐하면, 육화incarnation는 이미지가 육체가 되는 것이고, 탈육화는 육체가 이미지가 되는 것이기 때문이다. 육화는 육체에 의미를 부여하고, 탈육화는 그것을 박탈한다. 그래서 우리는 묻는다. 우리는 터치 자체에 대한 감각을 잃어가고 있는가? 가장 중요하고 필수적인 감각을 잃어버릴 위험에 처해 있는가? 만약 그렇다면, 우리는 무엇을 할 수 있을까? 우리 시대를 상징하는 터치의 위기는 말할 필요도 없이 이 책의 원고를 완성하던 2020년 봄 지구를 강타한 COVID-19 재난이 불러온 "거리두기" 문화로 인해 극적으로 증폭되었다.[2] 촉각의 상실이라는 팬데믹 현상은 내가 결론에서 다시 다룰 중요한

---

* 카톨릭 얀세니즘(Catholic Jansenism)은 17세기 프랑스를 중심으로 발전한 가톨릭 신학 운동으로 엄격한 도덕주의와 경건주의 측면에서 청교도주의와 유사성이 있음.

순간이다.

하지만 우선 분명히 인정하자. 인터넷은 놀라운, 마법적인, 환상적인, 비현실적이며 기이한 발명품이다. 그 매력을 느끼고도 더 원하지 않는 사람은 거의 없다. 인터넷은 불가능한 거리를 가로질러 소통할 수 있게 한다. 우리는 이를 통해 전 세계 모든 지역의 다양한 사람들과 문화적, 사회적, 상업적으로 교류할 수 있다. 인터넷은 공간을 유연하게 하고 시간을 탄력적으로 만든다. 소셜 미디어 플랫폼은 전례 없는 정보, 즐거움 그리고 오락을 제공하며 일상적인 고통, 혼란, 지루함에서 벗어날 수 있는 환영받을 탈출구가 될 뿐 아니라, 우리를 "연결" 시켜준다. 세계적 연대 운동이 보여주듯, 월드 와이드 웹World Wide Web, WWW은 지구의 가장 먼 곳에 있는 이들의 투쟁과 꿈에 우리를 가상으로 연결해 준다. 키를 누르면 세상에 못 할 일이 없다. 그러나 이 "초현실성"hyperreality의 길을 걷다 보면 중요한 질문이 떠오른다. 모든 놀라운 이득에도 불구하고, 우리는 우리의 체험 감각lived experience을 희석시키고 있는 것은 아닐까? 현실에 대한 우리의 밀착력grip, 즉 우리의 일상적인 터치를 잃고 있는 것은 아닌가? 사이버 연결성이 증가되면서 우리에게 필수적인 육체적 접촉contact에 관한 필요가 사라지고 있는 것은 아닐까? 연구자들은 편안한 터치와 근접성에 대한 인간의 원초적 갈망이 음식과 음료를 향한 가장 기본적인 욕구조차도 능가한다는 것을 보여준다.[3] 반복적인 터치가 없으면 유아가 쇠약해질 것을 우리는 알고 있다. 그리고 신체에서 가장 큰 기관인 피부는 우리를 뇌로 연결해주는 통로이며, 이 연결 덕분에 더 건강한 인간이 된다는 것을 우리는 알고 있다.[4] "부드러운 터치"는 불안을 완화하고 면역 체계를 강화하며 혈압을 낮추고 수면과 소화를 돕고 감기와 감염을 예방한다. 그것은 우리 몸과 영혼에 양분을 준다. 요컨대, 촉각을 통한 소통은 우리의

신체적, 정신적 행복에 절대적으로 필수적이다.[5]

그렇다면 우리는 어떻게 터치와 다시 접촉할 수 있을까? 우리는 어떻게 하면 우리의 감각을 되찾을 수 있을까?

오늘날 우리의 삶이 점점 더 거리를 두고 원거리에서 이루어지고 있다는 것은 분명하다. 소셜 미디어와 디지털 커뮤니케이션, e-게임, e-메일, e-뱅킹, e-교육, e-데이트, e-스포츠, e-호스팅을 통해서 말이다.[6] 심지어 글로벌 분쟁도 이제는 소위 군사 심리 작전psy-ops, 온라인 뉴스 속보 그리고 트윗을 통해 간접적으로 진행되고 있다.[7] 사이버 정치가 오늘날의 질서가 되었으며, 국가 지도자들이 TV 쇼에서 최고 권력의 자리로 나아가고 있다. (도널드 트럼프와 볼로디미르 젤렌스키는 대통령이 되기 전에 TV 스타였다.) 그리고 가장 친밀한 영역인 섹스도 온라인 데이트 사이트, 섹스팅, 소셜 미디어 플랫폼을 통해 매개되고 있다. 포르노 산업은 미국에서 연간 40억 달러 규모의 산업이 되었으며, 포르노 사이트의 월 방문자 수는 아마존, 넷플릭스, 트위터를 합친 것보다 더 많다.[8] 한편, 게임 산업은 2020년 전 세계적으로 1,500억 달러 이상의 수익을 올리며 지구상에서 가장 인기 있는 오락 형태로 빠르게 자리 잡고 있다.

그러나 이 모든 것은 우리에게 깊이 생각해 볼 여지를 준다. 사이버 기술이 발전함에 따라 근접성proximity은 대리proxy로 대체되고 있다.[9] 물질주의적인 세상은 날이 갈수록 더 비물질화되고 있으며, 멀티터치 스크린은 터치 그 자체에서 벗어나는 출구가 되고 있다. 사실, 오늘날 "디지털"이라는 단어의 주요 의미가 더 이상 우리의 손가락을 가리키지 않고* 사이버 세계를 의미한다는 점은 아이러니하다. 즉, 터치의 가상화가 일종의

---

* 디지털(digital)은 손가락이라는 의미가 있음.

손가락 절단이 되어가고 있는 것이다. 미국인들이 하루에 아이폰을 10억 번 이상 확인하지만, 미국 시민 5명 중 1명은 주로 외로움과 연관된 정신질환을 앓고 있다는 사실은 말할 것도 없다.[10] 우리가 가상으로 연결될수록, 우리는 더 고독해진다. 우리는 멋진 신세계를 "보고" 있지만, 점점 더 그 세계를 터치한다고 "느끼지" 못한다. 시각적 편재성이 촉각적 접촉을 능가한다.[11] 사이버 연결과 인간의 고립은 밀접한 관련이 있을 수 있다.

최근의 개인적인 경험 하나를 예로 들자면, 보스턴 시내로 가는 지하철을 탔을 때, 운전자를 제외한 거의 모든 승객이 아이폰이나 아이패드에 "연결돼" 있으며, 주변 사람들과 그들 주변에서 일어나는 일들을 의식하지 못한다는 사실에 놀랐다. 한 승객은 온라인으로 보고 있는 내용 때문에 불안해 보였고, 다른 승객은 팟캐스트를 재미있게 듣고 있었지만, 아무도 옆에 앉은 사람이나 지나가는 풍경을 인식하지 못하는 듯했다. 기술은 거리를 극복하지만, 항상 가깝게 해주는 것은 아니다.[12]

우리의 탈육화 디지털 시대는 "외로움이라는 전염병"으로 고통받고 있다. 우리는 역사상 가장 기술적으로 연결된 시대를 살고 있지만, 1980년대 이후 인간의 고독 비율은 두 배로 증가했다. 최근 미국 은퇴자 협회 AARP 조사에 따르면, 45세 이상의 미국 성인 4,260만 명이 만성적 외로움을 겪고 있다고 추정된다. 글로벌 건강 보험 회사 시그나Cigna가 2018년에 발표한 연구에 따르면, 젊은 세대일수록 사회적으로 더 고립되어 있다. 외로움이 가장 덜한 세대는 위대한 세대Greatest Generation와 베이비붐 세대이고, 밀레니얼 세대와 Z세대가 가장 외로운 것으로 나타났다.[13] 스크린 앞에서 보내는 시간이 많을수록, 우울증에 더 취약해진다. 동시에 사회적 상호작용이 가상화됨에 따라, 심각한 생태적, 기후적 결과를 초래하는 또 다른 종류의 고립이 발생한다. 자연 작가 리차드 루브Richard

Louv는 이를 **종의 고독**species loneliness이라고 부르는데, 이는 "다른 생명체와의 연결을 절박하게 갈망하며 우주에 홀로 있다는 뼈 아픈 두려움"을 의미한다.[14] 루브는 우리가 동료 인간뿐 아니라 동물 및 자연계에 속하는 인간 이외의 존재와도 더 많이 접촉할 필요가 있다고 주장한다. 우리에게는 의료 처방뿐 아니라 "자연 처방"도 필요하다. 혹은 더 현대적인 용어로 표현하자면, 지구를 기술적으로 지배하는 인류세Anthropocene를 넘어 그리스어로 "동반자"companionship를 의미하는 심바이오시스*symbiosis*에서 유래한 공생세Symbiocene로 진화할 필요가 있다. 그러한 신체적, 정신적 변이에는 자연과의 새로운 상호작용을 통해 기술의 전환을 요구하는 상호주의 생태학이 필요하다. 공생세는 인간과 모든 유형의 지각 있는 존재 간의 상호 연결을 지지하며, 인간 예외주의 시대로부터 총체적 촉각 교감의 시대로의 이동을 예고한다.[15]

그럼 이제 우리의 감각으로 돌아가야 할 때가 아닐까? 스스로와 그리고 타인과 다시 터치하여, 우리의 피부로 돌아가서, 우리의 몸과 감정을 되찾아야 할 때가 아닌가? 여기서 분명히 해야 할 것은, 이는 기술 이전 시대로 시계를 되돌리자는 뜻이 아니라는 것이다. 되돌아갈 수는 없으며, 설령 원한다고 해도 불가능하다. 우리는 우리 시대의 도전에 맞서기 위해 터치와 과학의 새로운 기술을 찾아야 한다. 이는 우리가 마지막 장에서 다시 다룰 중요한 과제이다.

이 책에서는 세 가지 내용이 소박하게 제시된다. 첫째, 우리는 터치에 대한 일반적인 이해를 다섯 가지 감각과 관련하여 분석한다. 둘째, 서양 신화와 철학에서 몸을 해석하는 데 중요한 영향을 미친 지혜들을 다시 살펴보고, 그것들이 오늘날 우리의 사고에 어떠한 방식으로 여전히 영향을 미치고 있는지 고찰한다. 셋째, 우리 대부분이 여기에 있기를 갈망하면서도 우리 자신으로부터 멀어져 가상으로 저기에 있는 세상 속에서, 육화의 기쁨을 회복하는 방법을 탐구한다. 가상과 실제를 다시 연결하려는 인간의 기본적인 욕구를 나타내는 강력한 증상인 현대의 "터치 결핍" 현상을 고려할 때, 이러한 회복은 매우 시급하다. 무언가가 사라졌을 때 다시 그리워하게 되고, 무언가가 망가졌을 때 고치고 싶어지며, 무언가가 위협받을 때 그것이 진정 무엇인지 깨닫게 되는 것이다. 조니 미첼Joni Mitchell이 노래한 것처럼 말이다. "항상 그렇지 않나요 / 당신이 가지고 있던 것을 상실한 순간 그 가치를 알게 되는""Big Yellow Taxi". 터치란 무엇일까? 터치는 어디에 있을까? 그리고 우리는 어떻게 다시 그것을 되찾을 수 있을까? 이러한 질문은 팬데믹으로 인해 촉각의 중요성이 극적으로 드러나면서 더욱 절실해졌으며, 나는 디지털 시대에 다시 서로를 연결하기 위한 새로운 터치 기술의 발전이 필요하다고 주장한다. 우리가 실제로 감각 할 수 있는 경험을 새롭게 하고, 월드 와이드 웹과 상호작용하는 몸 공동체를 재발명하는 기술. 나는 이를 새로운 **공통체**commons of the flesh[*]라고 부른다.

   이 글은 탈육화 시대에 치유를 호소하는 것으로, 현대의 불안 요소를 식별하고 회복 가능성을 모색한다. 이 글은 지구에 공존하는 동료들과 촉각적으로 가까워지려는 열망을 찬양하는 글이다.

---

[*] 제3장. "상처 입은 치유자 이야기"의 "공통체를 향하여" 파트 참고.

1장

감각 회복하기

촉감Tact, 안목Savvy, 육감Flair, 통찰력Insight, 청각Sound

눈으로 당신을 만지고, 손으로 당신을 바라보며
눈이 만진 것을 손끝으로 보고 있습니다.
— 옥타비오 파스Octavio Paz

일상 언어와 관행에서 몇 가지 예를 들어 시작해 보자.

일상 언어에는 터치의 감각이 어떻게 표현되어 있는가? 흥미로운 점은 **감각**sense이라는 용어는 세 가지 구별되는 의미를 가진다는 것이다. **감각**sensation(우리의 다섯 가지 감각), **의미**meaning(그것은 어떤 의미인가?), 그리고 **방향감각**orientation(로망스어에서 방향을 뜻하는). 이 세 가지 의미는 우리와 타인들 간의 관계를 형성하는 신체의 특별한 지능, 즉 촉각적 감각이 추상적 인지보다 선행하여 존재함을 암시한다. 이러한 감각은 오감 전반에 걸쳐 드러나며, 그것이 없으면 우리는 유령들 사이에 있는 유령처럼 길을 잃게 된다. "감각 박탈"은 사람의 상황 파악 능력을 빼앗아 가는 반면, "감각 회복"은 자아의 회복을 의미한다.[1] 잘 산다는 것은 반복해서 우리의 감각을 회복한다는 것을 의미한다.

모든 감각에서 터치가 어떻게 작용하는지 생각해 보자. 나는 촉각tactility라는 육체적 지혜를 **촉감**tact이라 칭하는데, 다음에서 촉각이 터치 그 자체뿐 아니라 다른 감각, 즉 미각, 후각, 시각, 청각에서 어떻게 기능하는지 보여주고자 한다. 촉감은 속속들이 공감각적이다. 섬세한tactful 미각은 **안목**savvy이라 부르고, 섬세한 후각은 **육감**flair이라 부르며, 섬세한 시각은 **통찰력**insight이라 부르며, 섬세한 청각은 **공명**resonance이라 부른다. 각각을 차례로 살펴보자.

촉감Tact

촉감이라는 용어는 라틴어 탱고-탕제레-탁툼 *tango-tangere-tactum*에서 유래했으며 사람들과 잘 어울리는 능력을 나타낸다. 촉감은 타인을 배려하고, 기분을 맞추며, 대하는 방식에서 나타나는 "대중 감화력"common touch을 나타낸다. 촉감은 다양한 터치의 차이를 감지한다. 부드럽거나 단단하거나, 가볍거나 강하거나, 민감하거나 둔감하거나, 치유적이거나 상처를 주는 등의 차이를 말이다. 그러나 촉감은 접촉contact과는 다르다. 누군가를 섬세하게 대한다는 것은 항상 신체적으로 가까이 있는 것을 의미하지는 않는다. 예를 들어, 특정 상황에서 신중함을 발휘하여 자신과 타인 사이의 적절한 거리를 유지하는 것도 섬세함일 수 있다. 악수는 시간과 장소에 따라 다양한 상황에서 다양한 코드로 이루어진다.[2] 온화한 미소와 함께 어깨를 잡는 것과 위협적인 인상으로 어깨를 잡는 것은 정반대의 의미를 지닌다. 마찬가지로 다양한 맥락에서 다양한 종류의 포옹이 있다. 친밀한 관계에서 이루어지는 전신 포옹과 공식적인 만남에서 사용하는 A 프레임형 포옹(등을 약간 구부리고, 몸을 살짝 틀어 거의 접촉하지 않는)이 있다.

초대하는 포옹과 침범하는 포옹, 매력적인 포옹과 강압적인 포옹('곰 포옹')이 있다. 요컨대, 포옹에 대한 일관된 규범은 없다. 키스, 어루만짐, 그리고 더 친밀한 접촉 방식에 대해서도 마찬가지라 할 수 있으며, 각각은 관습과 문화에 따른 기호적 변형에 의해 달라진다. 순수하게 생리학적 수준에서 보면 터치 할 때 표피 시냅스들이 자동으로 활성화되어 순식간에 뇌로 연결되는데, 터치는 항상 특정한 의미와 가치를 내포하고 있다. 만병통치약이 없듯이, 모든 상황에서 모든 사람에게 적합한 터치란 없다. 대부분이 동의하는 중요한 점은 터치가 상호 유익할 때 **섬세한** 것이 된다.[3] 상호성은 황금률이다.

그러므로 터치에는 다양한 형태가 있고, 촉감은 그 차이를 안다. 언급한 바와 같이 터치가 항상 적절한 것은 아니기 때문에 존중에는 분별력이 필요하다. 특히 권력 관계와 관련된 경우에는 더욱 그렇다. 여기서 섬세하다는 것은 타인과의 관계에서 민감하게 행동하고, 타인의 말에 귀 기울이며 책임감 있게 대응하는 것을 의미한다. 이러한 쌍방향 감수성은 자기 자신과 타인 사이에서의 상호성reversibility을 포함하며, 거리와 근접성 사이의 균형을 맞추고, 타인에게 자신을 강요(지배)하지 않도록 또는 완전히 굴복(복종)하지 않도록 주의하는 것을 의미한다. 촉감은 멀리 있음과 가까이 있음 사이의 상호작용으로, 우리가 만짐과 동시에 만져지는 것처럼 타인의 행위에 **영향받으면서도** 우리 행위의 **주체가** 되는 법을 아는 것이다. 현상학자 에드문트 후설Edmund Husserl은 이러한 능동적-수동적 변증법을 "이중 감각"double sensation이라고 불렀다. 상호적인 터치를 통해 우리는 터치하는 동시에 터치 받는 느낌을 갖게 된다. 그리고 이는 당신이 타인에게 느끼는 감정만큼 타인이 당신에게 느끼는 감정에 열려 있음을 의미한다. 상호 파트너십으로서의 춤이라는 예술은 촉감의 윤리를 위한 모

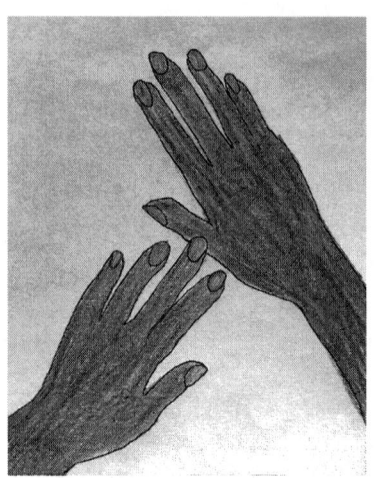

그림 1.1 손 (루이스 부르주아(Louise Bourgeois)식으로 그린
사라 카니(Sarah Kearney)의 그림)

델을 제공한다. 탱고를 추려면 두 사람이 필요하다는 말이 있듯이, 특별한 파트너를 뜻하는 더블린의 구어체 표현 **모트**(*mot*: 프랑스어 모티 *moitie*에서 유래, 누군가의 반쪽)도 같은 의미를 지닌다. 실제로 간단한 예로 간지럼도 항상 다른 사람이 필요하다. 혼자서는 간지럼을 태울 수 없다.[4]

그러나 쌍방향 감각의 모든 예에는 반대되는 예가 있다. 괴롭힘과 성추행은 촉감을 배신하는 행위로, 상대방의 **타자성**(내 것이 아닌 것)을 침해하는 일방적 관계를 행사하는 것이다. 학대하는 터치는 상대방을 독립적이고 동등한 존재로 인정하기를 거부하는 것이며, 촉감이 두 명의 자유로운 주체 간의 관계를 필요로 한다는 사실을 부정하는 것이다. 터치의 왜곡과 병리적 형태는 사람을 단순한 객체로 물화하는 것으로, 강간, 고문, 절단, 살인과 같은 극악무도한 범죄에서부터 한 사람이 다른 사람에게 고통을 가하는 일상적인 행위에 이르기까지 다양하다. 때로는 멸시와 괴롭힘에

서부터 타인의 존엄성을 완전히 부정하는 행위에 이르기까지, 일상적으로 발생하는 무감각한 행동을 통해 멀리서도 고통을 가할 수 있다. 극단적인 경우 인도의 달리트(천민) 배척이나 인종차별적인 아파르트헤이트와 희생양 만들기 같은 체계적으로 타자를 추방하는 행위에까지 이른다.

반대로 촉감은 타인의 감정을 느끼고, 그들로부터 감동 받을 수 있도록 접촉을 유지하는 방식이다. "감동을 주는 사람"touching person이라고 누군가를 칭하는 것은 그의 행동에 감동하고 그의 특별한 존재에 영향받았음을 인정하는 것이다. 예술가, 가수, 발명가, 연인과 같은 특정 사람들에 대해 "감각이 있다"have the touch고 말하는 것은 그들이 특별한 재능을 가지고 있다는 것을 의미한다. 의사가 "치유의 손길touch을 가졌다"고 하거나, 천재가 "불에 닿았다"touched by fire고 말할 때처럼, 이러한 표현은 드문 재능을 소유하고 있음을 나타낸다. 우리는 또한 모두 "투쉐이"*touché*라는 용어에 익숙한데 이는 "좋아, 정곡을 찔렀어, 이해했어, 정확해"라는 의미로 사용된다. 이 표현은 18세기 결투 용어에 그 기원이 있는데, 칼과 같은 무기가 다다르는 범위 안에서 피하고 찌르는 기술이 실패하고 나서 상대방의 칼날이 살을 찌를 때 사용되었다. 그리고 이 용어는 대화에서 재치 있는 재빠른 응수를 의미하는 구어체로 사용되기도 한다. 물론 상대에게 **과민하게** 반응하면 "예민하다"touchy고 하거나, **과도하게** 친밀하면 "지나치게 살갑다"touchy-feely는 표현을 사용한다. 이러한 익숙한 용어들은 "피가 끓는다," "소름 돋는다," "심장이 녹는다, 굳어진다, 두근거린다, 얼어붙는다"와 같은 일상적인 표현을 포함하는 더 방대한 촉각 어휘의 일부이다. 실제로 그림 형제the Grimm Brothers의 이야기 「두려움을 배우러 나선 소년」"The Boy Who Went Forth to Learn Fear"에 기록된 민간의 지혜를 통해 우리는 교훈을 얻을 수 있다. 이 이야기는 두려움을 배우기 전까지는 성장할 수 없는 소년에 대한 이야기다. 수많은 대담한 행동을 한 후, 그는 마침내 하녀가 자신의 배 위에 작은 물고기들을 부어주는 느낌을 경험하면서 그의 임무를 완수하게 된다. 지혜는 칼끝이 아닌 피부 끝에서 발견된다. 소년은 사물과 접촉하게 된다. 접촉contact이 촉감tact이 되는 것이다.

나는 여기서 알베르 카뮈Albert Camus의 『페스트』The Plague에 나오는 치유의 물 장면이 떠오른다. 주인공 타루Tarrou와 리외Rieux가 알제리 해에서 수영하며 형제애를 나누는 장면이다. 수영하는 사람 중 물이라는 요소가 자신을 띄우고 감싸줄 때의 특별한 환희를 느껴보지 않은 사람은 거의 없을 것이다. 이는 아마도 태아기의 양수 속 유동적 경험(프로이트의 "바다느낌")이나 성스러운 도유(세례, 몸을 물에 담그다)를 떠올리게 할 것이다. 이처럼 물속에 잠기는 원초적인 정서는 "흐름에 맡기다"going with the flow와 같은 일상적인 표현에서 잘 나타나 있으며, 이는 프랑스어 *courant*, 독일어 *fliessend*에서도 반영된다. 물로 감싸인 완전한 몰입감은 정말로 "물 만난 고기 같은 상황"to be in one's element과 같다.

▶▷▶

우리가 어떤 사람에 대해 "잘 연결되어 있다"in touch with things고 말할 때, 우리는 보통 그들의 행동이 그들의 느낌feelings과 감정emotions에 일치한다는 의미로 이 말을 사용한다. 외적인 행동이 내적인 경험과 일치할 때, 우리는 우리 자신 그리고 타인과 연결되어 있음을 느낀다. 감정이라는 단어는 프랑스어 *émouvoir*에서 유래했으며, 이는 움직이다, 감동시키다, 자극하다라는 의미로 번역된다.[5] 그래서 우리의 심장이 불타오른다거나 속이 뒤틀린다고 말할 때, 우리 몸이 우리가 무엇을 느끼는지 말해주고 있는 것이다. 예를 들어, 소화관을 따라 늘어선 신경계가 불안으로 인해 "나비가 날아다니는" 느낌을 줄 때, 이는 우리의 "두 번째 뇌"로 기능하는 것이다. 이러한 근본적인 형태의 정신-신체psychosomatic 신호 전달을 통해 프란스 드 발Frans de Waal은 다음과 같은 사실을 관찰하였다. "감정이 신체에 뿌리를 두고 있다는 사실은 서구 과학이 감정을 이해하는 데에 매우 오랜 시간이 걸린 이유를 설명해 준다. 서구에서 정신은 중요하게 생각되지만 몸은 소홀히 여겨진다. 정신은 고귀한 반면, 몸은 우리를 격하시킨다고 여겨진다. 우리는 정신이 강하다고 말하면서 육체는 약하다고 하며, 감정을 비논리적이고 불합리한 결정과 연관 짓는다. '너무 감정적으로 굴지마.' 최근까지 감정은 거의 인간의 품위를 떨어뜨리는 것으로 여겨져 무시되었다. 감정은 종종 무엇이 우리에게 좋은지 우리보다 더 잘 알고 있지만, 모든 사람이 이를 받아들일 준비가 되어 있는 것은 아니다. . . . 정신만으로는 쓸모가 없다. 정신은 세상과 교류하기 위해 육체가 필요하다. 감정은 정신, 육체, 환경, 이 세 가지의 접점에 있다."[6]

더 넓게 보면, 문명의 첫 번째 행위가 터치였다는 것을 떠올릴 수 있을 것이다. 두 사람이 무기를 내려놓고 서로의 맨손바닥을 맞댄 악수가 그것이다. 태초에 촉감이 있었다. 호머Homer의 『일리아드』*Iliad*에서 오랜 숙적이었던 글라우코스Glaucus와 디오메데스Diomedes가 검을 버리고 친구로서 포옹하는 고전적인 장면을 떠올려 보자. 대부분의 사회에서 중요한 장면인 이 적대hostility에서 환대hospitality로 전환되는 것은 손과 손이 맞닿으면서 적(라틴어로 *hostis*)이 손님(같은 단어: *hostis*)으로 바뀌는 과정을 포함한다. 이러한 전환은 고대 그리스의 협정에서부터 남아프리카공화국의 만델라Mandela와 드 클락de Klerk의 악수, 예루살렘의 베긴Begin과 사다트Sadat

의 악수, 북아일랜드의 흄Hume과 트림블Trimble의 악수에 이르기까지 다양하다. 이러한 터치라는 정치적 도박에 대해 이후에 다시 살펴보기로 하자.[7]

▶▷▶

이제 분명해졌기를 바라지만, 우리가 터치에 대해 말할 때 우리는 다섯 가지 감각 중 하나인 촉지성tactility만을 의미하는 것은 아니다. 물론 그것도 포함된다. 우리는 터치에 대해 더 포괄적인 방식으로 이야기하고 있는데, 이는 세상 속에서 육체적으로 존재하는 방식, 그리고 피부가 터치하고 터치될 때처럼 열려 있고 취약한 것들에 대한 실존적 접근 방식을 의미한다. 그래서 내 주장의 핵심 중 하나를 다시 강조하고 싶다. 터치는 단지 터치에만 국한되지 않고, 잠재적으로 어디에나 존재할 수 있다. 터치는 촉지성뿐 아니라 시각, 청각 등에도 존재한다. 정확히 말해, 촉감은 모든 감각을 가로지르며, 우리에게 근본적인 육체적 지능, 즉 안목, 육감, 통찰력, 그리고 공명을 제공한다. "터치를 가진" 사람은 여러 섬세한 감각을 동시에 결합한 사람이다. 다시 말하지만, 가장 민감한 감수성은 **공감각적** synesthetic으로, 오감 사이에서 다각적인 관계를 형성한다. 더 정확히 말하면, 터치는 모든 감각에 내재되어 있다. 왜냐하면 터치의 "이중 감각," 즉 만지고 동시에 만져지는 감각이야말로 이 모든 감각을 상호적인 경험으로 만들기 때문이다. 이 말은 우리가 특정 감각을 고립시켜 그 감각을 다각적으로가 아니라 더욱 일방적으로 만들 수도 있음을 부인하는 것은 아니다. 시각, 청각, 후각, 미각은 일단 촉감과 분리되면 협소하게 한 방향으로만 변할 수 있다. 우리가 보지만 보이지 않고, 듣지만 들리지 않으며,

그림 1.2 귀부인과 유니콘 태피스트리(Lady and the Unicorn Tapestry) 시리즈 중 촉각(Le Toucher) (사진 사라 카니)

냄새를 맡지만 냄새가 나지 않고, 맛보지만 그 맛을 느끼지 않도록 우리의 지각 환경을 조정하는 것이 가능은 하다. 하지만 (우리의 자연스러운 인간의 상호성을 부정하는 "비자연적"인 무관심이나 폭력 행위를 선택하지 않는 한) 우리는 만지지 않고는 결코 만져질 수 없다. 건강한 삶에서 감각의 상호성은 보편적인 촉감의 편재성을 전제로 한다. 터치의 횡단성이 없으면 감각은 선정주의에 빠질 위험이 있다. 즉, 감수성 없는 감각, 공감 없는 지각, 책임 없는 자극이 된다.[8]

모든 감각을 아우르는 섬세한 지각에는 지각하는 그리고 지각되는 사람 사이의 적절한 상호 관계가 일어난다. 이 섬세한 지각의 유무가 미각, 시각, 후각, 청각이 좋은지 나쁜지를 구별해 준다. 이제 각각의 감각을 차례로 살펴보자.

안목Savvy과 미각

섬세한 미각을 가진 사람은 **안목**을 가진 사람이다. 안목은 글을 읽고 쓸 줄 아는 사람이나 모르는 사람 모두에게 해당하는 일종의 타고난 지능이다. 안목은 직접 겪은 경험 속에서 맛보고 시험해 본 것들에 대해 느껴지는 인식으로 작용하는 지식이다. 안목은 육체적 노하우로 프랑스어 *savoir faire* 또는 *savoir vivre*로 라틴어 *sapere*, 즉 맛보다라는 뜻에서 유래한 *savoir*알다의 어원을 상기킨다. *Sapio*에는 "나는 맛본다"와 "나는 지혜롭다"라는 두 가지 의미가 있다. 따라서 *sapientia*의 어원적 의미는 바로 맛을 아는 지혜tasteful wisdom가 된다!

이 모든 것은 젖을 빠는 아이로부터 시작된다. 혀로 맛보는 촉각적 행위는 처음으로 만나는 타인에게 입을 노출시키는 것이며, 이는 입술에 닿는 것에 대한 원초적 감수성이라 할 수 있다. 뜨겁거나 차갑거나, 달거나 짜거나, 부드럽거나 단단한 것을 느끼는 것이다. 먹거나 키스하기 위해 입을 벌리는 원초적 행동이다.[9] 지혜에 관한 고대의 노래 "당신의 입술로 입 맞춰 주었으면"(아가서)에서 처럼 입술과 입술이 맞닿는 행위이다.

예민한 혀는 예술, 요리, 에로스를 감상할 때 "좋은 미각"을 결정한다.[10] 감각적 수준에서의 미각을 갖는다는 것은 질감과 맛의 미묘한 차이를 구별하는 것이다. 반면에 미각이 부재하게 되면 (탐욕, 술취함, 중독 등에서처럼) 분별력이 없어진다. 섬세한 미각, 즉 안목은 우리 혀의 미각 기관이 맛보는 것에 주의를 기울이고 즐기는 것이다.[11] 시인들은 이를 잘 알고 있다.

"무성하게 자란 부드러운 머리를 한 야생 자두가 / 입안에서 터져 / 흘러 넘치리!" (제라드 맨리 홉킨스Gerard Manley Hopkins, 『독일의 난파선』*The Wreck of the Deutschland* 중)

혀는 말을 하기 전에 맛을 본다. 태어난 순간부터 아이는 입을 단순히 섭취 기관*bucca*으로만 사용하는 것이 아니라 의사소통의 수단*ora*으로 사용한다. 유아의 구강이 섭취 기관에서 구두 기관으로 변하는 것은 출생 후 초기 발달에서 가장 중요한 순간 중 하나이다. 이는 내가 육체 해석학이라고 부르는 것의 시작을 알리는 행위로, 이 육체 해석학을 통해 촉각과 미각의 최초 접촉이 "좋은 젖가슴과 나쁜 젖가슴"에 대한 유아기의 환상에 의해 형성된다.[12] 우리는 먼저 혀로 세상을 맛보고, 그 후에야 이 미세한 감각의 맛을 말과 생각으로 번역한다. 우리는 생각하기 전에 맛본다. 나는 맛을 본다. 고로 나는 존재한다*Sapio ergo sum*. 아이의 발달에서 참인 것은 인류 전체에도 참이다. 인류학자 클로드 레비스트로스Claude Lévi-Strauss는 인류 최초 사회가 자연을 문화로 변화시키는 순간이 음식에 대해 "익힌 것"과 "날 것"이라는 이분법적 구분을 상징화한 때라고 설명한다.[13] 그가 주장하기를, 고도로 문명화된 사회를 만드는 것은 음식이 먹기에 좋은지 나쁜지가 아니라, 그것을 상징화하기에 좋은지 나쁜지에 달려있다는 것이다! 애초 음식을 이해하는 것은 음식을 상징화하는 것이며, 이는 세상을 이해하는 가장 근본적인 방식인 것이다. 처음 맛본 짭짤거나 시큼한 것은 평생 기억에 남을 수 있다. 개인적인 경험들로 증명되듯이 말이다. 프랑스 작가 앤 듀포르망텔Anne Dufourmantelle은 맛을 감미로운 인생의 통과의례로 묘사하며 감동적인 이야기를 전해준다.

부드러움은 무엇보다도 미각, 즉 신생아가 젖을 빨던 기억에 속한다.

1장 감각 회복하기

설탕의 달콤한 맛은 설탕에 대한 보편적인 은유이다. 달콤함과 꿀. 그것은 우유, 무화과, 장미의 향기이며 우리의 초기 신체, 즉 몸 이전의 몸을 떠올리게 하는 모든 사랑스러운 향기다. 몸 이전의 몸은 감각적이면서도 영적이고, 아직 자의식의 횡포와 스릴을 갈망하는 시대의 감시하에 감금되지 않은 몸이다. . . . 부드러움은 영적이면서도 육체적인, 그리고 에로틱한 특성이 있는데, 이 부드러움이 지닌 타인의 욕망에 대한 이해력은 무엇을 억압하지도 제한하지도 않고, 지각을 최대 범위로 확장하여 열린 활동을 추구한다.[14]

문명의 근간을 이루는 많은 신화에는 미각에 관한 인류 초창기 문화를 살펴볼 수 있다. 아담이 사과를 먹고, 필레몬이 헤르메스를 위해 허브를 요리하며, 예수가 굶주린 이들을 먹인다. 모든 지혜 전통에는 원초적인 맛에 대한 이야기가 있다. 계체 발생ontogeny이 계통 발생phylogeny을 반복한다면, 그것은 또한 우주 발생cosmogony을 반복한다. 가장 초기의 지혜 전통에서는 신이 인간과 음식을 나누며 모습을 드러낸다고 전해진다. 산스크리트어에서 신성을 의미하는 최초의 용어 중 하나는 음식이라는 의미의 **안나**anna이며, 우파니샤드 이후의 힌두교 경전들은 여러 신성한 연회를 묘사하고 있다. 그리스 신화에는 신들이 음식을 나누면서 자신의 정체를 드러내거나 숨기는 장면이 등장하는 여러 이야기가 있다. 혀에 관한 원초적 시험이다. 프로메테우스가 제우스에게 고기를 바치거나, 돼지치기 에우마이오스가 그의 오두막에서 오디세우스에게 음식을 대접하는 장면을 떠올려 보라. 아브라함과 사라가 마므레에서 낯선 사람들과 식사를 하며 환대와 거룩함의 지혜를 얻는 창세기의 고전적인 장면은 말할 것도 없다 (음식을 맛보면서 그 낯선 사람들이 신성한 존재라는 것이 드러난다). 그리고 이처럼 맛보는 행위를 통해 신이 현현하는 모습은 기독교 이야기에서 계속되는데, 이는 예수가 젖을 먹는 것에서 시작하여 최후의 만찬에서 빵과 포도주를 살과 피로 변화시키는 것으로 끝난다.[15] 아마도 이를 염두에 두고 토마스 아퀴나스Thomas Aquinas는 (성찬례에서) 맛을 통해 신성에 가장 가까이 닿을 수 있다고 선언했을 것이다. 이는 고대 시편의 "주님의 선하심을 맛보고 알라"는 구절을 반영한 것이다.

마지막으로, 서양 문학에서 가장 위대한 변신 장면 중 일부가 음식을 맛보는 행위로서의 접대임을 주목할 필요가 있다. 예를 들어, 『레미제라블』*Les Misérables*에서 미리엘 주교가 장발장에게 제공한 식사, 『바베트의 만찬』*Babette's Feast*에서 바베트가 아무것도 모르는 손님들을 위해 준비한 연회, 그리고 『등대로』*To the Lighthouse*에서 램지 부인Mrs. Ramsey이 식탁에 차린 쇠고기 스튜를 생각해 보자. 모든 독자는 자신만의 음식 목록을 가지고 있을 것이다. 이 모든 시나리오에서 우리는 가장 단순한 맛보기savoring 행위를 통해 드러나는 가장 깊은 종류의 **지혜**savoir를 목격한다. 그리고 이러한 안목은 주인과 손님이 서로 나눌 수 있다는 점에서 "진정한" 것이다. 이를 맛보기의 섬세한 환대라고 부를 수 있을 것이다. 음식을 주고받는 이중 감각 말이다.

육감Flair과 후각

누군가에게 육감flair이 있다고 말하는 것은 어떤 의미일까? 그들이 "좋은 코"를 가졌다는 것, 즉 **섬세한** 분별력의 재능을 가지고 있다는 것을 말하는 것이다. 프랑스어로 "그들은 좋은 코를 가졌다"*Ils ont du nez*라고 하는

데, 이는 그들이 향기와 향신료, 와인과 양념을 잘 알고 있다는 뜻이다. 육감flair은 **냄새 맡다**라는 의미의 *flairer*에서 유래하며, 향수 제조는 가장 세련되고 자연스러운 향기를 조합하는 숙련된 후각 예술이다. 현대 신경과학은 관능성과 향기 사이의 밀접한 관계, 예를 들어 페로몬의 에로틱한 화학 효과에 대해 많은 것을 알려준다. 이 밀접한 육체의 관계는 오래전부터 연금술 애호가와 사랑에 빠진 모험가들에게 잘 알려져 있다. 오드리 슐먼Audrey Schulman은 그녀의 소설 『불량배 이론』*A Theory of Bastards*에서 다양한 땀 냄새가 나는 의류 아이템이 피실험자의 성적 선호도에 영향을 미친다는 유명한 과학 실험을 탁월하게 조명한다. 이 실험은 후각 신경, 뇌섬엽과 같은 주요 뇌 인자의 상대적 위치에 관한 신경과학적 증거에 기반하는데, 후각 신경과 뇌섬엽 등은 기억과 감정을 담당하는 영역인 편도체와 밀접하게 연결되어 있다. (어머니와 자녀 또는 열정적인 연인 같은) 친밀한 관계에서 나타나는 후각의 공감각적 유대는 수많은 회고록에서 증명되어 있듯이 기억 속에 깊이 자리 잡을 수 있다. 음악이 사랑의 음식이라면 향기는 전채 요리라 할 수 있다. 바로 이러한 사실은 셰익스피어Shakespeare가 맵Mab 여왕의 매혹적인 힘을 읊조릴 때 증명된다.

> 맵 여왕은 요정들의 산파로서,
> . . . 난쟁이들이 손수 끄는 수레를 타고
> 잠자고 있는 사람들의 코 위를 지나가지.
> . . . 그리고 이런 상태로 그녀는 밤마다
> 여인들의 머릿속을 질주하고, 그들은 사랑을 꿈꾼다 . . .

> She is the fairies' midwife, and she comes

. . . Drawn with a team of little atomies

Over men's noses as they lie asleep;

. . . And in this state she gallops night by night

Through lovers' brains, and then they dream of love . . .

—『로미오와 줄리엣』*Romeo and Juliet* 중

육감은 의료적 촉감과도 관련이 있다. 『와인의 향』*Le Nez du vin*의 저자 장 르누아르Jean Lenoir는 뛰어난 와인 제조자였는데, 냄새로 질병을 진단하는 전문가였다. 이는 19세기 프랑스 의사들 사이에서 흔한 방식이었다. 그리고 이 같은 능력은 프랑스에서뿐 아니라, 로버트슨 데이비스Robertson Davies의 『교활한 남자』*The Cunning Man*에서도 볼 수 있다. 이 작품에서 안목을 갖춘 토론토 의사 조나단 훌라Jonathan Hullah는 인간의 분비물, 체액, 호흡에서 나오는 냄새를 감지하는 특별한 재능으로 진료를 한다. 이러한 직감은 현대 서양 의학의 디지털 광학 기술에서는 거의 잊혀진 능력이다.

후각olfactory tact은 신체적, 정신적 측면 모두에 적용될 수 있다. 예를 들어, "쥐 냄새를 맡는다(수상한 낌새를 느끼다)"sniffing a rat라는 표현은 숨어 있는 설치류나 교활한 속임수를 감지하는 것을 의미할 수 있다. 그러나 냄새 맡는 행위는 우리의 탐지 능력을 대신 증폭시켜주는 동물들과도 관련 있다. 송로버섯을 찾는 돼지, 여우를 찾는 폭스테리어, 도요새를 찾는 스패니얼 견, (요리조리 잘 피하는) 토끼를 찾는 족제비 등이 그 예이다. 그리고 냄새는 문화적 코드로도 확장된다. 「인간의 코」"The Human Snout"라는 탁월한 연구에서 조셉 누겐트Joseph Nugent는 19세기 중반 아일랜드에서 냄새 문화가 어떻게 급격히 변화했는지 설명한다. 이는 당시 빅토리

아 가치관에 익숙한 성직자들이 아일랜드 시골 거실에서 나는 돼지 냄새를 풍요의 상징이 아닌 비위생의 징후로 간주했기 때문이다. 코는 역사적, 물리적 상황에 따라 변화하며, 냄새는 사회적 관습으로 인해 정서적인 힘을 갖는다. 시간이 지나면서 냄새는 새로운 의미를 띠게 되며, 우리가 세상을 해석하는 방식에 영향을 주는 다양한 감정적인 반응을 끌어낸다. 예를 들어, 후각은 문화적 그리고 식민 이데올로기 형성에서 강력한 잠재적 역할을 한다.[16] 그리고 "코"의 이러한 문화적 조건화는 모든 사회에서 어느 정도 작동하는데, 특정 민족 언어(이누이트)에서는 물고기 냄새에 대한 용어는 많지만 버섯에 대한 용어가 적은 반면, 다른 언어(폴란드어)에서는 그 반대인 경우가 그러한 예이다. 결국 코를 따라가다 보면 올바른 장소에 도달하거나 잘못된 장소를 피할 수 있다. 예를 들어, 음식이 "상했을" 때 나는 악취는 식중독을 피하는 데 큰 도움이 될 수 있다. 정신분석학자인 동료가 말했듯이, 결국 모든 것은 냄새와 관련이 있다.

　많은 위대한 문학 작품은 육감의 힘을 증언한다. 『오디세이』에서 오디세우스의 개 아르고스Argos가 오랜 세월이 지나도 주인의 냄새를 알아보는 장면을 생각해 볼 수 있다. 그의 아내와 친구들은 그의 냄새를 알아보지 못했다. 또는 프루스트Proust의 『잃어버린 시간을 찾아서』*Remembrance of Things Past*에서 향기와 맛에 대한 찬가, 특히 향긋한 라임 차와 마들렌이 잃어버린 어린 시절의 기억을 불러일으키는 유명한 장면이 있다. 패트릭 쥐스킨트Patrick Süskind의 소설 『향수』*Perfume*에서 기발하게 열거된 향기의 놀라운 힘들은 말할 것도 없다. 그러나 개인적으로 가장 좋아하는 예는 카뮈Camus가 『최초의 인간』*The First Man*에서 묘사한 어린 시절 학교에 관한 기억이다. "바니시 칠한 자와 필통의 냄새. 수업에 열중하는 동안 오래도록 씹었던 책가방 끈의 맛. 특히 잉크를 채우는 당번이 되었을 때

맡은 강렬하고 쓴 보라색 잉크 냄새 . . . 인쇄물과 접착제의 좋은 냄새를 내뿜는 매끄럽고 광택 나는 책 페이지의 부드러운 감촉. 마지막으로, 비오는 날 교실 뒤 양털 코트에서 나던 젖은 양털 냄새, 마치 그 냄새는 아이들이 나무 신발을 신고 양털 후드를 쓰고 눈 속을 달려 따뜻한 집으로 돌아가는 에덴동산을 연상시키는 듯했다."[17] 요는 특정한 향기가 개인적으로든 집단적으로든 오래 묻혀있던 기억을 열어주고, 우리를 다시 현실과 연결시켜 준다는 것이다.

통찰력Insight과 시각

시각이 섬세할 때는 언제일까? 사물의 본질을 꿰뚫어 보는 것은 **통찰력**이라고 불린다. 행동의 결과에 민감하게 반응하고, 미래를 내다보는 것은 **선견지명**foresight이라고 불린다. 과거의 실수에서 배우는 것은 **후견지명**hindsight이다.[18] 통찰력, 선견지명, 후견지명의 조합은 **비전**vision을 낳는다. 비전은 경험의 핵심을 꿰뚫어 봄으로써 눈이 닿는 곳에 마음이 닿게 되는 "사물을 보는" 전체론적 방식이다. 나는 과거와 미래의 분리된 지평선이 현재를 가로지르고 조명하는 직관Augenblick에 대해 이야기하고 있다.[19] 이는 시간과 공간을 뒤집어 볼 수 있는 경험으로, 때로는 "두 번째 시각"second sight이라고 불리며, 종종 예술 작품과 시에서 포착된다.[20] 예를 들어 세잔Cézanne이 프로방스Provence의 몽 생 빅투아르Mont Sainte-Victoire 숲을 그릴 때, 자신이 관찰하는 나무들에게 감동했다고 설명하는 부분이 바로 이 경험을 연상시킨다. 그는 마치 나무들이 그를 보며, 그를 초대하고, 간청하며, 그를 통해 나무가 스스로를 그리는 것 같았다고 설명한다. 모리스 메를로-퐁티Maurice Merleau-Ponty는 감각 혼합적 지각 또는 "촉각적 시각"tactile seeing의 증거로 세잔의 설명을 인용한다.[21] 시인 옥타비오 파스Octavio Paz는 시각과 촉각을 혼합하며 이러한 공감각을 증언한다. "눈으로 당신을 만지고 / 손으로 당신을 바라보며 / 눈이 만진 것을 손끝으로 보고 있습니다."[22]

그러나 더 간단히 말해, 통찰력은 자연을 깊이 바라보고 그 시선에 의해 보듬어지는 느낌을 받는 모든 사람이 경험하는 것이라고 할 수 있다.[23] 실제로 표준적인 감각 분화가 이루어지기 전에 영아들은 세상과 공감각적 교감을 즐긴다고 한다.[24] 처음에는 사물의 상호연결성을 인식하는 아이의 첫 순진함에서, 시각이 일차원적인 지각으로 평탄화되는 과정을 거쳐, 다시 한번 "마음의 눈"으로 보게 되는 두 번째 순진함, 즉 새로워진 전체론적 통찰력이 변증법적으로 발전한 것이라 할 수 있다.[25] 『어린 왕자』The Little Prince에서 여우의 말처럼 말이다. "그리고 이제 내 비밀을 알려줄게, 아주 간단한 비밀이야. 중요한 것은 눈에 보이지 않으니 오직 마음으로만 제대로 볼 수 있어."

일부 지혜 전통에서 통찰력이 문자 그대로 시각의 부재와 연관되었다는 것은 의미심장하다. 어둠 속에서 보는 행위는 우리가 태중에서 그랬던 것처럼, 그리고 태어난 후에는 삶에서 가장 친밀한 행위에서 그러하듯, 촉각을 통해 사물을 인식하는 특별한 방식으로 여겨졌다. 또한 고대 문화에서 가장 지혜로운 사람들 중 일부가 "눈먼 예언자"였으며, 그들이 시각을 상실하게 되면서 통찰력을 얻었다고 전해진 것도 우연이 아니다. 콜로누스Colonus의 오이디푸스Oedipus, 테베Thebes의 테레시아스Teresias, 다마스쿠스Damascus의 바울Paul, 엠마오Emmaus의 클레오파Cleopas가 그러한 예이다.[26] 그리스 문화에서 눈이 보이지 않는 통찰력이라는 주제는 고대 엘리시안Elysian 의식으로 거슬러 올라가는데, 이 의식에 참여한 이들은 "비밀"을 "보기" 위해 눈을 가렸다.

또한 더 현대적인 논의로 돌아가자면, 자연의 환각성분, 예를 들어 실로시빈과 같은 물질에 관해 선구자들이 기록한 고양된 "이중 지각"에 대해 언급하지 않을 수 없다. 특히 실로시빈은 다수의 원주민 문화에서 "엔테오겐"entheogens 또는 "신들의 음식"으로 알려져 있다.[27] 적절한 "마음가짐과 환경"에서 인간과 자연의 "연결"이 증대되는 경험은 참여자들이 규범화된 지각을 중단하고 사물의 본질을 원초적인 형태 형성morphogenesis으로 볼 수 있게 한다. 여기에서도 우리는 동시에 보고 보이는 경험을 목격하게 된다. 올더스 헉슬리Aldous Huxley, 앨런 와츠Alan Watts, 앨런 긴즈버그Allen Ginsberg와 같은 작가들이 묘사한 촉각적 이중 감각을 말이다. 이러한 깊이 있는 공감각적 지각 방식은 단일 시각적 인식 아래에서 모든 감각을 한 번에 증대시키는데, 이는 환각, 중독 또는 정신병과는 아무런 관련이 없다. 이 공감각적 지각 방식은 헉슬리가 『지각의 문』The Doors of Perception에서 설명했듯이, 시각이 통찰력으로 변모하는 순간을 의미한다.[28]

요컨대, 디지털 시대의 "스펙터클"이 어디에나 존재하지만, 다른 방식의 보기도 존재한다. 그리고 이러한 섬세한 통찰력은 특별한 비전이나 신비한 체험에만 국한되지 않고, 사물에 관한 가장 단순한 인식에서도 발견될 수 있다. 섬세한 통찰력은 마치 창조의 첫날 세상을 바라보는 것처럼, 평범한 것에서 비범함을 본다. 예를 들어, 시인 홉킨스Hopkins가 가장 일상적인 현상에서 깨달음을 얻는 것처럼 말이다.

이 필부, 농담, 초라한 도자기 조각,

헝겊 조각, 성냥개비, 불멸의 다이아몬드는

불멸의 다이아몬드이니.

This Jack, joke, poor potsherd,

patch, matchwood, immortal diamond,

Is immortal diamond.[29]

시인, 신비주의자, 현자뿐만 아니라 모든 사람은 이러한 통찰력을 가질 수 있다. 누구나 잠재적인 통찰자이다.

공명Resonance과 청각

그러면 소리는 어떨까? 듣는 것은 반향해 오는 소리와 공명할 때 섬세해진다. 깊이 듣는 사람들을 두고 우리는 그들이 "분별력 있다"sound고 말한다. 이는 "귀를 기울이다"all ears 또는 음악가의 경우 "좋은 귀"a good ear를 가졌다는 의미이다. 분별력 있다는 것은 자신의 내적 느낌이 다른 사람들의 느낌에 예민하게 조율된 상태를 뜻한다. 소리 속의 목소리를 듣는 것이다. "목소리"는 상상력이 동반된 의미 있는 소리이다.[30] 일반적으로 말해, 소리를 듣는 것은 사물의 울림에 귀를 기울이는 것이다. 공명하는 것이다.[31] "일어나는 일들의 음악"the music of what happens에 응답함으로써 현실과 접촉하는 것이다(셰이머스 히니). 실제로 스페인어에서 악기를 연주하는 것을 만지는 것touching, 즉 "기타를 치다"tocar la guitarra라고 표현하고, 프랑스어에서 피아노 건반을 누르는 것을 "터치"les touches라고 표현하는 것은 의미심장하다.[32] 듣기와 만지기는 항상 가까이 있다. 근육으로 음악을 듣는다는 니체Nietzsche의 말은 확실히 옳았다.

좋은 소리는 음악에서 명상까지 다양한 주의 집중 방식으로 확장된다. 성 베네딕토 규칙서Rule of Saint Benedict 첫 구절 "들어라*Ausculta*: 마음의 귀로 들어라"가 우리에게 상기시켜 주듯이 말이다. 우리는 침묵의 소리를 듣는 것이 아니라, 그것을 통해 듣는다.[33] 우리는 침묵을 포착하거나 통제하지 않고 "침묵을 느낀다." 침묵은 촉각적인 존재처럼 우리를 둘러싸고 스며든다. 청각적 피부이다. 침묵은 진정한 언어를 만들어 낸다. 인간, 동물, 또는 신성한 존재의 부름에 귀 기울이기 위해 침묵을 배우는 것은 거의 모든 지혜 전통의 첫 번째 원칙이다.[34] 들으면서 동시에 노래하는 것은 수도원 그레고리오 단성 성가 연습의 중심이었으며, 이는 언어를 몸으로 구현하는 행위로 간주되었다. 성가를 부르는 것은 성경의 신성한 두루마리를 먹는 고대 원칙에 따라 일종의 "섭취"의 형태로 여겨졌다(시편 37:19, 이사야 9:20, 에스겔 3:3).[35] 그러나 분명히 말하자면 "마음의 귀로 듣는 것"이 감각적인 것을 영적인 것으로 대체함을 의미하지는 않았다. 마치 이 둘이 별개 상태였던 것처럼 대체하는 것 말이다. 오히려 섬세한 소리는 둘 모두를 결합한 형태로 이해되었다. 분별력 있다는 것은 **완전**하다는 의미로, 이는 치유 그리고 성스러움과도 같은 뜻이다.

터치와 청각은 처음부터 연결되어 있다. 이들은 자궁에서 가장 먼저 완전히 발달하는 감각이며, 죽음에 이를 때 마지막으로 우리를 떠나는 감각이다. 태아의 초기 학습은 종종 손과 입의 리듬감 있는 협응을 중심으로 일어나며, 소리의 구별은 공간에 대한 초기 인식과 연결된다. 실제로 태아는 청각적 민감성(특히 리듬에 대한 민감성)이 있어 자궁 내에서 태아의 뇌는 만성적인 불협화음이나 언어적 폭력으로 인해 손상될 수 있다. 임신 마지막 삼 분기에 특정 음악을 들려주는 것이 안전성, 기억력, 리듬 측면에서 매우 유익한 효과가 있다고 여겨지는 것도 같은 이유이다. 음악이 문자 그대로 우리를 근본적으로 건드리는 곳이 바로 이 지점이다.[36] 청각과 촉각은 발생학적으로 최초의 감각이며, 이들의 시너지 효과는 평생 신체적 감각과 안정감의 기본 토대를 제공한다. 촉각-청각 경험의 공감각적 혼합은 결국 우리의 가장 깊은 상처 그리고 치유와 관련이 있는데, 이는 어머니들과 연인들이 잘 알고 있는 바다. 피부는 또 다른 귀, 즉 우리의 첫 번째 귀로서, 사랑하는 사람을 쓰다듬거나 쓰다듬어질 때 볼륨, 음색, 템포와 같은 음악적 요소에 맞춰 조율된다. 이 때문에 터치와 청각이 항상 유대와 돌봄에 매우 중요한 역할을 해왔다. 반대로, 임신 중 파트너 간 폭력은 아이의 신체와 정신에 장기적으로 해로운 영향을 미칠 수 있다. 아동 심리학자 콜윈 트레바던Colwyn Trevarthern은 유아의 신체적 "원시 대화"proto-conversations에서 움직임, 음악, 흐름 사이의 연결을 보여주는 놀라운 사례들을 보여준다.[37] 리듬과 움직임이 짝을 이루게 되면 누군가의 일생에 평생토록 지속되고, 질병과 트라우마 치유에 상당한 효과를 낼 수 있다(예를 들어, 실어증 PTSD가 있는 수많은 베트남 참전 용사들이 춤 치료를 통해 회복되었다).[38]

우리는 피부로 듣고, 우리의 피부는 기억한다. 프루스트는 "변조"의 리듬 패턴을 사용하여 자신의 작품을 만들어 낼 때 이 사실을 깊이 이해하고 있었는데, 그의 작품은 「작은 소나타」"little sonata"의 모티브를 떠올리게 한다. 모든 훌륭한 시인과 작곡가들이 그러하듯이, 그는 뮤즈muse, 음악music, 기억memory이 같은 어원Mnemosyne에서 비롯된다는 것을 알고 있었다. 이들은 "청각적 상상력"이라는 작업에서 서로 돕는 삼위일체 동맹을 형성한다.[39] 음악성은 육체적 기억의 뿌리에 자리 잡고 있는데, 이는 우리가 과거에 들었던 노래를 들을 때, 오래전 잊었던 순간을 다시 체험하게 되는 흔한 경험에서 알 수 있다. 그리고 프루스트와 동시대를 살았던 작가 제임스 조이스James Joyce도 이 단순한 진리를 놓치지 않았다. 조이스는 자신의 작품을 "청각적 시각"aural eyeness의 악보로서 작곡했으며, "몸 깊은 곳의 대화를 담은 본능적 언어... 이성적 언어보다 깊은" 언어로 구성했다.[40]

우리가 "섬세한 소리의 울림"이라고 부를 수 있는 활동은 오늘날 좋은 치료법으로 확장된다. 헬렌 뱀버Helen Bamber는 『귀담아듣는 사람』*The Good Listener*에서 이를 떠올리게 해주는데, 이 책에서 그녀는 그녀가 트라우마 생존자들과 함께한 작업을 통해 치유가 경청의 한 형태임을 보여준다. 소리를 내는 것은 울림을 주는 것이다. 상호 공명이다. 몸으로 집중하는 것이다. 그녀는 말할 수 없는 트라우마를 돌보는 가장 좋은 방법이 우리 자신 안의 상처를 반향echo하는 환자의 비밀스러운 상처에 주의를 기울이는 것이라고 강조한다. 트라우마가 트라우마에게, 상처가 상처에게, 고통이 고통에게 말을 건네는 것이다. 제2차 세계대전 강제수용소 생존자들의 치료 경험을 이야기하면서 그녀는 이렇게 썼다. "내가 할 수 있는 일은 듣고 받아들이는 것임을 시간이 지나면서 천천히 깨닫기 시작했다. 들은 것으로 인해 오염되었다는 느낌을 주지 않고, 끔찍하긴 하지만 받아들이며 그들과 함께 그것을 **품기** 위해 그 자리에 있다는 것을 환자에게 전달하는 것이다."[41] 뱀버가 고통받는 환자들 곁에서 섬세한 증인 역할을 수행하는 곳에서 경청과 품어줌이 결합되어 있음을 우리는 발견하게 된다. 이는 마음의 귀로 만지고 동시에 만져지는 이중 행위이다.

그러나 우리는 인간 외의 존재를 섬세히 경청함으로써 많은 것을 배울 수 있음도 역시 잊지 말아야 한다. 이들은 인간이 잃어버렸거나 잊은 숨겨진 모든 주파수 스펙트럼에 대해 예민한 음향 민감성을 유지하는 생물들이다. 우리에게 익숙한 몇몇 종을 예로 들면 고래, 돌고래, 말, 개를 생각해 보라.[42] 또는 그런 생물들이 공명하는 대지와 바다, 대자연의 "더 예리한 소리들"을 말이다.

>그녀는 바다의 수호신을 넘어 노래했다.
>물은 결코 정신이나 목소리로 형성되지 않았다,
>마치 텅 빈 소매를 펄럭이는
>완전한 육체처럼. 그리고 그 모방하는 움직임은
>끊임없는 외침을 만들어내고 외침을 끊임없이 일으켰다.
>우리는 이해했으나 그것은 우리의 것이 아니었다. . . .
>향기로운 문들의 말들, 희미하게 빛나는 별들의 말,
>그리고 우리 자신과 우리의 기원에 대한 말들,
>더 유령 같은 경계에서, 더 예리한 소리로.

>She sang beyond the genius of the sea.
>The water never formed to mind or voice,
>Like a body wholly body, fluttering
>Its empty sleeves; and yet its mimic motion
>Made constant cry, caused constantly a cry,
>That was not ours although we understood. . . .
>Words of the fragrant portals, dimly-starred,
>And of ourselves and of our origins,
>In ghostlier demarcations, keener sounds.

— 월리스 스티븐스Wallace Stevens, 「키 웨스트에서 질서의 개념」
("The Idea of Order at Key West")

2장

터치의 철학

아리스토텔레스부터 현상학까지

터치는 차이를 안다.
— 아리스토텔레스Aristotle

아리스토텔레스는 그리스 사상의 초기 단계에 터치에 관한 첫 철학을 구상했다. 그는 촉감을 가장 보편적이고 지적인 감각으로 여겼다. 그러나 그의 주장은 2천 년 동안 주목받지 못했다. 플라톤주의는 시각이 터치보다 우월하다고 판단했는데, 이는 시각이 이성에 더 가깝고 초감각적 관념으로 상승한다고 여겨졌으며, 터치의 경우 육체의 어두운 느낌으로 하강한다고 여겨졌기 때문이다. 플라톤은 "인간은 모든 존재의 **관찰자**"라고 선언하면서, 인간을 의미하는 단어 *anthropos*가 "위로 올려다보는 자"라는 어원을 가지고 있다고 설명했다. **인간***anthropos*이라는 단어는 인간이 단순히 보는 것뿐만 아니라, 본 것을 올려다보는 존재임을 의미하며, 따라서 모든 동물 중에서 오직 인간만이 올바르게 인간이라고 불릴 수 있는데 이는 인간은 그가 본 것을 올려다보기 때문이다.[1] 플라톤에게 눈은 군주와도 같다. 촉각적 육체는 짐을 나르는 짐승이자, 오염을 일으키는 존재로, 통제되어야 한다. 순수한 것과 불순한 것은 분리되어 살아야 한다. "살아 있는 동안 우리가 할 수 있는 한 육체와의 관계를 자제한다면 진리에 가까이 다가갈 수 있을 것이다. . . . 그리고 우리의 노력으로 순수한 모든 것을 알게 될 것이며, 이는 아마도 진리일 것이다. 왜냐하면 순수하지 못한 것은 순수한 것과의 접촉이 허용되지 않기 때문이다."[2]

이 사상 전쟁의 결과 서양철학은 **시각 중심적**optocentric으로 자리를 잡아 다른 감각들, 특히 터치를 지각의 하위 영역으로 격하시켰다. 우리는 20세기에 들어서야 실존주의적 현상학existential phenomenology을 통해 아리스토텔레스의 고유한 발견인 터치를 재평가하고, 우리의 감각을 "사물 그 자체"로 되돌리는 작업을 시작할 수 있었다.[3] 이제 가장 근원적인 사물들phenomena은 다시 한번 우리의 몸을 통한 체험적 삶, 즉 지적 인지에 선행하는 우리의 감각, 기분, 감정 속에서 재배치될 것이다. 현상학은 진리가 이미 우리가 사는 세계에 존재한다고 인정한다. 그러나 이러한 인식은 우리가 우리의 감각을 되찾는 것에 달려 있다. 깊이 뿌리박힌 편견을 멈추고 우리의 근원적인 육체적 경험, 즉 우리의 일상적인 촉감, 안목, 그리고 육감이 항상 우리에게 알려주는 것을 회복하는 법을 배우는 것이다. 우리가 이미 알고 있는 것을 알고자 하는 용기가 있다면 말이다. 현대 현상학에서는 아리스토텔레스의 최초 통찰을 회복하려는 획기적인 노력이 이루어지고 있으며, 시각 중심적 패러다임에 도전하고 촉각을 그 정당한 자리로 되돌리려 하고 있다.

아리스토텔레스에 대한 다음 해석은 현대 현상학의 관점에서 깊은 영향을 받았다.

아리스토텔레스와 함께 감각 되찾기

인간 심리학에 관한 첫 번째 위대한 저작인 『영혼론』*De Anima*에서 아리스토텔레스는 터치를 가장 **보편적인** 감각이라고 선언했다. 그는 우리가 잠들어 있을 때조차도 우리는 온도와 소음, 압력과 움직임의 변화에 민감하다고 지적했다. 우리의 몸은 항상 "켜져" 있다. 모든 생명체는 터치를 가지고 있으며, 모든 감각은 어떤 형태로든 촉각을 내포하고 있다. 예를 들어, 빛은 홍채에 닿고, 소리는 고막에 닿고, 냄새는 코의 후각 세포에, 맛은 혀에 닿는다.[4] 인간의 몸 전체가 피부를 통해 감각을 느낄 수 있다. (오직 머리카락과 손톱만이 촉감이 없다).

아리스토텔레스는 터치가 가장 **민감**하기 때문에 가장 **지적인** 감각이라고 말한다. 우리가 무언가를 만질 때, 우리는 우리가 만진 것에 반응한다. 우리는 다른 사람들과의 터치를 통해 그들의 독특함에 반응한다. 아리스토텔레스는 "터치는 **차이**를 안다"고 말하며, 이는 다양한 사람과 사물을 구별하는 우리의 기본적인 능력이 된다고 한다.[5] 지능은 피부의 취약성에서 시작된다. 아리스토텔레스는 피부가 얇은 사람은 민감하고 지각력이 뛰어난 반면, 피부가 두꺼운 사람은 둔하고 무지하다고 말한다. 우리의 첫 번째 지능은 표피에서 비롯된다.[6] 그리고 이 원초적인 감각은 또한 우리가 세상에서 모험, 고통, 경이로움에 노출되는 위험을 감수하게 하는 것이다.

이러한 점을 논의하면서 아리스토텔레스는 당시의 지배적인 편견에 도전하고 있었다. 앞서 언급했듯이 플라톤 학파의 학설은 시각이 가장 고귀한 감각이라고 주장했다. 그 이유는 시각이 가장 원거리의 그리고 중재된 감각이어서 사물을 멀리서 제어하고, 경험을 위로부터 지배하는 가장 이론적인 감각으로 간주되었기 때문이다. 반면 터치는 즉각적이고 물질세계의 압력에 쉽게 영향을 받는다고 여겨져 가장 낮은 감각으로 평가되었다. 이에 대해 아리스토텔레스는 터치에는 실제로 "살"sarx이라는 매개체가 **있다**는 급진적인 반론을 제기했다.[7] 살은 단순한 몸의 기관이 아니라, 우리가 사물을 처음 평가하는 데 있어 복잡한 매개 역할을 하는 막이다. 촉각은 플라톤주의에서 주장한 것처럼 단순한 직접성immediacy이 아니다. (다만, 플라톤주의라는 사변적 "체계"는 종종 창시자인 플라톤의 미묘한 변증법을 단순화시켰다. 플라톤주의는 여러 면에서 플라톤을 망각하였다.) 우리는 최초의 지혜를 터치, 즉 살로 매개된 터치를 통해 얻게 되는데, 이 터치에서 우리의 감각은 이미 세상을 읽고, 사물을 이렇다 저렇다라고 해석하며, 끊임없이 차이와 구별을 기록한다. 섬세한 감각은 여기 지금의 개별성에 반응함으로써 우리를 인간답게 만든다.

하지만 아리스토텔레스는 사상의 전투에서 승리하지 못했다. 플라톤의 시각이 우세했고, 서구 문화는 "영혼의 눈"에 의해 지배되는 체계가 되었다. 시각은 감각의 계층 구조에서 지배적인 위치를 차지하게 되었고, 이론적 지식의 선택받은 동반자로 여겨졌다. (그리스어로 테오리아theoria는 '보다'를 의미하며, 여기서 시각적인 광경인 "극장"theater이 생겨났다.) 이렇게 서양철학은 "지적" 감각인 시각과 "동물적" 감각인 터치 사이의 이분법에서 출발했다. 그리고 기독교 신학은 성육신("말씀이 육신이 되다")의 메시지를 전한다고 하면서도, 이 유해한 플라톤적 이원론을 너무 빈번히 지지한 나머지 니체가 기독교를 "대중을 위한 플라톤주의"라고 비난하는 근거를 제공했다. 기독교는 곧 "에로스에게 독을 마시게 한" 교리라는 것이다.

롤랑 바르트Roland Barthes가 우리의 문명을 "이미지 문명"Civilization of the Image이라고 일컫듯이, 오늘날까지도 시각이 세계를 지배하고 있는 것처럼 보인다. 세계는 더 이상 우리가 마음껏 탐험할 수 있는 곳이 아니라 우리의 스크린이 되었다. 시각적 장관이 감각을 삼켜버렸다. 이 점에 대해서는 마지막 장에서 다시 논의할 것이다.

살은 매개체다

아리스토텔레스의 주장을 좀 더 자세히 살펴보자.

아리스토텔레스는 터치가 식별력이 있는 감각임을 주장하면서, 살 *sarx*이 다른 종류의 경험, 예를 들어 뜨겁고 차가운 것, 부드럽고 단단한 것, 매력적이고 매력적이지 않은 것을 구별하는 공간을 제공하는 매개체 *metaxu*라고 강조한다.[8] 터치할 때, 우리는 터치함과 동시에 터치되지만, 그렇다고 해서 우리가 동일함으로 녹아 없어지는 것은 아니다. 차이는 유지되며,[9] 이것이 아리스토텔레스가 "살은 기관organ이 아닌 매개체이다"라고 선언한 이유이다.[10] 직접 겪은 경험에서 유리되지 않는 철학으로서 이 혁신적인 통찰력은 터치가 탐색하는 중요한 공간과 간격을 살이 품고 있음을 말해준다.[11] 살은 구멍으로 가득 차 있는데, 이는 긍정적인 요소이다. 터치는 직접적인 것이 아니라 살을 통한 매개 작용이다. 그러므로 현상들의 흐름 앞에서 우리의 감각적 무력함을 비하했던 관념주의자들과 달리, 그리고 터치가 우리를 물질과의 직접적인 접촉을 가져온다고 주장했던 유물론자들과는 반대로, 아리스토텔레스는 항상 촉각이 여과하는 특징을 가지고 있다고 강조했다. 촉각적이라는 것은 세상의 틈새들 속에 노출되는 것이며, 다양한 **존재들과** 교류하고, 자극에 반응하며, 타인의 세계에서 방향을 잡는 것을 의미한다. 마치 하프의 줄을 손가락으로 더듬는 것처럼. 처음부터 접촉은 예상치 못한 상황을 조율하고, 동일성을 차이로 해방시키는 촉감을 수반한다.

아리스토텔레스는 인간의 완전함이 터치의 완전함이라는 놀라운 주장을 펼친다. 왜 그럴까? 그가 말하길 촉각이 없으면 가치가 있는 삶도 없기 때문이다. 촉각은 가장 기본적이고 포괄적인 감각으로서, 살의 근본적인 "감수성"을 나타낸다. 하지만 여기서 "근본적"이라는 말은 가장 알기 쉽다는 의미가 아니다. 사실, 터치는 가장 **포착하기 어려운** 감각으로, 특정한 위치에 고정되지 않는다. 터치는 "특정한 기관에 바로 할당될 수 없는 상태로 육체 전반에 퍼져 있다."[12] 비록 그것이 공간과 시간 속에서 작동하지만, 터치를 고정시킬 수는 없다. 터치는 몸이라는 숲을 자유롭게 누빈다.

하지만 터치가 수수께끼 같은 것이라면, 그것은 또한 예리하게 **조율된** 감각이기도 하다. 우리를 세상에 민감하도록 만드는 감각이 바로 터치이며, 터치는 우리를 자신이 아닌 것들과 접촉하게 하고, 스스로를 성찰하게 한다. 잘 터치하는 것은 잘 사는 것이며, 이는 곧 **섬세하게** 사는 것이다. "로고스가 부여된 존재는 촉각적 존재이며, 가장 섬세한 촉감을 부여받는다."[13] 이는 단순히 만질 수 있는 영역에만 국한된 것이 아니라, 우리가 이미 보았듯이 우리의 시각, 청각, 후각 같은 다른 감각들에도 잠재적으로 적용된다. 터치는 인간의 모든 감각에 정보를 제공한다. 신체적 경험 전반에 걸쳐 존재하는 터치의 편재성은 우리가 지각의 문을 열어두게 한다. 이로써 우리는 자신 안으로 후퇴하지 않게 된다. 닫힌 상태는 자연에 반하는 것이다. 터치는 마치 헤르메스처럼 안과 밖, 자아와 타자, 인간과 비인간 사이를 오가며 세상에 대한 우리의 민감성을 유지시킨다. 촉각은 전환과 해석을 위한 가장 정교한 수단이며, 육체 해석학의 시금석이다.

▶▶▶

내가 무언가를 만질 때 그것과 직접 연결된 것 같고, 그것이 나를 직접 만지는 것같이 느껴질지라도, 겉보기에 즉각적인immediate 것에도 항상 **중개하는**mediate 요소가 존재한다. 공간적으로 표현하자면, "가까운" 것 안에는 항상 "먼" 것이 존재한다. 다시 말해, 감각sense에는 **감지하기**sensing, 즉 우리가 우리 자신 **이외의** 무언가로부터 감각을 **만들어내고**making 감각을 **받아들이는**receiving 과정을 겪는다. 살은 이러한 타자성을 해석해 내며, 자아와 낯섦 사이를 오간다. 이를 통해 우리는 의식적으로 평가하기에 앞서 즉각적으로 무엇이 의미 있는지 없는지, 환대적인지 적대적인지, 매력적인지 위험한지를 구별하면서 우리 세계를 탐색할 수 있게 된다. 모든 감각이 터치를 수반하고, 터치는 중개 작용을 수반하기 때문에, 우리의 모든 감각은 어떤 형태로든 신체적 **해석**interpretation을 동반한다고 할 수 있다. 이 신체적 해석은 이론적 의식에 선행하는 시간과 공간에서의 원초적인 방향감각이라고 이해될 수 있다.

아리스토텔레스는 해석hermeneuin이 우리의 가장 기본적인 경험에서도 작동하고 있음을 보여줌으로써 현대 해석학의 통찰을 예견했다.[14] 터치는 대부분 (프로이트 이후의 용어로 말하자면) 전의식적preconscious이거나 무의식적인 차원에서 작동하며, 그렇다고 해서 그 민감성이 줄어드는 것은 아니다. **오히려** 우리의 감각적 경험에는 너무나 많은 것이 일어나기 때문에, 그것이 우리를 압도하지 않도록 적당히 거리를 두어야 한다. 이론적인 관점에서 보면, 우리는 감각을 간접적으로 이해한다. 우리는 감각을 직접적이거나 객관적으로 인식할 수 없고, 오직 우회적으로, **일이 벌어진 후에야** 인식할 수 있을 뿐이다. 그것은 우리가 모르는 사이에, 세계에 대한 우리의 감각적-상징적 해석 속에서 이미 작동하고 있다. 그래서 아리스토텔레스 자신도 터치를 **은유적으로** 접근할 수밖에 없었다. 그는 터치를 매개하는 살을 물 같은 막, 공기 주머니, 베일 또는 두 번째 피부로 묘사한다. 우리가 살을 어떤 **구체적인 것**으로 파악하려고 할 때, 그것은 우리 손에 비유적인 표현만을 남긴다. 살은 처음부터 끝까지 비유적이다. 촉각은 시적인 표현을 요구한다.[15] 실제로 만지는 행위는 비유를 필요로 한다. 우리는 세상을 만지면서 끊임없이 우리의 경험을 미리 형상화하고, 재형상화하며, 구성해 나간다. 태초부터 우리는 본능적으로 익힌 것과 날 것, 친근한 것과 두려운 것, 사랑스러운 것과 폭력적인 것 사이를 신중하게 탐색하며 나아간다. 각각의 감각은 고유한 상상력, 고유한 꿈과 환상을 지니고 있으며, 이는 인류 초기 예술 작품인 돌과 조각에 새겨져 있다. 동굴벽화, 석제 조각, 시금석, 벽화와 프레스코화, 구체와 곡선, 선과 교차점. 이 모든 것이 세계의 몸에 새겨져 있다.

세상을 감각하기: 피부와 피부의 접촉

하지만 만약 우리가 세상에 대해 하는 행위가 터치라면, 동시에 세상이 우리에게 하는 행위도 터치이다. 터치는 쌍방향으로 작용한다. 우리가 손을 뻗을 때, 터치는 가장 먼저 우리에게 구체적이고 개인적인 방식으로 **영향을 미친다**. 태초부터 육체는 끌어당기는 힘과 움츠러드는 힘으로 가득하다. 아동 심리학에서 증명된 것처럼, 아기가 어머니의 손길에 반응하거나 젖을 먹기 위해 입을 벌릴 때, 아기는 이미 세상을 인식하고 해석하고 있다.[16] 이것은 단순히 자극에 반응하는 것이 아니라, 터치에 반응하는 것이다. 출생 직후 최초 살과 살의 접촉에서 우리는 기쁨과 두려움, 욕망과 불안이 발작처럼 나타나는 것을 목격한다. 출생과 함께, 입은 더 이상 단순한 구강이 아니라, 소통의 매개체가 된다.[17] 아기의 울음소리는 자아와 타자(어머니: (m)other) 사이를 뛰어넘는, 즉 그들 사이를 가로질러 도달하는 외침이다. 따라서 최초의 터치는 중립적이지 않으며, 이미 피부와 뼈, 부드러움과 단단함, 뜨거움과 차가움 사이를 읽는 행위이다. 현대 현상학의 용어를 미리 사용하자면, 우리는 살이 단순한 물건, 즉 객체나 기관이 아니라, 사물에 의미를 부여하는 역동적인 "하부의 것"infra-thing이라고 말할 수 있다. 이는 직접 경험한 상황들을 판단하는 육체적 민감성이다. 아기들은 감정이 쉽게 변하는데, 아기들의 옹알이와 탐색 활동은 이미 테스트testing와 맛보기tasting의 놀이가 된다.[18] 우리가 **여기**와 **저기**라는 말을 하기도 전에, 우리의 손가락과 입술은 이러저러한 경험에 따라 사물을 파악하고 있다. 장 뤽 낭시Jean-Luc Nancy가 말했듯이, "촉각은 우리 사이의 간격을 없애지 않지만, 그 간격을 가깝게 만든다." 터치는 미각과 마찬가지로 단순히 감각적 속성을 가리키는 것이 아니라, "그들의 유해하거나 유용한 특성, 우리 존재 유지와 관련된 성질을 즉시 감지하고 느낀다."[19] 우리가 어떤 것을 알지 못할 때, 첫 번째 반응은 그것을 만지는 것이다. 방에 들어간 아기를 지켜보면, 아기는 주변 사물들을 더듬고, 쓰다듬고, 맛보면서 그것들을 위험한 물건 또는 장난감으로 대한다. 불안이 될 수도, 기쁨이 될 수도 있는 대상들로서 말이다. 아기는 손으로 세상을 만들어간다. 손바닥의 맥박을 통해 세상을 느낀다. 이것이 바로 아리스토텔레스가 처음부터 터치는 "항상 진실하다"고 주장한 이유다(『영혼론』 428a).

터치가 종종 "원초적" 감각으로 불렸던 이유는 그것이 사물에 대한 우리의 가장 근본적인 이해를 가져다 주기 때문이다. 그 이유는 무엇일까? 촉각은 존재가 지닌 강렬한 감정 조절하는 능력, 즉 그리스어 **파토스** *pathos*가 의미하는 것처럼 우리에게 이러한 또는 저러한 **모습으로** 다가오는 타인을 겪고, 받아들이고, 견뎌내는 능력을 제공하기 때문이다. 열정passion, 수동성passivity, 인내patience는 어원을 공유한다. 시인 크리스천 와이먼Christian Wiman은 이를 "순수한 주의력, 긴장감, 준비 상태의 열정"이라고 불렀다. 만지고 동시에 만져진다는 것은 우리가 열린 마음으로 다른 사람들과 **연결**되는 것을 의미한다. 살은 개방적이다. 살은 가장 노출된 곳, 피부와 피부가 맞닿는 곳, (배꼽에서 시작된) 상처와 흉터에 예민하게 주의를 기울이고, 전의식적인 기억과 트라우마에 민감한 곳이다. 살은 매우 중요한데, 극도의 연약함과 취약성이 살과 동반되기 때문이다. 이는 전혀 나쁜 것은 아니다. 피부의 노출*ex-peausition* 없이는 진정한 경험도 없다.[20] 벗겨진 채 촉각을 느끼는 살을 통해 우리는 낮과 밤을 가리지 않고 터치에 노출된다. 사방에서 위험과 모험에 노출된다. 매우 민감한 상태로 우리는 어떤 것도 당연하게 여기지 않는다. 시간이 지나면서 우리는 살을 깊은 곳에 있는 표면처럼 다루는 지혜를 얻게 된다. 그리고 정확히 말하자면, 살이 "여기"에 있는 육체적 자아와 "저기"에 있는 타인을 매개하기 때문에, 터치는 공감을 가능하게 한다. *Em-pathein*, 즉 자신을 타인과 하나가 된 것처럼 느끼는 것이다. 그래서 터치가 사회적으로 시작되는 곳이 바로 악수이다. 열린 손과 열린 손의 만남이 곧 공동체의 기원이 된다.[21] 이러한 점에서 전쟁과 평화는 피부 한 겹 차이다.

파토스에 관한 이 문제는 우리가 신체 지능을 고찰하는데 있어 매우 중요하다. 타인과 함께 느끼고, "저 밖의" 세상을 터치하며, 또한 그 세상으로부터 터치되게 하는 "매개"로서, 살은 낯설고 이질적인 것을 걸러낸다. 디드로Diderot는 『달랑베르에게 보내는 편지』*Letter to d'Alembert*에서 우리는 우리와 **동일**한 것이 아니라 우리와 **다른** 것만을 느낀다는 점을 일깨워 준다. 예를 들어 손을 물에 담갔을 때, 우리는 피부 온도보다 더 뜨겁거나 차가운 것을 감지한다. 후각 기관은 냄새가 없고, 청각 기관은 소리를 내지 않지만, 터치의 매개체는 항상 촉각적이다. 터치는 만지는 것에 의해 만져지며, 자신이 만지고 있다는 것을 스스로 느낄 수 있다. 이 근원적인 상호성은 나 자신이 **아닌** 외부로부터 나의 내부에 있는 무언가를 느낄 수 있도록 하는 타자를 느끼게 될 위험을 감수할 수 있음을 의미한다. 그리고 바로 이 촉각적인 저항과 반응의 감각이 우리의 감수성에서 가장 본질적인 측면 중 하나를 구성한다. 바로 살을 통해 분별하는 능력이다. 아리스토텔레스는 "모든 감각은 차이를 안다"고 우리에게 알려준다. 이는 가장 단순하게 말해, 바로 살이라는 매개체를 통해, 1. 우리는 외부의 감각들과 "접촉"하고, 2. "감촉"을 지닌 이러한 감각들을 우리의 내적인 이해 체계로 전달하며, 3. 그 전달된 의미를 타자를 위해 언어로 변환시킨다.

그러나 여기서 **위험성**, 즉 **살이 가진 도박성**wagering of flesh이라 부를 수 있을 위험의 문제로 돌아가 보겠다. 간단히 말하자면, 노출된 피부와 연약함이라는 터치의 민감성이 없다면, 촉감의 풍부함도 없었을 것이다. 민감성은 주의력, 섬세함, 경계심, 세련됨이라는 기본적인 지능을 제공하기 때문에 감수성이라 할 수 있다. 아리스토텔레스는 『동물 부분론』*De partibus animalium*에서 "인간의 살은 모든 것 중에서 가장 부드럽다"고 언급한다. 우리의 피부는 구멍이 많고 얇아서 손과 발을 통해 압력과 자극을 느낀다. 그리고 바로 이처럼 매우 예민한 존재로서, 인간은 "차이에 가장 민감하고," 따라서 피부가 두껍고 털이 많고 단단한 다른 동물들보다

우월하다. 아리스토텔레스는 『영혼론』*De Anima*에서 "살이 부드러운 이들이 지적으로 더 뛰어나다"고 말한다(412A).[22] 아리스토텔레스에게 지능의 완성은 결국 살의 완성으로 귀결된다. 인간의 민감성은 궁극적으로 육체에 관한 것이다. 즉, 터치의 문제이다.

그렇지만 문제는 단순하지 않다. 다시 한번 아리스토텔레스의 놀라운 주장을 떠올려 보자. 터치는 다섯 감각 중 **하나**이면서 동시에 **모든** 감각의 전제 조건이라는 주장이다. 터치는 우리를 특정한 구체적인 사물과 밀접하게 접촉하게 하는 동시에, 다른 감각들을 넘나드는 보편적인 힘이다. 그것은 가장 개별적이면서도 가장 보편적이다. 특정한 순간에 존재하면서도 동시에 어디에나 존재하며, 본질적으로 공감각적이다. 이 점은 중요하니 반복할 필요가 있다. 인간은 감각하지 않고는 살 수 없고, 살 없이 영혼으로 존재할 수 없으며, 모든 감각은 인간이 (눈, 귀, 코, 혀를 통해) 감각하는 대상에 의해 그 거리가 어떠하더라도 터치되는 능력을 필요로 한다. 요약하자면, 터치는 감각의 중심이자 영혼이며, 외부 세계와 내부 세계 간의 모든 감각적 상호작용을 가능하게 하는 감각적 환경이다. "우리는 몸 전체로 터치하기 때문에, 우리의 영혼 **자체가 곧** 터치의 행위이며, 오직 그런 방식으로만 듣는 영혼, 보는 영혼 등이 될 수 있다."[23]

윤리적 고려 사항

여기에는 중요한 윤리적 평가 작업이 작동하고 있다. 촉각적 민감성은 도덕적 감수성을 포함하며, 이 둘의 결합은 촉감으로 이끈다. 그래서 아리스토텔레스는 『니코마코스 윤리학』*Nicomachean Ethics*에서 1. 다양한 감각을 구별하는 좋은 터치와 2. 무분별한 탐욕, 폭력, 변태적인 행동으로 타락하는 나쁜 터치를 구분하는 것이 중요하다고 말한다. 감각의 부도덕성은 **촉감이 결여된 접촉**에서 비롯된다. 즉, 느낌 없이 움켜잡는 것, 신경 쓰지 않고 음식을 섭취하는 것, (프랑스어로는 시음, 시식 dégustation이라고 부르는) 음미하지 않고 삼키는 것이다. 아리스토텔레스는 "자기 탐닉에 빠진 사람들은 미각을 사용하지 않는다"고 말한다. "미각의 역할은 맛을 구별하는 것이며, 이것이 바로 와인 감별사나 요리에 양념하는 이들이 하는 일이다."[24] 여기에서 우리는 음식을 삼키기만 하는 대식가gourmand와 맛을 음미하는 미식가gourmet의 차이를 발견할 수 있다. 좋은 미각은 기다리는 법을 알고, 준비한 채 대기하며, 혀의 충만한 감각으로 감지된 충만함을 받아들이는 법을 알고 있다. 좋은 미각은 통합적이고, 감식력이 있으며, 자유롭다. 나쁜 미각은 부분적이고, 중재되지 않으며, 충동적이다.

이것이 바로 터치, 즉 가장 총체적이고 공감각적인 감각으로서의 터치가 삶(생존)과 사랑(가치) 모두에서 자연스럽게 가장 근본적인 감수성의 형태가 되는 이유이다. 항상 이중 임무를 수행하고, 언제나 호출 대기 상태에 있으며, (고통을 느끼지 않는 머리카락과 손톱을 제외하고) 온통 촉각적이기에 몸에는 큰 부담이다. 터치가 이처럼 육체 **전체에** 속하기 때문에, 터치는 모든 감각을 통해 모든 것을 만질 수 있는 **보편적 감각**sensus universalis이다. 눈, 귀, 코, 입은 닫을 수 있지만, 우리는 항상 만지며, 만져지고 있다. 터치는 자신이 아닌 것에 민감한 "막"membrane이며, 세상으로 통하는 결코 닫을 수 없는 문이다. 그것은 우리가 존재함을 인정하고 타인을 받아들이는 첫 번째 현장이다. 터치한다는 것은 위험을 감수한다는 것을 의미하며, 그 위험은 고통과 기쁨 사이에 있다. 그리고 위험 없는 삶은 가치가 없다.

이 모든 논의는 그리스 전령인 헤르메스와 관련이 있다. 서양철학의 시초에 아리스토텔레스는 의미가 이미 육체적 존재의 핵심에 내재해 있음을 깨달았다. 헤르메스의 역할은 어디에나 존재한다. 몸은 우리의 심장 깊은 곳의 모세혈관에서 손과 발끝의 신경말단까지 끊임없이 메시지를 주고 받으며, 피부와 뼈를 통해 탐색하고, 암호화하며, 해독하고, 의미를 전달한다. 때로는 아리스토텔레스가 언급한 것처럼, 이러한 매개 작업이 자신을 숨기기도 하는데 이런 경우 헤르메스Hermes는 폐쇄적인hermetic 존재로 드러난다. 다른 때에 우리는 내면의 상처와 외부의 흉터, 진의와 표식 사이를 번역하며 심층 메시지와 표층 메시지 사이를 가로지른다. 이 경우 헤르메스Hermes는 해석학적hermeneutic 역할을 하며, 우리에게 암호를 해독하는 예술에 동참할 것을 요청한다.

감각으로의 회귀: 현상학적 혁명

20세기 초, 에드문트 후설은 철학자들에게 "사물 그 자체"로 돌아갈 것을 촉구하며 현상학 운동을 선언했다. 그는 우리가 몸에 대한 선반성적prereflective 경험으로 돌아가야 한다고 주장했다. 후설은 살아있는 신체Leib는 물리적 신체Körper와 다르다고 주장했는데, 전자는 느껴지는 존재와 관계 맺는 주체로 남아 있는 반면, 후자는 "마치 테이블 위에 마취된 환자처럼"(T. S. 엘리엇) 측정되고 조작될 수 있는 사물로 간주된다. 후설은 정신과 몸을 대립시키는 철학적 이원론에 도전하며, 아리스토텔레스와 마찬가지로 터치가 관계의 가장 근원적인 방식임을 선언했다. 1912년에 쓰여진 『순수현상학과 현상학적 철학의 이념들 제2권』Ideas Pertaining to a Pure

Phenomenology, Book 2에서, 후설은 "이중 감각"이라는 근본적인 현상을 설명하기 위해 양손이 서로 접촉하는 대표적인 사례를 제시한다. 후설은 이렇게 기록한다. "감각은 신체의 두 부분[한 사람의 왼손과 오른손]에서 두 배로 증폭되는데, 이는 각각이 서로를 향해 터치하고 작용하는 외부적인 사물이기 때문이며, 각각은 동시에 터치를 전달받고 전달하는 (살아 있는) 신체이기 때문이다."[25] 이 이중 감각의 행위를 통해 나는 사물들 사이에서 단순한 사물을 경험하는 육체와 분리된 의식으로서의 내가 아니라, 근본적으로 상호적인 방식으로 육체를 경험하는 육체로서의 나를 경험한다. 이와 같은 이중적 방식으로 터치하는 것은 내가 단지 몸을 "소유하는" 것이 아니라, 내가 살아있는 사람으로서 몸 "그 자체"라는 것을 깨닫는 것이다.[26] 후설은 이러한 만지기/만져지기의 순환적 현상이 우리가 세상을 경험하는 데 있어 핵심이라는 것을 보여주면서, 시각을 최우선으로 하는 사상에 도전하며 터치를 그 정당한 위치로 되돌린다. "순전히 시각적으로 구성된 객체의 경우 . . . 눈은 자기 자신을 직접 볼 수 없다. . . . 나는 내가 나를 만지는 방식으로 나를 볼 수 없다. 보이는 몸seen body, *Körper*은 보면서 동시에 보이는 것이 아니지만, 만져지는 몸touched body, *Leib*으로서 내 몸은 만지면서 동시에 만져지는 것이다."[27] 일련의 자세한 현상학적 기술을 통해 후설은 터치가 청각, 후각, 미각, 시각 등 모든 감각에 걸쳐 작용하는 능동적-수동적 변증법이라는 아리스토텔레스의 통찰을 재조명한다.[28] 비록 아리스토텔레스라는 이름은 명시하지 않았지만 말이다.

후설은 아리스토텔레스 뒤를 이어 한 걸음 더 나아가, 만질 수 있는 촉각적 육체가 **타자**에 대한 가장 원초적인 경험을 제공한다고 주장한다. 이는 터치가 능동적으로 타자를 지각하는 방식일 뿐만 아니라, 또한 수동적으로 지각되는 방식이기 때문이다. 상호작용하는 감성의 순환 속에서 우리가 서로의 자리를 맞바꿀 때 터치는 나와 타자 사이를 연결하는 회전문 역할을 한다. 쌍방향 터치는 친숙한 육체와 낯선 육체 간의 주고받는 행위이다. 시각이 나의 외부에 있는 환경을 지배할 수 있다는 기대를 준다면, 터치는 나와 내가 아닌 모든 것 사이의 교차점으로, "저곳"과 "이곳"을 다시 연결해주는 육체의 놀이에 나를 들여보낸다. 즉, 세상 속의 저 낯선 이를 이 특정한 시간과 장소에 존재하는 나의 육체적 존재와 연결하는 것이다. 이와 같은 방식으로, 터치는 상호 육체성에 있어 없어서는 안 될 매개체 역할을 하는데, 이를 도덕적으로 확장하면 곧 공감이 된다.[29] 촉감은 울림을 주는 느낌이고, 평가하는 감정이며, 음미하는 기분이다. 이는 우리를 서로를 위한 세계 속 존재beings-in-the-world-for-one-another로 만들며, 그로써 촉감은 언어의 전제 조건이 된다. 여기서 후설의 결론이 도출된다. "신체는 근본적으로 오직 촉각과 그리고 터치의 감각에 한정된 것들로만 형성될 수 있다."[30] 그리고 이러한 촉각을 통한 육화는 항상 "정신과 영혼처럼 의식과 화합하여" 작동한다고 후설은 주장한다. 이것은 중요한 지점인데, 육체는 정신과 대립하는 것이 아니라, 깊은 정신, 친밀한 정신, 감각된 정신인 것이다. 신체와 정신은 우리 피부 안과 밖, 즉 한 소매의 두 면과도 같다. 그리고 촉각은 타자와의 공감을 가능하게 하므로, 육체와의 터치를 잃은 문명은 자신과의 터치도 잃게 된다.

후설의 뒤를 이어 그와 마찬가지로 우리 육체적 존재에 대한 깊은 현대적 통찰을 제공한 많은 "실존주의적 현상학자들"existential phenomenologists이 있었다. 이들 중에는 마르틴 하이데거Martin Heideggaer가 『존재와 시간』Being and Time, 1927에서 인간의 근본적인 "기분"moods인 불안anxiety을 묘사하고, 우리가 실존적으로 손을 사용(손안에 있음ready-to-hand, 눈앞에 있음present-at-hand)하는 모습을 묘사한 대목, 장 폴 사르트르Jean-Paul Sartre가 『존재와 무』Being and Nothingness, 1943에서 기술한 어루만짐caress, 에마뉘엘 레비나스Emmanuel Levinas가 『전체성과 무한』Totality and Infinity, 1961에서 설명한 가장 급진적 형태의 지향성인 "감수성"sensibility, 그리고 모리스 메를로-퐁티Maurice Merleau-Ponty가 『지각의 현상학』Phenomenology of Perception, 1944에서 생생하게 묘사한 육화된 몸-주체로서의 인간관계에 대한 설명이 포함된다.[31]

메를로-퐁티는 아마 틀림없이 이 사상가들 중에서 우리의 목적에 부합한 가장 중요한 인물일 수 있는데, 이는 그가 터치 현상에 분명한 관심을 보이기 때문이다. 그에게 주체와 객체 사이 이분법은 존재하지 않으며, 인간이 완전히 능동적으로 사물과 안전한 거리를 유지하며 존재하거나, 혹은 수동적으로 세상의 자비를 구하며 무력하게 놓여 있지는 않다. 메를로-퐁티는 내가 어떤 사물을 만질 때, 나는 동시에 만져질 수 있는 존재이기에, "터치는 세상의 한 가운데서, 말하자면 사물 속에서 형성된다"고 말한다.[32] 촉각은 내 살과 세상의 살 사이의 상호 "교차"chiasm로 구성되기 때문에, 나와 세상 어느 쪽도 내 촉각 경험을 완전히 결정짓지 못한다. 지각과 지각됨은 처음부터 끝까지 "얽혀 있으며," 이 얽힘은 주체/객체의 양극성보다 더 근본적이다. 이는 모든 감각에 해당하는 진리이다. 나는 나의 응시로 세상을 만지기 때문에 볼 수 있지만, 내가 보는 것이 나의 응시만으로 결정되는 것은 아니다. "명령하는 것이 시선인지 사물인지 누구도 말할 수 없다"고 메를로-퐁티는 말한다.[33] 맛보기, 냄새 맡기 그리고 듣기도 마찬가지이다. 즉 각 감각은 (혀와 고막과 코의 후각 세포에서 각각) 터치되는 것에 대한 수용성을 가지고 있다. 우리는 감각을 통해 세상을 탐구하며, 그 감각들은 우리에게 스스로를 드러낸다. 내가 감각할 때마다, 나는 세상으로 나아가고 세상으로부터 받아들이며 이를 계속해서 반복한다. 시각은 터치가 아니고 터치는 시각이 아니지만, 각 감각은 서로를 가로지르며 "같은 몸"과 "같은 세계"를 통해 작동한다.[34]

메를로-퐁티는 터치의 현상학을 치유 문제에 적용하는 새로운 시도를 했다. 『지각의 현상학』에서 그는 심각한 장애를 겪고 있는 환자의 목을 손으로 만져 치유한 한 정신과 의사의 사례를 인용한다. "(일부 질병을) 치료하는데 있어 심리 의학은 환자가 병의 원인을 **알게** 함으로써 환자에게 영향을 주는 것이 아니다. 때로는 **손의 터치**가 경련을 멈추게 하고 환자에게 말을 되찾아준다." 그가 설명하기를 "환자는 의사와 형성된 개인적 관계나 그에 대한 신뢰와 친밀함, 그리고 이 친밀함으로 인해 발생하는 존재의 변화 없이는 자신이 겪는 장애의 의미를 받아들이지 않을 것이다. 어떠한 증상이나 치유도 객관적 의식 또는 위치 의식positing consciousness 수준에서 해결되지 않으며, 그 수준 **아래**에서 이루어진다."[35] 즉 인간의 증상이 생화학이나 지적 의지로만 설명될 수 없다는 것이다. 물론 이들 모두가 중요한 역할은 한다. 궁극적인 치유에는 한 몸-주체body-subject가 또 다른 몸-주체와 섬세하게 교감하는 실존적인 전환이 필요하다.

체현에 대한 이러한 현상학적 통찰은 『제2의 성』the Second Sex, 1946에서 시몬 드 보부아르Simone de Beauvoir와, 이후 루스 이리가레Luce Irigaray, 줄리아 크리스테바Julia Kristeva와 같은 페미니스트 실존주의자들에 의해 더욱 확장되었다. 이들은 성, 예술, 그리고 엄마와 아이의 놀이에서 철학적으로 간과되어 온 촉각의 양상을 강조한 사상가들이다. 이리가레는 그녀의 훌륭한 에세이 「어루만짐의 다산성」"The Fecundity of the Caress," 1984에서 애정 관계에 있어 주요한 것은 시각적 요소가 아니라 촉각적 요소라고 주장한다. 그녀는 "얼굴은 사랑 행위 속에서 삼켜져, 모든 감각의 근원

그림 2.1 모리스 메를로-퐁티, 에드문트 후설, 그리고 루스 이리가레
(시몬 카니(Simone Kearney), 잉크 드로잉)

인 터치로 돌아간다. . . . 연인들의 얼굴은 단지 얼굴에서만 살아있는 것이 아니라 온몸에 걸쳐 살아있다. . . . 연인들은 육화의 순간에 만난다. 마치 자신을 서로에게 소개하고, 서로에게 자신을 맡겨 세상에 새로운 탄생을 가져오려는 조각가들처럼."[36] 어루만짐caress은 육체의 시학이며, 사랑을 나누는 것은 사랑하고 창조하는 이중 예술이다. 에로스의 이중 감각 속에서 인간은 취약성과 창의성의 세계로 들어서며, 연인들은 "새로운 세계의 창조자"가 되어 "아직 미래에 있는 탄생"을 실현한다.[37] 이리가레는

플라톤주의의 관념론에 의해 오랫동안 가리워진 터치의 중요한 속성, 즉 상호 간 쾌락을 경험하는 연인들이 가진 재생의 가능성에 특히 주목한다.

비슷한 맥락에서 크리스테바는 진정한 치유가 일어나기 위해 다루어져야 할 심리적–신체적 "기호학"에서 간과된 양상을 탐구한다. 그녀는 특히 출산 이후 어머니와 아이 사이의 결정적으로 중요한 형성적 관계를 강조하며, 이를 "의존"reliance이라고 부른다("연결"이라는 뜻의 프랑스어 *relier*에서 파생된 단어). 그녀는 이 육체적 "전주체성"presubjectivity이라는 친밀한 관계가 지나치게 계산적인 우리 문화로 인해 무시되었고, 우리의 정신적 행복에 심각한 결과를 초래했다고 주장한다. "생물학과 의미, 그리고 타인의 정동과 언어를 전달하는 데 필요한 촉감 사이에서, 모성적 의존은 어머니가 자식에게 갖는 열정을 구체적으로 보여준다."[38] 반대의 경우도 마찬가지다. 이 단절–애착의 기호학적 변증법은 출생과 함께 시작된다. 태어날 때의 육체는 우리의 최초 상처를 지니며, 이는 경이로움과 트라우마로 경험된다. 이 최초의 상처는 배꼽의 흉터로 남는다. 이 배꼽의 매듭은 어머니로부터의 최초의 분리이자 세상으로의 최초의 노출을 의미한다. 살은 근본적으로 취약하다. 벌거벗은 우리의 원초적 상태가 이를 상기시켜 주듯이 말이다.[39]

육체 기호학은 우리 존재의 핵심이다. 우리는 서로의 피부를 끊임없이 읽고 읽히며, 몸을 일종의 책으로 간주한다. 만질 수 있다는 것은 읽을 수 있다는 것을 의미한다. 마치 맥베스 부인Lady Macbeth이 맥베스에게 "나의 영주님, 당신 얼굴은 마치 수상한 내용이 적힌 책 같아요"라고 말할 때처럼 말이다. 육체는 생각을 배반한다. 몸을 텍스트로 보는 이러한 개념은 한 권의 "책이라는 자연"*liber mundi*으로서의 인류의 오래된 창조 개념뿐만 아니라, 새로운 몸의 스타일을 끊임없이 재창조하는 모습(타투, 헤어컷,

햅틱 조끼, 피어싱)과, 다양한 형태로 스스로 신체를 결핍 상태로 두거나(단식) 자신을 해하는(자해) 모습에서 발견되는 자기 창조에 관한 현대적 프로젝트의 총체임을 알려준다. 이처럼 몸은 좋든 싫든 우리의 책이다. 책이 종종 육화되는 것처럼, 우리가 텍스트를 읽는 것도 의미를 행위로 변화시키는 정서적 통합이 된다. 두루마리를 먹고 그것이 배 속에서 달게 변하는 경험을 한 에스겔Ezekiel에서부터 문학 속 영웅들의 삶을 흉내 내는 현대 독자들에 이르기까지 말이다. 문학 검열이 존재하는 이유는 책이 우리에게 정서적으로 영향을 미치기 때문이다. 우리는 우리가 읽은 텍스트에 감동하고, 울고 웃으며, 행동하게 되고, 반응할 수밖에 없다. 몸으로 읽는 것은 결코 중립적이지 않다.[40]

▶▷▶

실존주의와 페미니스트 현상학의 혁신적인 사상가들은 우리가 다시금 촉각성에 주목하도록 요구하지만, 주류 학계는 시각 중심적 세계관을 유지하며 이러한 요구에 항상 귀 기울이는 것은 아니었다. 실제로, 나는 이 책 마지막 장에서 오늘날의 디지털 문화가 육화가 아닌 탈육화의 문화라고 주장할 것이며, 터치에 관한 새로운 기술을 약속하는 육화의 철학을 지지하는 것이 더욱 절실하다고 강조할 것이다.[41]

부록: 몸으로 아는 낯익은 두려움(언캐니, uncanny)의 역설

현대 현상학에서 다루는 핵심 정서 중 하나는 낯익은 두려움, 즉 언캐니 uncanny이다. 하이데거는 『존재와 시간』에서, 그리고 크리스테바는 하이데거와 프로이트를 바탕으로 『내게 너무 낯선 나』Strangers to Ourselves에서 몸으로 아는 이 현상에 대해 흥미로운 통찰을 제시한다. 익숙하다는 것인 캐니canny는 역설적이게도 낯익은 두려움인 언캐니와 맞닿아 있다. 익숙함canniness이란 인지적 설명에 앞서 사물을 직관적으로 파악하는 기본적인 능력이다. 이는 우리가 개념적으로 사물을 명확히 하기 전에, 선반성적prereflective인 방식으로 세상을 살아가는 기술을 나타낸다. 익숙함은 자연적이거나 타고난 지능을 의미하는데, 사람들과 잘 어울리고, 암묵적인 의미와 몸짓에 직관적으로 반응하는 능력이라 할 수 있다. 좀 더 일상적인 표현으로 말하자면, 익숙함은 "직감으로" 상황을 이해하고, "마음으로" 알고, "뼛속으로" 느끼는 힘을 뜻한다.[42] 블레즈 파스칼Blaise Pascal의 말을 변형해 보자면, 익숙함은 이성reason의 한 종류이다. 그리고 이는 **공감**empathy의 본래 의미로까지 거슬러 올라가는 지혜를 떠올리게 한다. 공감은 셈어Semitic languages로 *reham/rechem*인데, 이는 생명과 양육에 있어 핵심 중의 핵심인 자궁 또는 배를 지칭한다.[43] 익숙하다는 것은 사물의 무의식적 생명과 접촉하는 것이며, 이는 우리의 가장 근원적인 실존적 본능이다.

이 용어의 어원은 매우 의미 있는 것 같다. **Canny**는 중세 영어 *cunnen*에서 유래하며, 더 거슬러 올라가면 앵글로색슨어 *kennen*에서 비롯되는데, *kennen*은 교묘함cunning과 이해ken의 한 형태, 즉 눈에 보이지 않는 것들에 대한 비밀스런 지식을 의미한다. *wissen*이 공적이고 관습적인 앎을 다루는 반면, *cunnen*은 숨겨진, 보이지 않는 것들과 관련된다. 이는 고대 노르웨이어의 *ku-kunna-kunton*에서 유래하며, (여성의 성기처럼) 속이 비어 있고, 덮여 있으며 감춰지거나 감싸인 공간을 뜻한다. 셰익스피어의 『햄릿』*Hamlet*에서 햄릿이 궁정의 언어로는 부적절한 "음란한 농담"country matters으로 오필리아를 희롱할 때 사용한 표현도 이러한 일상적인 의미를 활용한 것이다. 흥미로운 점은 익숙함canniness/교묘함cunning이 가진 비밀스러운 [혹은 지하의] 힘이 전통적으로 다양한 인도유럽어권 언어에서 특정 동물들의 이름과 연관되어 있다는 것이다. 예를 들어 토끼(게일어로 *coinin*)나 여우는 지하 굴속에서 사는 동물들인데, 이들은 상징적으로 숨겨진 욕망과 연결된다. (예를 들어 『**유일한 욕망**』*A Mon Seul Desir*이라는 제목이 달린 클뤼니Cluny 태피스트리 「귀부인과 유니콘」"The Lady and the Unicorn" 속 토끼와 여우 묘사를 보라.)[44]

이처럼 고유한 교묘함cunning의 감각은 독일어 *heimisch* 또는 *Heimlich*에 잘 담겨 있으며, 이는 하이데거와 프로이트에게 언어적 보고寶庫, treasure trove였다. 다니엘 샌더스Daniel Sanders의 『독일어 사전』*Dictionary of German Speech*을 참고하면, *heimisch*토착적인, *Geheim*비밀, *heimlich*가정의/편안한라는 용어들 간의 긴밀한 연결고리를 발견할 수 있다. 샌더스는 지하의 샘과 우물을 언급하며, "*Heimlich*는 묻힌 샘이나 말라버린 연못과 같다. 그 위를 걸을 때마다 물이 다시 솟아오를 수 있다는 느낌을 항상 받게 된다... 뭔가 비밀스러운 그런 느낌 말이다"[45]라고 설명한다. 따라서 *heimlich*는 너무나 친밀하고 사적인 것이어서 일상적 공공의 관점에서 억압된 것을 의미하게 되었다. 그림Grimm의 사전에서는 *heimlich*가 라틴어 *occultus*숨겨진, *divinus*신성한, *mysticus*신비한, *vernaculus*토착의의 동의어로 사용된다고 설명한다. 실제로 이 감각은 너무 비밀스러워져서 결국 그 반대 개념인 *unheimlich*기분 나쁜 또는 uncanny낯익은 두려움로 넘어가게 된다! 즉, 너무나 친밀한 것이 너무 친밀해져서 눈에 보이지 않게 되고, "다른 사람들이 알지 못하게, 다른 사람에게서 숨겨진" 것이 되는 것이다.[46] 따라서 종종 *heimlich* 사랑비밀스러운, 금지된, 불법적인, *heimlich* 방사적인, *heimlich* 활동주술적인, 숨겨진, 말해지지 않은, 금지된이라는 표현이 사용된다. 요컨대, canny익숙한 것이 너무 canny해져서 모호하게 그 반대 개념, 즉 익숙함canny의 무의식적 쌍인 낯익은 두려움인 언캐니uncanny로 뒤집히는 것이다.

프로이트는 이 역설에 대한 탁월한 분석을 마무리하면서 낯익은 두려움*das Unheimliche*이 우리의 정상적인 의식에서 너무 멀리 떨어져 있어 그야말로 무의식이 된 것으로 이해될 수 있다고 말한다. 그는 캐니가 (의식에서 억압됨으로 인해) 너무 언캐니가 되어, 그것을 타인뿐만 아니라 자신에게서도 숨기게 되는 경험을 가리킨다고 추측한다. 낯익은 두려움의 이중성은 외부뿐만 아니라 내부에도 존재한다. 이로 인해 우리는 크리스테바의 표현처럼 "내게 너무 낯선 나"가 되어, 편안한 상황에서도 어딘가 낯설고, 자신과 접촉하는 동시에 단절된 상태를 느끼게 된다.[47] 하이데거와 크리스테바에게 언캐니의 느낌은 궁극적으로 우리가 죽음과 접촉하는 방식, 즉 무無에 대한 우리의 구체적인 경험이며, 죽음을 향한 존재로서 심연과의 정서적 만남을 의미한다.[48]

크리스테바는 캐니/언캐니의 역설을 예지 또는 인식의 형태, 즉 데자뷰*déjà vu*나 사후인식*après-coup*과 연결시키며, 이는 정상적인 인지보다 더 깊은 곳에 자리한다고 본다. 그리고 프로이트와 하이데거처럼, 그녀는 이러한 현상의 근원을 현대 사회가 억압해 온 탄생과 죽음이라는 원초적 경험으로 거슬러 올라 추적한다. 이 역설적인 감정은 일종의 밤의 양심nocturnal conscience을 드러내는데, 이는 제임스 조이스가 말한 "밤의 의식"nighttime consciousness과 같으며, 양자택일이 아닌 양립의 논리에 따라 작동한다.[49] 의식적인 자아는 겉으로 드러나는 행동의 순차적인 논리를 따르지만, 무의식은 언캐니하게 되풀이되는 숨겨진 신체적 트라우마와 충동(에로스와 타나토스)에 사로잡혀 있다. 이러한 반복은 개인의 삶뿐 아니라 세대를 넘어 계속된다. 의식과 무의식으로 자아가 분열되는 것은 방어기제의 증상인데, 이로 인해 자아는 내면의 충동과 연상작용을 외부의 낯선 것에 투사한다. 결국 언캐니의 역설은 정신의 발생 초기 단계, 비록 오래전에 지나가긴 했지만 이 초기 단계에서 비롯된 "더블"double의 존재에서 기인한다. "이 초기 정신 단계에서 더블은 더 우호적인 모습을 띠고 있었다. 더블은 마치 종교가 붕괴된 후 신이 악마로 변하듯 공포의 대상이 되었다."[50] 우리는 내면에 있는 타자와 다시 접촉할 때까지 계속해서 우리 자신에게 낯선 존재로 남아 있게 된다.

이 흥미로운 양면성은 "언캐니"가 전혀 새로운 것이거나 낯선 것이 아니라, 우리의 정신 속에 너무 깊게 자리 잡아서 억압 과정을 통해 낯설게 변해버린 것이라는 사실에 들어맞는다. 우리가 죽음에 대한 근본적인 느낌들과 단절될 때, 그 느낌들은 지하로 숨어들고 유령처럼 돌아온다. 언캐니의 유령은 억압된 것이 다시 돌아온다는 신호이다. 이 이중현상doubling은 그 기원이 오래되었지만 무의식이 시간을 초월하여 존재하듯 우리 시대에도 결코 사라지지 않았다. 오히려 언캐니는 근대 이성의 힘에 억압당해 왔을지라도 우리의 문화적 상상력 속에 존재하고 있다. 현대 대중문화는 언캐니의 신화를 지속적으로 재조명한다. 예를 들어, 〈반지의 제왕〉 *Lord of the Rings*, 〈스타워즈〉*Star Wars*, 〈왕좌의 게임〉*Game of Thrones*같은 영화나 TV 시리즈는 우리가 감각적으로 경험하는 무의식의 순환 구조를 반복하는 작품들이다. 이러한 스펙타클들은 우리의 집단정신이 경험한 극적 사건들을 투영하는 반복 강박의 징후가 된다. 그리고 이 스펙타클들은 언캐니의 이중현상을 적절히 기호학적으로 표현한 것으로 볼 수 있다.

우리의 상상력은 언캐니의 암호를 집약적으로 드러낸다. 이는 내면의 욕망이 널리 유통되는 대중문화에서뿐만 아니라 예술과 시에서도 나타난다. 나는 셰이머스 히니Seamus Heaney의 시를 인용하며 결론을 짓고자 한다. 히니의 촉각적이고 섬세한 상상력은 우리 내면 깊숙한 존재와 다시 접촉하게 한다. 히니는 언캐니, 즉 비밀스런 끊임없는 흐름들과 비밀들에 관한 익숙한 육감을 지닌 예술가로, 수직과 수평이 교차하고 순환적인 시간이 감춰진 공간으로 들어가는 특별한 장소들에 대한 명민한 canny 육감을 가지고 있다. 「수맥 탐지자」"Diviner"라는 제목의 이 시는 프로이트가 익숙함canniness과 "예지"divination를 연결한 지점을 떠올리게 한다. 이 시는 그의 1979년 시집 『현장답사』*Field Work*에 실린 글랜모어 소네트Glanmore Sonnets의 두 번째 시이다. 여기서 히니는 언어가 가진 "비밀스런" 생명력에 음가를 부여하는데, 단어들을 "감각하는 것, 비밀 장소에서 솟아오르는 것 / . . . 어두운 우리에서 스스로를 찾아내는 것"으로 묘사한다. 그는 터치의 기술을 지하의 감성이라고 말한다. 이는 마치 영국 제국주의 문화에 의해 금지된 기술을 배우던 옛 아일랜드의 "헤지 스쿨"(hedge schools, 비밀 학교)과도 같다. 히니는 순환적 몽상이 담긴 "중간 목소리"middle voice로 조율된 시적 "현장답사"로 수련을 쌓았다. 이 중간 목소리는 지하에 묻힌 감정을 발굴하는 데 있어서는 능동적이고, 존재의 이름 없는 차원을 다루는 데 있어서는 수동적인, 즉 능동적인 수동성의 감각이다. "자음들이 서로를 쟁기질하고, 땅을 열어젖힌다. / 각각의 구절이 쟁기처럼 돌고 돌아 다시 돌아온다." 그의 시는 "신경계에 지워지지 않게 새겨진 어떤 영혼과도 같이 깊숙이 자리한" 에너지를 갈망한다. 이러한 비밀스런 육체적 감각을 회복하는 것은 익숙한 단어들이 그들의 낯설고 (언캐니한) 기원으로 다시 거슬러 올라가는 것을 의미한다. 이러한 촉각적 탐구는 자아를 자아로 다시 복원하며, 스스로에게서 유리된 문화를 되찾는 작업이다. 이는 안목과 촉감이 필요한 작업으로, 히니는 이를 수맥 탐지자의 작업에 비유한다. 아일랜드를 비롯한 여러 곳에서 수맥 탐지자는 개암나무 막대를 손에 들고 땅속 깊이 흐르는 물줄기의 근원을 찾는다. 바로 이 근원에서부터 개암나무가 발원한 것이다.

> 초록 울타리에서 갈라진 개암나무 막대를 잘라
> 그는 V자 모양의 가지를 꼭 쥔다.
> 지세를 둘러보며, 물의 신호를 찾는다.
> 긴장된 손길이었지만, 전문가답게
>
> 차분했다. 신호는 바늘처럼 날카롭게 왔다.
> 막대는 한치 틀림도 없이 요동치며 아래로 움찔거렸고,
> 샘물은 초록 안테나를 통해
> 비밀스러운 위치를 전파했다.

> Cut from the green hedge a forked hazel stick
> That he held tight by the arms of the V:
> Circling the terrain, hunting the pluck
> Of water, nervous, but professionally
> Unfussed. The pluck came sharp as a sting.

The rod jerked down with precise convulsions,

Spring water broadcasting

Through a green aerial its secret stations.

— 셰이머스 히니 「수맥 탐지자」 "The Diviner"

수맥 탐지자는 터치하고 터치되는 특별한 접촉의 기술로 언캐니를 탐색한다. 히니는 이 기술을 "익숙한 장소에서 여기-그리고-지금을, 거대한 무언가에서 멀리-그리고-저편을 동시에 느끼는 이중 감각"이라고 묘사하는데, 이 기술은 그가 시적 조율과 연결시키는 언캐니한 경험이다.[51] 그는 수맥 찾는 기술을 타고난 안목, 즉 인위적이거나 고등 교육기관에서 학습한 것이 아닌 기술로 이해한다. 그것은 "거기 존재하는, 감춰져 있지만 실재하는 것과 접하는 능력... 표면에 드러나지 않은 [물] 자원과 그것을 현재로 끌어내어 활용하고자 하는 공동체 사이를 중재하는 재능"이다. 히니는 익숙하다는 것을 "단어 혹은 이미지 혹은 기억을 둘러싼 마음의 첫 움직임에 주의를 기울이는 것"이라 결론짓는데, 이를 통해 "최초의 빛"이 명료해지고 "본래의 광채"를 발하도록 한다. 개암나무 막대를 터치하는 것은 발밑의 땅과 연결되는 것이다. 곧 터치는 땅속에 숨겨진 것을 울려 퍼지게 한다.

3장

상처 입은 치유자 이야기

집으로 돌아오세요.
집으로 돌아오세요 당신의 몸으로,
당신의 혈관으로, 당신의 흙으로
— 제인 후퍼Jane Hooper

터치는 치유와 깊이 연결되어 있다. **트라우마**라는 단어는 그리스어로 상처를 의미한다. 어머니의 몸과 분리되는 출생으로 인한 단절은 우리의 첫 번째 트라우마이며, 이후 이 세상에서의 삶은 반복되는 분열과 회복의 연속이다. 누구도 예외가 없으며, 결국 우리는 죽음이라는 궁극의 상처를 받아들일 때까지 이 과정을 겪는다. 물론, 어떤 트라우마는 다른 것보다 강렬하며, 이를 모두 동일 선상에 놓는 것은 섬세하지 못한 행위라고 해도 지나치지 않는다. 출생과 고문은 결코 같은 것이 아니다. 그러나 누구나 삶에서 상처 없이 살아갈 수 없다는 사실을 받아들인다면, 비록 완전히 치유할 수는 없어도 터치의 치료요법이 우리의 상처를 치유하는데 도움을 줄 수 있지 않을까? 우리 모두는 태어나고 죽게 되지만, 탄생과 죽음 사이에서 좋은 삶을 살아갈 수 있다.

트라우마 연구는 20세기 후반 비교적 최근에 등장한 분야이지만, 상처에 대한 이야기는 인류 문화의 초창기로 거슬러 올라간다. 초기 신화에서도 우리는 터치의 기술을 통해 상처를 입히고 치유하는 장면을 볼 수 있다. 이러한 이야기의 대부분에는 육체적 카타르시스를 통해 치유하는 "상처 입은 치유자들"wounded healers이라는 인물이 등장한다. 하지만 상처 입은 치유라는 역설은 정확히 무엇을 의미할까?

그리스 신화 속 상처 입은 치유자들

오디세우스

서구 문학에서 가장 초창기 상처 입은 치유자 중 한 명은 오디세우스로, 그의 이름은 "고통을 지닌 자"라는 뜻이다. 그는 조상들이 겪은 그리고 조상들이 남긴 상처 모두를 지니고 있다. 호머의 이야기 초반에서 오디세우스는 이타카Ithaca에서의 자신의 출생과 성장에 얽힌 트라우마로부터 벗어나기 위해 영웅적인 번영을 향하여 항해를 떠난다. 그러나 불사의 전사가 되려는 그의 시도는 자신의 유한성을 상기시키는 사건들에 의해 끊임없이 좌절된다. 트로이에서의 잔혹한 학살, 칼립소의 유혹을 뿌리친 사건(신의 음식인 암브로시아 대신 인간의 음식을 택한 장면)이 이러한 깨달음의 중심에 있다. 오디세우스는 비현실적인 환영을 품는 대신 땅을 만지고 맛보기를 더 좋아한다. 비천한 거지의 모습으로 이타카에 돌아온 오디세우스는 오직 그의 개 아르고스Argos가 오디세우스의 살냄새를 맡고, 유모 에우리클레이아Eurycleia가 그의 상처를 터치할 때 비로소 그의 정체가 인식된다. 이 터치는 유모 에우리클레이아가 오디세우스의 몸을 씻기는 동안 그가 어린 시절 할아버지 아우톨리코스Autolycus와 함께 사냥하다 부상당했던 사건을 떠올리자 일어난 것이다(『오디세이』 19.393-469). 이 "인식"이라는 절정의 순간은 이중적 카타르시스 형태로 나타난다. 이야기를 들려주고 흉터를 만져보는 것은 그가 잊고 있던 상처를 받아들이는 수단이 되어 준다. 회복된 기억과 함께 전달된 에우리클레이아의 손길은 오디세우스가 자신의 트라우마를 서서히 다시 경험할 수 있게 해준다. 그는 터치와 이야기가 결합 되어 나타난 치유 효과를 통해 결국 스스로를 되찾게 된다.

『시학』Poetics에서 아리스토텔레스는 느낌pathos, 비애감과 서사muthos-mimesis, 모방라는 이중적 치유 과정을 "연민과 두려움의 정화"라고 설명한다.[1] 우리의 가장 깊은 열정을 정화하는 이러한 카타르시스는 즉각적인 처방책이 아니라, 오늘날 우리가 "훈습"working through이라 부르는 열린 과정으로 이해되어야 한다. 아리스토텔레스에 따르면 카타르시스는 열정 pathemata에 이중적 변화를 일으키는데, 병적인 연민eleos을 동정compassion으로, 병적인 공포phobos를 평온함으로 전환시킨다. 동정은 고통에 압도되지 않고 고통에 적절하게 다가가는 것을 의미하며, 평온함은 무관심하지 않으면서도 현명한 거리를 유지하는 것이다. 아리스토텔레스는 카타르시스가 가까움과 멀어짐의 정서적 균형이며, 이것이 인간을 통합된 존재, 즉 훌륭한 아테네 시민으로 만들어준다고 결론을 내린다. 정화된 감정은 실천적 지혜로 이어진다.[2]

오디세우스의 아들 텔레마코스Telemachus는 승리한 영웅으로 이타카에 돌아올 아버지를 기대했기에 처음에는 아버지를 알아보지 못한다는 점은 주목할 만하다. 그는 위대한 영웅 아버지에 대한 환상에 사로잡혀 있어, 거지의 모습 뒤에 있는 진짜 아버지를 보지 못한다. 텔레마코스는 돼지치기 에우마이오스의 진흙 움막에 앉아 속세의 음식을 함께 나누던 때에야 비로소 그의 눈에 덮인 환상을 벗어내고 마침내 진실을 접하게 된다.

그림 3.1 오디세우스와 에우리클레이아
(크리스티안 고틀로브 하이네(Christian Gottlob Heyne) 그림)

오디세우스의 정체를 인식하는 마지막 장면들에서, 잃어버린 이방인 오디세우스를 환영하는 것이 흉터를 만지고 음식을 맛보는 형태로 이루어진다는 점은 매우 중요하다고 생각한다.

오이디푸스

인류학자 클로드 레비-스트로스는 오이디푸스와 그의 부계 조상들의 이름이 걷는 데 어려움을 일으키는 "상처"와 관련이 있음을 지적했다. 오이디푸스는 부은 발을 의미하며, 그의 할아버지 랍다코스Labdacos는 절름발이, 그의 아버지 라이오스Laios는 왼쪽으로 치우친 이라는 뜻을 지닌다. 이들 각자는 이전 세대의 범죄 트라우마를 행동으로 나타낸다. 라이오스는 자신의 후견인 펠롭스Pelops의 아들을 강간하여, 그의 아버지 랍다코스에게 내려진 저주ate, 충동을 반복하는 이중의 범죄를 저질렀고, 이 저주는 다음 세대에서 오이디푸스에 의해 다시 반복된다.

누군가에게 가해지거나 또는 누군가 겪게 되는 이 트라우마의 재발 현상은 삼 대에 걸쳐 이어지는데, 이 순환 반복되는 저주를 해결할 유일한 방법은 오이디푸스가 시력을 포기하고 자신의 몸에 난 흉터들과 다시 접촉할 때 이루어진다(어릴 때 그의 발은 말뚝에 꿰뚫렸다). 스핑크스를 물리쳐 자신의 인간적 본성을 부정하려는 그의 시도는 실패로 돌아갔고, 그는 결국 일련의 상처들을 통해 자신의 트라우마적인 태생을 받아들일 수밖에 없게 된다. 이 상처들에 대한 경험은 그가 자신의 눈을 뽑아내는 장면에서 절정을 맞이한다. 이것이 바로 치유로 이어지지는 않는데(그의 눈은 없어졌으므로 치유는 불가능하다), 대신 일종의 "체화된 시각"(그가 다른 방식으로 보는 두 번째 시각)과 더 깊은 터치 감각(그가 안티고네의 손에 이끌려 걷는 것)을 얻게 된다. 마침내 오이디푸스는 새로운 말하기 방식을 얻게 되는데, 이는 곧 그가 콜로누스에서 전한 마지막 말로, 그는 그곳에서 유한한 존재로서 소외된 자신의 처지를 받아들인다. 오이디푸스의 상처는 흉터가 되어 후손들에게 치유의 처방전이 무엇인지를 명확히 보여준다.

케이론

오디세우스와 오이디푸스의 치유에 관한 이야기는 비슷한 그리스 신화 이야기들을 떠올리게 한다. 눈먼 "예언자"* 티레시아스Tiresias와 피 흘리는 현자 필록테테스Philoctetes에서부터 부상입은 사색가 탈레스Thales를 비롯해 이 연구 목적에서 가장 중요한 화살에 맞은 치유자 케이론Chiron에 이

---

*   원문 "blind 'seer'"에 나타난 모순어법을 참고

르기까지 다양한 이야기들이 있다.³

반인반마 켄타우르Centaur인 케이론은 멧돼지 사냥 도중 헤라클레스가 쏜 독화살에 다리를 맞아 치명상을 입었다. 비록 케이론은 스스로 상처를 치유할 수 없었지만, 자신이 다른 이들을 치유할 수 있다는 것을 알게 되었고, 후에 현자이자 인정 많은 치유자로 알려지게 되었다. 고통은 고통에게 말을 건넨다. 그가 지내던 지하 동굴로 그를 만나러 온 사람들은 상처 입은 그의 존재 앞에서 더욱 온전해지고 건강함을 느끼게 되었다.⁴

켄타우르이면서 신인 케이론은 그의 제자 아스클레피오스Asclepius에게 터치를 통한 치유의 기술을 전수했다. 실제 케이론이란 이름은 손을 의미하는데, 좀 더 정확히 말하자면 손재주가 뛰어난 이를 가리키는 *kheir*라는 그리스 용어에서 왔다. 관련된 용어로 *kheirourgos*는 외과의사를 의미한다. 치유자로서 케이론은 흙에서 재배한 약초, 음악, 그리고 수면제를 지니고 다니면서 터치의 기술이 있었는데, 이 기술은 종종 손을 얹는 행위와 몸 마사지로 기록되어 있다. 케이론이 기거한 어두운 동굴 속으로 내려간 이들은 눈이 보이지 않게 되는데, 엘레우시스 밀교 의식Eleusinian mystery rites 제의에 참여한 이들이 제단으로 나아갈 때 눈을 가리는 것과 같은 맥락이었다(*mysterion*은 *myein*에서 온 용어로 눈이나 입을 닫는다는 뜻이다). 그들은 시각의 통제를 촉각의 지혜로 맞바꿨다. 이것이 바로 그리스 의학의 창시자인 아스클레피오스에게 케이론이 전수한 자연 치유법이었다.

대조적으로 히포크라테스Hippocrates는 그리스 의학의 또 다른 창시자로, 그는 올림포스 산에 기거하면서 시각중심적 감시법을 발전시킨 케이론의 형제 제우스의 방식을 따랐다. 아스클레피오스가 아래로부터 몸의 접촉을 통한 치유를 행했다면, 히포크라테스는 위로부터 감독을 통해 치

그림 3.2 지혜로운 켄타우르 케이론: 그리스 이미지
(사진: 앤 버나드 카니(Anne Bernard Kearney))

료를 촉진했다. 아스클레피오스는 지하에서의 터치, 미각, 그리고 꿈을 통해 활동했고, 히포크라테스는 올림포스 하늘에서 판옵티콘[원형감옥]적 통제를 통해 활동했다. 동굴의 지혜가 산의 지식에게 대답한 것이다.

케이론은 아버지-아들 거세라는 주기적인 유혈 순환을 지속한 그의 형제 제우스와 결별했다(크로노스Chronos는 자신의 아버지 우라노스Ouranos를 거세하고, 제우스는 그의 아버지 크로노스를 거세한다). 케이론은 친부살해라는 폭력의 순환을 멈추고 자신의 살에 상처를 지닌다. 타인에게 자신의 고통을 표출하기보다는, 그는 고통을 공감의 매개로 변화시킨다. 즉 몸의 터치를 통해 치유하는 것이다.

인간과 동물의 혼종인 케이론은 우리를 우리가 가진 더 깊은 느낌들 그리고 우리가 속한 땅과 다시 연결시킨다. 크로노스와 필리라Philyra의 아들인 케이론은 아버지(크로노스는 우울한 멜랑콜리의 시조였음)로부터 물려받은 시간의 흐름에 담긴 슬픔을 달래기 위해 어머니(필리라는 사랑 philia로부터 왔음)로부터 물려받은 접촉을 통한 보살핌이란 기술을 선택했다. 케이론은 시간을 진정시키고 시간을 구해내고자 사랑을 사용한 것이다. 이를 두고 핀다르Pindar는 "마음이 지혜로운 케이론은 아스클레피오스에게 의학의 지식으로써 부드러운 손길이 지닌 기술들을 가르쳤다"고 기록한다(『네미안 송가』Nemean Ode 3.52-55).[5]

아스클레피오스 전통

케이론에게서 영감을 받은 아스클레피오스식 치유 방식으로는 전통적으로 목욕, 마사지, 그리고 효험이 있는 허브를 섭취하는 촉각 행위들이 있다. 기도하는 많은 이들이 아스클레피아Ascelpia라고 알려진 사원에 아픈 몸의 부위를 형상화한 테라코타를 가져와 제단에 올려 놓는다. 이 봉헌된 제물에 둘러싸여 방문객들은 아스클레피오스가 직접 동물, 대개는 뱀, 개, 또는 수탉의 형상으로 꿈에 나타나기를 기다린다. 이 동물들은 사람들의 상처를 어둠 속에서 품고 돌봐준다. 아스클레피오스와 관련된 동물 토템 중, 뱀은 아스클레피오스의 힘을 대표적으로 상징하는 동물로, 아스클레피오스 사원과 더불어 왕의 지휘봉 그리고 오늘날 의약품 표시로 나타나 있다(뱀은 pharmakos로 불렸는데, 독-치유라는 이중 감각을 지녔고, 이후 백신요법 개발에 영향을 주었다). 고대 조각상들 중에는 아스클레피오스가 뱀의 형상으로 병자들을 돌보는 것이 많이 있다. 그리고 심지어 일부 아스클레피오스 의식으로 배를 타고 뱀과 함께 헤엄치는 것도 있다.[6] 그리스 에피

다우루스Epidaurus에 아직 남아 있는 것처럼 아스클레피오스 사원들은 기본적으로 병원 역할을 맡았는데, 히포크라테스 추종자들이 그 사원 의술을 경쟁의 대상으로 여겼다. 아스클레피오스 사원들은 신성한 숙소와 요양원으로 발전했고, 마을 가장자리나 자연 속 한적한 곳에 세워졌다. 신탁을 전하는 신전이 세워진 곳과 같이 말이다. 사람들은 이러한 곳을 인간과 신령한 치유의 힘이 만날 수 있는 곳으로 여겼다.[7]

『치유가 일어나는 곳』A Place of Healing에서 마이클 카니Michael Kearney는 아스클레피오스식 의학 전통이 어떻게 흙의 지혜를 실천했고, 이와 대조적으로 히포크라테스식 방법은 올림피아 신들의 태도로 고통을 조절할 수 있는 기술 그리고 질병을 식별하고 제거하는 진단법을 사용했음을 설명해 준다. 현대까지 주류 서양 의학에 널리 퍼져 있는 방식은 질병을 기술로 이겨내고 극복하는 영웅적인 모델인데, 이것이 바로 히포크라테스식 요법이다.[8] 하지만 이 영웅적인 히포크라테스식 모델이 모든 종류의 고통을 해결하지는 못한다. 문제의 절반만을 다룰 뿐이다. 통증 조절은 우리가 개입하여 통증이 관리될 수 있을 때에야 효과가 있지만, 통제할 수 없거나 치료가 불가능한 병에 대해서는 추가적인 무언가가 필요하다. 마이클 카니는 바로 이 지점에서 치유자들이 고통을 이해하는 새로운 시각을 얻기 위해 아스클레피오스에게로 시선을 돌리게 된다고 말한다. 아스클레피오스식 접근법으로 의사들은 환자가 겪는 죽음의 고통을 완전히 통제하지 못할 때조차도 그 고통을 함께 느끼고, 죽어가는 이의 슬픔을 붙들며, 환자들과 함께 앉아 손을 맞잡을 수 있다고 믿는다. 신중한 마음가짐으로 함께 하면서 치유자들은 환자가 고통 앞에서 자신이 가진 한계에 직면할 때 어떤 일이 일어나는지에 대한 패턴을 알아가게 된다. 현대적인 용어로 말하자면, 의사는 선택권이 있다. 특화된 전문지식과 기술적인 관리

그림 3.3 아스클레피오스와 뱀. 에피다우루스(Epidaurus)에 있는 그리스 상을 본 땀 (앤 버나드 카니의 잉크 드로잉)

그림 3.4 아스클레피오스와 히기에이아(Hygieia): 치료하는 터치. 봉헌 부조(votive relief), BC 4세기(앤 버나드 카니의 잉크 드로잉)

라는 안전거리에서 환자를 대할지, 아니면 환자와 접촉하며, 타자의 상처와 함께 머무는 방식으로써 자신의 체화된 몸을 통한 느낌으로 환자와 함께 머물지를 말이다. 이처럼 고통에 함께 머무는 일은 증언을 공유하는 모습이 된다. 즉, 일방적인 치료를 넘어선 쌍방향의 치유가 된다. 이러한 상황에서 상처 입은 치유자는 고통 가운데 있는 타인들과 함께 거하면서 자신의 고통을 품게 된다. 이들은 누가 뭐래도 바로 이것이 타자 안에 있는 내면의 치유자를 일깨우는 것임을 알고 있다. 더 이상 할 수 있는 일이 없어 보일지라도, 우리는 각자 우리 내면에 치유의 가능성을 품고 있고, 우리의 상처 입음이 "치유라는 초록 새싹이 돋아나는" 토양임을 깨닫게 된다.[9] 우리가 우리 자신의 고통과 함께 지낼수록, 우리는 고통 가운데 있는 타인들과 함께 지낼 수 있게 된다. 하지만 서로의 상처에 대한 쌍방의 공감은 도움이 필요한 환자를 관리하는 의료 전문가의 하향식 요법에서 우리가 벗어날 때에야 가능하다. 의사와 환자는 이제 두 명의 사람으로서 만나고, 의사는 환자 곁에서 함께 고통을 겪으며, 둘 모두는 "치유에 이르게 되었다는 신호로 마음의 평안과 삶의 의미"를 경험하게 된다.[10]

아마 이 지점에서 아스클레피오스가 뱀을 데리고 다니던 딸 히기에이아와 종종 함께 다녔다는 점을 떠올려 보는 것이 좋겠다. 히기에이아는 치유를 위한 공간을 청소하고 정화(영어로 위생hygiene을 의미)한 인물이다. 그리고 아스클레피오스의 아들 텔레스포로스Telesphorus는 이름이 "회복"convalescence, 즉 오랜 기간 환자와 천천히 꾸준히 함께 함을 의미하는데, 그는 넓은 망토와 모자 달린 옷을 입고, 약초와 두루마리를 들고 다니는 소년의 모습으로 종종 동전이나 조각에 등장한다. 아스클레피오스식 치유의 핵심은 항상 동행하는 것이다.[11] 이점은 오늘날 의료 및 치료 분야가 당면한 연대의 위기를 생각해 볼 때, 특히나 COVID-19에 대응하는

과정에서 우리에게 훌륭한 교훈이 된다. 어느 때보다도 아스클레피오스가 필요한 시기이다.[12]

성경 이야기 속 상처 입은 치유자

성경 문학 역시 터치를 통한 치유 이야기들로 풍성하다. 누군가를 축복하고 병을 고치는 창세기 에피소드에는 유독 손을 얹는 장면이 많이 보인다.[13] 그중에 촉각을 통한 타자와의 접촉에서 오는 신성함이라는 개념을 처음으로 포착한 이야기는 분명 한밤중 천사와 씨름한 야곱Jacob에 관한 것이리라. 밤에는 터치가 시각을 대체한다. 야곱이 어둠 속에서 낯선 이와 벌인 몸싸움은 그가 환도뼈에 부상을 입었음에도 불구하고, 그에게 신성한 타자를 드러내 주는 사건이다! 장애를 갖게 된 전사 야곱은 다음 날 아침 그와 소원했던 형 에서Esau와 화해를 하고, 이후 그의 자손들에게 지혜를 전수해 주게 된다.

성경에서 나오는 만남 중 개인의 성장에 있어 가장 결정적인 것들로는 "손과 손"*corps á corps*이 접촉하는 만남이 있다. 그리고 이와 같은 히브리 용어 "da'ath"가 영적인 지혜와 동시에 육체적 친밀감으로서의 앎을 지칭한다는 점은 중요하다.[14] 그래서 아주 많은 종교 인물화에는 성경 속 인물들 간 촉각을 통한 포옹이 집중적으로 그려져 있다. 야훼Yahweh와 아담Adam이 손가락을 뻗는 미켈란젤로의 명작*에서부터 나병환자를 만지는 그리스도의 초상을 그린 렘브란트Rembrandt와, 로댕Rodin과 샤갈Chagall의

---

* 〈아담의 창조〉(1511)

그림 3.5 유진 델라크로익스(Eugene Delacroix), 『천사와 씨름하는 야곱』 (사진: 사라 카니)

현대 작품에 이르기까지 다양한 작품들이 있다. 종교화 역사에서 촉지성의 만남에 관한 기록에는 터치의 신성한 기술이라 불릴만한 것이 포함되어 있다. 이 대목에서 누군가는 그리스 정교회에서 두드러져 나타나는 의식, 즉 거룩한 치유자들의 성화에 키스하거나 그것을 만지는 성찬 의식이 수 세기를 거쳐 지금까지도 이어져 오고 있다는 점을 말할지도 모르겠다. 이러한 관습은 원래 시각이 "촉각적으로 방출"된다는 이론과 연결되는데, 이 이론에 따르면 터치와 시각이 "만져서 알 수 있는(촉지성의) 비전"의 형태로 공감각적으로 교차한다. 비잔틴 사람들은 성상을 보는 것이 치유하는 터치의 한 형태이고, 성상에 감각들이 한데로 모인다고 믿었다. 같은 방식으로 성상을 터치하는 것은 일종의 치유하는 시선이 되었다. 이 시각의 촉지성은 신앙인들이 성상을 경험하는 과정에서 감각의 전환이 이뤄지고 있음을 보여준다. 우리는 성상 이미지에서 멀리 떨어져 있지는 않은데,

우리의 시선이 그것을 터치하려고 뻗어나가기 때문이다. 그리고 우리 눈이 그 성상을 터치하려고 한다면, 성상의 눈 역시 이중 감각이 작동하여 우리를 터치한다. 신앙인들은 단지 눈으로 보기 위해 성상 앞으로 나아가는 것이 아니라, 보여지기 위해서 나아가는 것이다. 이는 마치 실제 뱀에게 터치된, 즉 뱀에 물린 이스라엘 사람들이 청동 뱀 형상 앞에서 치유되었듯이, 신앙인들은 성상 앞에서 치유되는 것이다(민수기 21:4-9).[15]

기독교는 그리스도를 상처 입은 치유자의 전형으로 표현했다. 십자가에 달린 그리스도의 몸은 수 세기 동안 치유의 전형이 되었다.[16] 심장이 관통당한 고통의 성모Mater Dolorosa에서부터 성흔을 지닌 성자 프랜시스Francis와 파드레 피오Patre Pio에 이르기까지 다양한 성모상과 성자들이 그리스도 이후에 등장했다. 비록 이 순례자들은 자신을 치유할 수 없었지만, 다른 이들을 치유했던 것이다. 존 칼뱅John Calvin처럼 일부는 그리스도의 몸에 난 상처들을 부활한 그리스도의 영화로운 몸Glorious Body에서 지워내야 할 흠결로 인식하여 이러한 숭배 현상에 대해 반대했다. 그러나 많은 이들은 이 상처들이 여전히 진행 중인 성육신incarnation 과정을 증명해 주는 것이라고 보았다.[17] 우리는 카라바지오Caravaggio가 그린 예수의 옆구리를 만지는 도마Thomas 작품을 바라만 봐도 이러한 믿음이 얼마나 깊은지 알 수 있다. 예수가 이르기를 "네 손가락을 내 상처에 넣어 보라!"(요한 20:27). "나는 유령이 아니다! 나는 살과 뼈를 가지고 있다"(누가 24:39). 실제 기독교에서 성찬을 받는 사람들은 성체성사 집례자가 그들의 손에 빵을 올려놓으며, "이것은 나의 영혼이다"라고 하지 않고, "이것은 나의 몸이다"라고 말할 때마다 이점을 기억하게 된다.[18]

성육신이 가진 파격적인 의미는 종종 주류 기독교에서 사장되었다. 하지만 성육신은 처음부터 존재했다. 잘 알려진 바와 같이 사도 바울은 빌

립보서에서 그리스도가 스스로를 인간을 위한 치유자로 헌신하면서 인간의 몸을 입기 위해 자신의 신성, 즉 "하느님과의 동등됨"을 자발적으로 비웠다고 기록한다. 자신을 육신의 존재로 전락시키는 비움(kenosis: 예수의 자기 비움) 이후, 그리스도는 생의 많은 부분을 병자들을 어루만져 치유하는데 할애했다. 눈 먼 자, 귀 먼 자, 말 못 하는 자, 다리 저는 자, 그리고 죽어가는 자들에게 손을 얹고서. 열두 살 된 소녀를 치유한 일화를 생각해 보자. "소녀의 손을 잡으며 예수께서 이르시되 탈리타 쿰talitha koum, 일어나라 소녀야"(마가 5:41). 또는 나병환자들을 치료한 사건을 생각해 보자. "예수께서 그의 손을 뻗어, 그를 만지며 이르기를 '깨끗하게 되어라'"(누가 5:12-15). 또는 더욱 생생한 이야기로 데카폴리스Decapolis에 살던 귀 멀고 말 못 하는 자를 치유한 사건을 생각해 보라. "예수께서 그의 손가락을 그의 귓속에 넣으셨다가 침을 발라 그의 혀에 대고 . . . 말씀하시길 '에파타!'Ephphatha, 열려라"(마가 7:32). 예수가 말로 하기 전에 이미 터치로 치유를 하고 심지어 치유된 나병환자나 귀 멀고 말 못 하는 자에게 앞으로 이 치유 사건에 대해 말하지 말라 한 것은 중요한 지점이라 생각한다. 예수는 그 두 사람에게 치유에 대해 "누구에게도 말하지 말라고" 명한다. 그리고 우리는 여기서 또 다른 유명한 치유 사건들, 즉 시리아-페니키아인의 딸, 베드로의 장모, 또는 태어나면서부터 눈이 보이지 않아 예수가 진흙을 눈에 발라 실로암Siloam 연못에서 씻으라 명한 자(요한 9:1-12)의 사건들도 언급할 수 있겠다. 그리스도는 상처 입은 자들을 터치하기 위해 이 땅에 내려왔다. 그리고 중요한 점은 단지 그리스도가 사람들을 터치한다는 것뿐만 아니라, 반대로 그리스도 역시 그들에 의해 **터치를 받는다**는 점이다. 이것이 핵심이다. 예수는 분명 만져서 알 수 있는 존재이다. 기독교는 처음부터 끝까지 "이중 감각"에 관한 이야기인데, 이중 감각은 예수가 보지 못하는 사이에 그의 옷자락을 붙잡은 혈루증을 앓던 여인 이야기에서 생생하게 묘사된 현상이다. 이 장면은 수 세기 동안 주기적으로 종교화에 등장하는데, 이때 동사 터치*hapto*는 세 번이나 등장한다.

> 그녀가 예수에 관한 소식을 들은 바 있어 군중들 속에 있는 예수 뒤로 나아가 그의 옷자락을 **만졌다**. 그녀가 말하길 "내가 그의 옷이라도 **만진다면**, 나는 치유될거야." 그 즉시 그녀의 피가 흐르기를 멈추었다. 그녀는 고통이 치유되었음을 몸으로 느꼈다. 예수는 자신에게서 능력이 빠져나간 것을 순간 알아차리고 군중 속에서 돌아보며 물었다. "나를 **만진** 자가 누구냐?"(마가 5:27-30)

예수는 그에게서 능력이 빠져나가는 것을 실제로 **보지는** 못하지만 **느낀다**. 그는 놀라서 뒤를 돌아본다. 그 접촉은 인지적이기 이전에 육체적이다. 그 접촉은 전형적인 상호 감각이다. 성경이 지속적으로 우리에게 다음 구절을 일깨워주듯이 말이다. "군중 속 모든 이들이 예수를 만지고자 했다. 능력이 그로부터 나아와 그들 모두를 치유했기 때문이다"(누가 6:19).[19] 또 다른 곳에서는 "그들이 예수의 옷 끝 장식이라도 만지게 해달라고 간청했다. 그리고 그것을 만진 많은 이들마다 치유되었다"(마가 6장)고 기록되어 있다.

심지어 혹자는 예수가 **다른 이들로부터** 인간다워지는 터치를 받음으로 인해 서서히 인간으로서의 성품을 갖추는 훈련을 하게 된다고도 말할 수 있을 것이다. 말씀이 육신이 되는데에는 시간이 걸리니 말이다. 예수는 태중에 있던 순간부터 어머니의 자궁 안에 머물렀고, 젖으로 키워졌으며, 그가 목수로서 손으로 일하며 삼십 년을 보내기 전에는 구유에서 동물들

그림 3.6 렘브란트, 「눈먼 자의 치유」(사진: 사라 카니)

그림 3.7 혈루증 앓는 여인의 치유, 4세기 카타콤(사진: 사라 카니)

에 둘러 있었다. 사람들은 종종 예수가 삼십 년 동안 숙련공*이었다는 점을 잊곤 한다. 그리고 아마도 그 삼십 년의 기간은 그의 마지막 삼 년만큼이나 결정적인 시기였을 것이다.

손으로 하는 기본적인 육체노동이 없었더라면, 예수는 그의 육신을 잊고서 순전히 영적인 존재로 빠져드는 유혹을 받았을지도 모른다. 예수가 승천한 이후, 영지주의의 유혹은 신학의 영역에서 끊임없이 등장한다. 이는 그리스도의 육체적 존재를 부인하는 탈육화라는 거대한 유혹이었다. 하지만 그리스도가 실제로는 얼마나 육체적인 존재였는지에 주목할 필요가 있다. 예를 들어 나사로Lazarus가 죽었을 때, 그리스도는 나사로의 시신을 부활시킬 정도로까지 얼마나 마음이 격렬하게 요동했었던가(요한은 "예수가 눈물을 흘리며 애통했다"(요한 11:35)고 전한다). (많은 회화에서 예수는 그의 친구 나사로를 품에 안고 무덤에서 데리고 나오는 모습으로 그려진다.) 기록되었듯이, 그가 행한 치유들이 얼마나 자주 촉각적이며, 또 후각적, 미각적이었던가. 실제로 부활 이후 예수는 거의 언제나 그의 제자들을 만지고, 먹이는 모습으로 등장한다. "이리 와서 아침식사를 하자." 갈릴리 호수에서 그가 제자들에게 전한 말이 바로 이것이다(요한 21:12). 예수는 "이것을 믿으라"고 말하지 않았다. 그는 "이것을 먹으라!" "이것을 만지라"고 말했다.[20] 그리스도는 죽음 전에도 그리고 이후에도 분명 만져서 알 수 있는 존재이다.

---

* 숙련공의 영단어 "handyman"에서 손을 의미하는 "hand"를 주목

도마Thomas의 터치

예수와 터치에 관한 대표적인 장면은 예수의 옆구리에 손을 대는 도마의 모습이다. 전통적인 관점에서처럼 도마는 단순히 의심 많은 회의론자가 아니라, 오히려 예수에게 있어 치유자이자 스승이었다. 도마는 그의 스승이 더 이상 육체가 아닌 부활한 영화로운 몸이 되어 그의 몸에 난 상처를 지우지 못하도록 도왔던 제자인 것이다.[21] 도마는 탈육화의 유혹을 거부했다. 부활한 예수는 마가의 다락방에서 자신의 육체에 난 상처에 충실해야 하고, 나그네들이 음식을 주고 받을때마다(마태 25)* 반복해서 되돌아오는 그리스도로서 여전히 진행 중인 성육신에 대한 그리스도 자신의 약속을 지켜야 한다는 도마의 문제의식에 귀 기울였다. 이처럼 무한히 되돌아오는 이방인으로서 그리스도가(주인과 손님이 뒤바뀔 수 있는 모습으로) 다시 나타나는 방식을 아마도 **재육화**anacarnation(그리스어 접두어 "ana-"는 시공간에서 "다시," "새롭게"를 의미)라고 부를 수 있겠다.[22] 제랄드 맨리 홉킨스Gerard Manley Hopkins의 시에는 끊임없이 소생되는 육체에 관한 이야기가 있다.

> .... 그리스도는 만 가지 장소에서
> 자신의 것이 아닌 아름다운 손과 발로, 아름다운 눈길로
> 사람들의 얼굴 형상들을 통해 성부를 향해 연주한다.
>
> . . . . Christ plays in ten thousand places,

---

* 특히 31-46절에 중 35절 "내가 주릴 때에 너희가 먹을 것을 주었고, 목마를 때에 마시게 하였고, 나그네 되었을 때에 영접하였고"를 참고.

> Lovely in limbs, and lovely in eyes not his
> To the Father through the features of men's faces.

재육화는 역사상 성육신이 수차례 반복된 행위이다. 그리스도 **이후** 미래에서뿐만 아니라, 그리스도 **이전** 과거에서도 이미 잊혀졌거나 여전히 기억되는 셀 수 없이 많은 상처 입은 나그네들의 모습으로 되살아났다. 재육화는 예수 탄생 이전과 이후를 아우르며 그리스도가 만져져 알 수 있는 모습으로 반복되어 나타났음을 의미한다. 이 세상 속 연대와 공감으로 지속되는 공동체 안으로 그리스도를 지상으로 되돌리는 것이다.[23] 이는 주기도문에서 그려진 이 땅에 임할 천국의 모습이다. 그리고 이러한 점에서 도마는 더 이상 예수의 "하인"이 아니고, 그의 "친구"가 되고, 그뿐만 아니라 예수의 "멘토"가 된다. 예수가 **육신**이 된 자신의 약속을 지키도록 붙잡아 둔 의사-선생으로서 도마는 예수가 자신의 육체성에 충실하도록 확신을 주었던 것이다. 인도에서 의학의 수호성자로 추앙받는 도마는 예수가 감각을 초월하여 천국으로 사라지거나 일방적으로 승천하는 것에 대해 반대한다. 카잔차키스Kazantzakis는 그의 멋진 소설에서 "예수의 마지막 유혹"은 예수가 결혼하거나 인간으로 남는 것이 아니라, 너무 빨리 승천하여 그의 몸으로부터 완전히 이탈해 버리는 것이라고 우리에게 일러준다. 공중으로 완전히 사라져 버리는 것! 요컨대 도마는 우물가의 사마리아 여인, 그리고 식탁에서 예수와 대화를 나눴던 수로보니게Syro-Phoenician 여인*과 같은 결을 가지고서 행동한다고 말할 수 있겠다. 이들은 주변의 소외된 이들이자, 인생 밑바닥에서 온 선생들로, 예수의 신성이 그의

---

* 마가 7:24-29 참고.

그림 3.8 카라바지오, 『도마의 의심』 중 일부, 예수의 상처를 만지는 도마 (사진: 사라 카니)

만져질 수 있는 인간성에 있다는 것과 무한에 합당한 장소가 바로 유한 속에 있음을 예수에게 일깨워준다.

그렇지 않으면, 기독교의 성육신, 즉 육체-안in-carnation으로 들어가는 행위는 탈-육화ex-carnation, 즉 육체 밖으로 벗어나는 행위가 되고, 이는 육신이 된 말씀에 대해 근본적으로 위배된다. 도마는 이를 거부할 것이다. 그는 다락방으로 올라가서 예수를 지상으로 다시 끌고 내려온다.

복음서에 나타난 이런 모든 장면들 속에서 예수는 자신의 본래 치유적 사명을 깨닫게 된다. 그의 사역은 온전한 인간성을 지상으로 가져오는 것이다. 성육신이란 만질 수 그리고 만져질 수 있는 몸을 지니는 것으로, 이는 쌍방향 접촉의 원리로 가능하다. 요한1서에서 말하듯이, 예수 안에서 신은 "우리 손으로 만질 수 있는" 사람이 되었다. 이점을 잊게 된다면 다음의 메시지도 잊게 되는 것이다. "나는 생명을 주려고 왔고, 더욱 넘치도록 주려고 왔다"(요한 10:10).

기독교의 역사는 살과 접촉하거나 접촉하지 않는 상태에 대한 이야기라고 말할 수도 있겠다. 접촉하지 않는 상태란 육신이 된 말씀의 진리가 부정되어, 육체에 반대하는 영지주의와 청교도주의적 개념으로 노선이 바뀌는 것을 말한다. 마녀사냥과 함께 "이교도적인" 세속 종교와 관능성에 대해 행한 종교재판적인 박해가 바로 이러한 청교도적 열심이 보인 증상들이다. 그리고 이것이 바로 니체의 분노를 유발한 육체 억압의 역사이다. "기독교는 **감각**을, 감각에 깃든 즐거움을, 즐거움 자체를 증오한다. . . . 기독교는 사람들에게서 **육체**는 남겨 두고 오직 **영혼**만을 원한다."[24] 결과적으로 성적 억압과 학대, 여성혐오, 그리고 육체에 관한 즐거움을 거부하는 병리적인 현상은 기독교 자신의 이야기가 된다. 그러나 기독교가 가진 재육화의 특징, 특히 터치가 지닌 치유의 힘을 생각해 본다면, 그간 기독교가 보인 육체 억압의 역사는 기독교가 가진 절반의 이야기에 불과하다.

비록 종종 간과되어 왔지만, 이점은 신비주의 전통을 다루는 아래 부록에서 더욱 분명히 확인될 수 있다.

부록. 신비주의 에로스

기독교는 살(육체)을 징벌적 관점에서 멀리하는 것, 그리고 감각을 영적인 것으로 전환시켜 버리는 것에 반대하면서, 감각의 성스러움을 인정할 때는 언제나 성육신* 개념에 충실했다. 우리는 이러한 육화에 대한 열망을

---

* 본 역서에서 "incarnation"은 두 가지 용어로 번역되었다. 보통 "육화"로 번역했지만, 기독교 사상에서 신의 말씀이 예수의 육신으로 현현한 사건과 더불어 육체를 지닌 예수의 모습을 강조할 때는 "성육신"이라는 신학적 용어를 사용했다.

사람들 사이에서 일어나는 평범한 기독교적인 사랑에 대한 찬미, 병든 자들에게 몸을 통해 자비를 베푸는 일들, 그리고 자연물에 대한 거룩한 찬송에서 발견할 수 있다. 이러한 모습은 특히 성 프랜시스Francis와 클래어Clare를 오빠 태양과 누이 달로서 생태학적 관점에서 동일시한다거나, 세례식, 견진성사confirmation, 그리고 병자성사anointing의 성례의식에서 손을 얹는 단순한 모습으로도 압축적으로 나타난다.[25] 또한 우리는 신비론자인 아빌라의 테레사Teresa of Avila나 십자가의 요한John of the Cross의 에로틱한 신학적 증언에서 터치가 칭송되었다는 점도 언급할 수 있겠다. 이 신앙의 구도자들이 경험한 신과의 합일은 철저히 촉각적이다.[26] 이러한 황홀한 터치에 깃든 신비주의는 성경 아가서에 등장하는 사랑에 관한 서곡과 맥락을 같이 한다. "그가 그의 입술로 나에게 입맞춤하게 하라."* 육체의 환희에 관한 경험은 테레사와 그녀가 사랑한 신과의 촉각적인 교감에 관한 묘사에도 나타난다.

> 나는 한 천사가 육신을 입고서 내 왼편으로 가까이 다가온 것을 보았다. . . . 그리고 가장 아름다운 그의 얼굴은 불타오르고 있었다. . . . 그는 손에 길다란 황금 창을 들고 있었는데, 철로 된 창끝에는 조그만 화염이 타오르는 듯했다. 그는 내게 다가와 창으로 내 심장을 몇 번 찌르고, 내 창자도 뚫어버리는 듯했다. 그가 창을 빼내자 내 창자도 빠져나오는 것 같았고, 나는 하느님의 위대한 사랑의 불꽃에 휩싸이는 것 같았다. 고통이 너무도 강렬해서 신음이 새어 나왔다. 하지만 동시에 이 극심한 고통이 주는 훨씬 더 강렬한 달콤함으로 인해

---

* 아가서 1:2

나는 그 고통이 사라지지 않길 바랬다.²⁷

이 장면은 바로 잔 로렌초 베르니니Gian Lorenzo Bernini가 『성 테레사의 법열』The Ecstasy of Saint Teresa이라는 제목으로 로마에 있는 유명한 조각상을 묘사한 소위 상처 입히고 동시에 치유하는 **환희**에 관한 것이다. 실제로 그녀의 경험이 기록된 또 다른 문헌인 『마음속의 성전』Interior Castle에서 테레사는 그녀가 사랑하는 왕(하느님)의 비밀 포도주 저장고에서 그를 포옹하는 장면을 묘사하면서 **터치**라는 용어를 세 번이나 사용한다.²⁸ 테레사의 저서에 등장하는 증언자인 "십자가의 요한"은 그의 유명한 시 『영적 찬가』Spiritual Canticle에서 신비주의적 합일에 관하여 그와 비슷한 감각적인 이야기를 기록한 바 있다. 거기서 그는 자신을 신의 사랑이라는 화살에 맞은 상처 입은 수사슴과 동일시 한다.²⁹ 그리고 찔린 몸이라는 비유, 즉 촉각적 상처에 관한 최고 이미지인 이 비유는 예수 성심Sacred Heart of Jesus과 성모 성심Immaculate Heart of Mary으로 요약되는 대중적인 기독교 신앙의 전형적인 모티브를 보여준다. 더욱이 19세기 신비론자 마리아 마르가리타 알라코크Mary Margaret Alacoque는 예수가 그의 손을 그녀의 가슴에 얹고, 자신도 예수의 가슴에 손을 얹으면서 심장을 교환하는 모습을 묘사하는데, 이때 떠오르는 이미지가 바로 널리 알려진 상처 입은 치유자이다. "나의 믿음이 생명을 살리는 **터치**가 되게 하소서."³⁰

이러한 신비주의적인 이야기들은 쌍방향으로 만지고 만져지고, 먹이고 대접받는 그리스도에 대한 본질적인 성체성사의 신비를 다양한 방식으로 압축해서 보여준다. "나를 먹는 자는 나로 인해 생명을 얻으리라"(요한 6:57).³¹ 그리고 이러한 예에서 정말 주목할 만한 점은 신비론자들이 자신들의 가장 깊은 영적인 황홀감을 가장 적확하게 묘사한다고 본 것이 바로

터치에 깃든 몸의 깊숙한 경험이라는 것이다.

하지만 이런 질문이 있을 수 있다. "나를 만지지 말라"*noli me tangere*(요한 20:17)라는 그 유명한 구절은 도대체 무슨 뜻이란 말인가? 부활한 예수는 왜 막달라 마리아Mary Magdalene가 자신을 만지려는 것을 거부하는 것처럼 보이는가? 이 질문이 중요한 이유는 모든 인간관계에 있어 사람들에게 능력을 주는 터치와 무력하게 하는 터치 사이의 차이, 즉 해방 시키는 터치와 구속하려는 터치의 차이를 우리에게 말해주기 때문이다. 많은 유명한 작품에서 나타나듯이[32] "만지지 말라"라는 예수의 말에 막달라 마리아는 그에게 **들러붙는** 대신 이별의 부드러운 어루만짐으로 대답했다. 예수가 떠날 때 그를 소유하고자 하는 유혹을 물리치는 제스처로써 말이다. 이를 통해 예수는 나그네 그리스도가 되어 계속해서 되돌아올 수 있게 된다(마태 25). 실제로 이 재육화적 독법은 마태복음 28장 사건에서 나온 것인데, 여기서 마리아는 실제로 "그의 발을 껴안으며" 어떻게 부활한 그리스도를 맞이하는지 묘사되어 있다. 육체로부터 분리된 그리스도(그노시스Gnostic파의 공상)에 대한 환상에 집착하는 대신, 마리아는 흙을 터치하고 있는 예수 몸의 일부분, 즉 그의 발을 만짐으로써, 이승에서의 그의 존재를 육체적으로 확증한다.[33] 야훼가 모세에게 불타는 떨기나무 앞에서 맨발로 서있으라 명령한 것과 같이, 그리스도도 그의 온전히 만져서 알 수 있는 감각으로 마리아를 받아들였다. 그리스도는 그의 발바닥을 통해 그의 영혼을 드러내 보였다. 그리스도의 성육신은 십자가에서 끝나지 않고 부활로 다시 시작된다. 이것으로 기독교의 종말론적 약속인 재육화가 성취된다. 단순한 영혼의 부활이 아닌 육체의 부활. 마리아의 촉각이 깃든 포옹은 영혼과 육체가 하나라는 것을 확인시켜 준다.

다시 말하지만, 고대 성경은 두 종류의 터치가 있다고 우리에게 말해준다. 닫고, 움켜쥐고, 강요하는 터치와, 반대로 열어주고, 해방시키고, 치유하는 터치 말이다. 모든 지혜 전통들에는 이 차이를 말해주는 이야기가 있다.[34]

4장

치유하는 터치

트라우마 치유법과 회복

사람들은 아주 낮은 곳으로 가라앉았다.
사람들은 몸이 벙어리가 되도록 내버려두었기에 오직 입으로만 말한다.
하지만 입이 무엇을 말하겠는가? 입이 그대에게 무엇을 말해줄 수 있겠는가?
— 『그리스인 조르바』

어떤 사람도 영원히 침묵을 지키지는 않는다. 입으로 말하지 않는다면 손가락
끄트머리로라도 웅얼거릴 것이다.
— 프로이트

정신분석적 기원

지그문트 프로이트Sigmund Freud는 일반적으로 트라우마 치료법의 창시자로 알려져 있다. 트라우마에 관한 그의 첫 번째 중요한 통찰력이 『쾌락 원칙을 넘어서』*Beyond the Pleasure Principle*, 1920에 담겨 있는데, 그는 제1차 세계대전 전장의 참호에서 돌아온 참전 군인들의 "포탄 충격"을 치료하면서 이 책을 썼다. 그가 한 질문은 다음과 같다. 사람들이 얼마나 상처를 받았기에 정상적인 "쾌락 원칙"을 따르는 대신, 강박적으로 그들의 고통으로 돌아가려고 하는가? 그의 대답은 바로 우리의 삶의 충동*eros*에 수반되는 그리고 때로는 그것을 압도하는 죽음 충동*thanatos*이 존재한다는 것

이었다.[1] 이상하리만치 원숙기에 프로이트는 치유과정에서 터치의 역할을 축소시키고, 몸을 통한 접근법 대신 언어에 대한 지적인 해석을 더욱 특별히 여겼다. 그럼에도 프로이트 자신은 여러 가지 면에서 상처 입은 치유자였다. 그는 반유대주의적인 도시 비엔나Vienna에서 유대인으로서 이방인 신분으로 당한 고통뿐만 아니라, 더 개인적인 고통도 경험했다. 그의 딸 소피Sophie의 죽음으로 인해 그는 치유할 수 없는 고통을 겪게 된 것이다. 아마『쾌락 원칙을 넘어서』의 유명한 대목에서 프로이트가 어머니[프로이트의 딸 소피]의 "부재" 상태에 있는 자신의 손자 에른스트Ernst의 고통에 공감할 수 있었던 것은 바로 이러한 개인적인 트라우마 때문일 것이다. 여기서 어린 에른스트가 자기 엄마가 오고*da* 가는*fort* 흉내를 면실 실패를 가지고 노는 장면, 이미 많이 논의된 오고/가기*fort/da* 장면을 살펴보자. 프로이트는 손자가 울고 있는 모습을 보아도 손자에게 다가가거나 안아주지 않았다. 그는 제자리에 앉아 손자를 관찰하며 이론적인 거리에서 그 고통의 장면을 기록했다. 심지어 그는 괴로워하는 손자가 보이지 않는 엄마를 두고 "오다/가다," 즉 "이제 엄마가 여기 있네, 이제 엄마는 갔네"라는 언어활동뿐만 아니라, **몸을 통한** 어린아이의 놀이, 즉 몸으로 하는 제스처 게임으로써 상황에 반응하고 있다는 분명한 사실마저도 못 본 척하는 듯하다.[2] 물론 프로이트는 에른스트가 장난감을 앞뒤로 던지는 모습을 기록했지만, 손자를 진단하려는 그의 관점은 손의 놀이가 아닌 언어 놀이로 인한 심리적 보상에 초점이 맞춰져 있다. 그는 아스클레피오스식 모델인 정신**촉각**psycho**haptics**보다는 히포크라테스식 모델인 정신**분석학**psycho**analytics**을 선택했다. 결국 프로이트는 치료에 있어 촉지성이 가진 중요한 역할을 이해할 기회를 놓치고 말았다. 그는 대화 치료에서 종종 몸 치료가 필요하다는 점을 알지 못했다.[3] 어린 에른스트는 "오다/가다" 음절을 발음할 뿐만 아니라, 실패를 손으로 만져야 했던 것이다.

사실 초기 프로이트는 억압된 기억을 되살리는데 있어 치유를 목적으로 손을 얹는 행위에 일정 의미를 부여한 적이 있었다. 그는 병의 원인이 기억나지 않는 사건과 이런 사건의 징후로 나타나는 흔적들 사이의 관계를 설정했다. 그는 동료 조셉 브루어Josef Breuer에게 쓴 편지에서 언어적 해석이 가장 중요한 것이지만, "**정동**affect이 **없는** 회상은 거의 예외 없이 어떠한 결과도 만들어 내지 못한다"[4]고 인정한 바 있다. 하지만 그가 초기에 인정한 내용들은 정신분석가와 환자 사이의 전이transference와 역전이countertransference에 관한 커다란 논쟁으로 인해 가려지고 말았다. 칼 융Carl Jung, 사비나 스피얼레인Sabina Spielrein, 빌헬름 라이히Wilhelm Reich와 같은 프로이트 제자들이 진행한 [환자와 치유자 사이의] 경계가 없는 실험에 대해 프로이트는 반대 의사를 굳혔던 것이다.[5] 터치는 정신분석운동 주류로부터 혐오의 대상이 되어버렸다. 프로이트가 감정적 또는 정서적 접촉을 거부하며 환자로부터 거리를 유지하는 것이 더욱더 중요하다고 생각하게 되면서, 치료는 몸보다는 정신에 관한 것이 되었다. 따라서 역전이, 즉 환자가 가지고 있는 느낌에 분석가의 느낌을 과도히 부여하는 현상에 대한 커다란 우려가 제기되었다. 아마도 프로이트가 저지른 한 가지 실수는 그의 애완견 륜 유Lün Yu를 치료 차시에 데리고 들어가 그 사냥개가 환자들의 마음을 차분히 할 뿐만 아니라, 꼬리를 흔들며 기분이 좋다는 신호 보낼 능력이 있다고 믿었던 일일 것이다!

▶▷▶

치료 효험이 있는 터치에 대해 프로이트가 취한 신중한 입장은 예외 없이 몇 세대 동안이나 엄격히 유지되어, 고통당하는 몸을 포기하고 "부유하는 기표"에 집착한 자크 라깡Jacques Lacan의 사례에서처럼 지나치게 언어적인 극단에까지 이르게 되었다. 하지만 1980년대 이후로 트라우마 연구의 새로운 시대가 열리면서 변화가 시작되었다. 이러한 이론적인 움직임은 베트남 전쟁 이후 외상후스트레스장애 증상에 대한 진단과 홀로코스트 연구 그리고 탈식민주의 연구가 등장하면서 일어난 반응으로, 이 연구들은 정동affect에 관한 몸의 문제와 그리고 인종, 성별, 계급이라는 물질적 문제에 초점을 맞췄다. 여기서 주도적으로 활동한 인물들은 대개 여성이었는데, 특히 멜라니 클라인Melanie Klein의 주목받지 못했던 작업을 재평가한 주디스 루이스 허만Judith Lewis Herman, 캐시 캐루스Cathy Caruth, 줄리엣 미첼Juliet Mitchell, 프랑수아즈 다부안Françoise Davoine, 헬렌 뱀버Helen Bamber와 같은 선도적인 인물들이 등장했다. 이중 헬렌 뱀버는 나치로부터 해방 이후 베르겐-벨젠 강제 수용소Bergen-Belsen에 들어간 최초의 임상의 중 한 명으로 국제앰네스티와 함께 아르헨티나, 칠레 등지에서 고문 희생자들을 돌보는 일을 계속했다. 뱀버는 트라우마로 고통당하는 이들을 도울 수 있는 최고의 방법이 그들의 고통에 몸으로 참여하는 것임을 깨달았다. 단순히 고통을 해석하는 것이 아닌 몸으로 증언하는 것이다. 단지 말이 아닌, 고통을 받아들이고 "품는 것"이다. 이는 곧 몸의 카타르시스 또는 "정화"라고 부르는 것을 경험하는 것을 말한다.[6] 뱀버는 『귀 담아듣는 사람』*The Good Listener*에서 수감자들이 말을 더듬고 머뭇거리면서 그들과 그들이 사랑하던 이들에게 가해진 폭력의 장면을 떠올릴 때,

그녀가 강제 수용소 침상에 앉아 그들의 손을 잡아 준 일을 기록한다. "나는 거기 추운 수용실 방 안에서 조잡한 담요가 깔린 침대에 걸터앉았다. 그러자 갑자기 내 옆에 있던 사람이 그가 겪은 일이 어떠했는지를 나에게 말해주었다. . . . 그리고 내가 했던 가장 중요한 일은 바로 생존자에게 가까이 다가가서 그의 증언 자체가 바로 그 자신의 일부인 듯 경청하고 받아들이는 것이었다. 내가 생존자들과 이야기할 준비가 되었다고 보여주는 행위 자체가 바로 치유였던 것이다."[7] 뱀버는 정서적인 증언이 필요하다고 지적하는데, 이는 사실들을 시간 순서대로 기록하는 것(물론 이것도 중요하지만)보다 더욱 심층적이다. "우리는 진실에 관한 **지식**knowledge을 얻는 것뿐만 아니라, 반드시 진실을 **인정**acknowledge해야만 합니다"라고 그녀는 말한다.[8] 우리는 문제의 원인을 **인식**cognize하는 것뿐만 아니라, 트라우마의 신체적 증상에 대해 **재인식, 즉 인정**re-cognize해야만 한다. 뱀버에게는 고통당하는 이에게 신체적으로 다가서는 일과 **동시에** 임상적인 증거를 제시하는 것, 바로 이러한 이중 의무가 치유의 핵심이 된다. 신체를 통한 증언 형태가 아니고서는 수용자들이 침상에서 일어나 걸어 나갈 수 없었다. 그들은 자신의 생존마저도 견뎌낼 수가 없었던 것이다.

살은 기억한다[*]

피부는 몸의 가장 커다란 기관으로 몸을 온전히 감싸며 내부로 깊숙이 들

---

[*] 원문 "Flesh Keeps the Score"는 베셀 반 데어 콜크(Bessel Van der Kolk)『몸은 기억한다』(*The Body Keeps the Score*)(2015)에 대한 오마주적 표현.

어간다. 피부는 2제곱 미터 이상이나 되는 우리의 살을 수백만 개의 신경계로 덮어 우리 몸의 내부를 외부와 연결시킨다. 또한 피부는 표피epidermal와 내배엽endodermal 두 면으로 이뤄져, 촉지성을 지닌 이중 기관 역할을 한다. "피부 한 꺼풀"이라는 표현은 실제 그 말 그대로이다. 터치를 생리학적 관점에서 다음과 같이 설명할 수 있겠다. "피부의 수용기관은 압력, 온도, 움직임을 감지하고, 이 신호들은 척수를 타고 올라가 뇌로 전달되는데, 이때 뇌는 그에 알맞게 화학 물질을 조절한다. 감정적 반응이 예측가능한 패턴으로 신체화된다는 것은 우리 몸이 터치에 대해 긍정적으로 반응하도록 진화되었음을 의미한다. 또는 적어도 우리가 터치 없이 물리적으로 고립된 곳에서는 인간의 장점이 발현되지 못하도록 진화되었음을 의미한다."[9] 제임스 햄블린James Hamblin은 그의 저서 『몸이 말을 할 수 있다면』If Bodies Could Talk에서 촉각의 기능을 근본적으로 설명해 주는데, 그는 인간의 몸을 치유하는데 필요한 치료의 지도를 도식화해서 보여준다. 햄블린은 신체적인 터치가 어떻게 대뇌피질 부위를 활성시키는지 보여주는 MRI 스캔 자료를 인용하고, 어떻게 터치가 심박, 혈압, 그리고 스트레스와 관련된 호르몬인 코르티솔cortisol을 낮추는지 증명하는 수많은 연구들을 자세히 열거한다. 그는 또한 심부 근육deep tissue 마사지 요법이 고통을 조절하고 감소시키는 신경전달물질을 자극하면서 얼마나 우울증에 효과적인지를 증명해 보인다.

하지만 이러한 내용은 터치의 일부분에 지나지 않는다. 만약 촉각을 느끼는 몸이 특별한 치유 능력을 가지고 있다면, 몸은 과거의 상처를 측정하는 척도가 될 것이기 때문이다. 몸은 우리의 창피함, 죄의식, 유년 시절의 조건화, 억압된 욕망, 그리고 가장 뿌리 깊은 공포심에 대한 흔적을 품고 있다. 따라서 치유 과정에 있는 트라우마 피해자들을 치료하는데 있어 터치에 대한 고도의 신중한 접근이 필요하다. 여기에는 치료자와 환자 사이에서 전형적으로 나타나는 너무 가깝거나 혹은 너무 먼 거리감이 느껴지는 질문들에 대해 섬세하게 인식할 필요가 있다. 어떤 특정 환경에서 터치는 트라우마를 다시 일으킬 수 있는 반면, 또 다른 상황에서 터치는 신뢰감과 받아들여짐의 감정을 형성하는데 도움이 된다. 이러한 감정은 트라우마로 고통당하는 이들에게 핵심적인데, 이들에게는 불안정하고 무질서한 애착 그리고 유년 시절 학대가 종종 주요 이슈가 된다. 신뢰 수치(좋은 치료 요법에 선행요건인)를 다시금 회복하는 작업은 사건이 너무나도 압도적인 나머지 순수하게 언어적-개념적인 설명으로는 표현될 수 없는 트라우마로 인해 몸 안에서 얼어붙은 에너지를 해방시킬 수 있다.[10]

베셀 반 데어 콜크Bessel Van der Kolk는 『몸은 기억한다: 트라우마 치료에서 뇌, 마음, 그리고 몸』The Body Keeps the Score: Brain, Mind, and Body in the Healing of Trauma, 2015이라는 획기적인 연구를 통해 터치의 치유학에 관한 설득력 있는 증거를 제시한다. 최초 근원적인 트라우마가 우리 몸에 내재해 있다는 생리신경증physioneurosis의 기본 가설을 입증하면서, 저자는 "대화 치료법"이 신체 치유에 기반해야 한다고 주장한다. 언어는 트라우마 사건이 우리 기억에 남겨 놓는 육체적 "흔적"을 설명하기에는 부족하다. 오직 몸을 통한 제스처만이 우리를 근본적인 상처로부터 회복시켜 주고, 과거의 위험은 이제 사라져 우리가 현재를 살 수 있다고 깨닫도록 도와줄 수 있다. "치유는 경험적인 지식에 달려 있다. 당신은 몸의 본능 차원에서 몸의 실재를 인식하는 한에서만, 인생에 대한 온전한 주체가 될 것이다."[11] 그러나 대부분 현대 서양 의학에서 뇌 질환 모델은 우리 손을 벗어나 있다. 미국에서는 히포크라테스식 요법이 아스클레피오스식 요법의 확산을 막고 있는데, 이는 열 명 중 한 명 이상이 항울제를 복용하고 메디케이드(Medicaid, 미국 정부의 보건 프로그램)를 지원받고 있으며, 다른 형태의 약물보다도 향정신성 약물을 더욱 많이 사용하고 있음에서 알 수 있다.[12] 약물을 사용하지 않는 치료는 거의 없고, 있다 하더라도 대부분 "대체" 요법이란 표현을 쓰고 있다. 반 데어 콜크가 기록하기를 주류 의학은 "화학작용을 통해 더 나은 삶에 이르고자 하는 방식으로 확실히 기울어져 있다. 그리고 우리가 실제 스스로 생리기능과 내적 균형을 약물 이외의 다른 수단으로 변화시킬 수 있다는 사실, 즉 호흡하기, 움직이기, 만지기 등과 같은 기본적인 활동으로 변화시킬 수 있다는 사실은 거의 고려되고 있지 않다."[13] 이와 반대로, 몸 치료에 관한 아스클레피오스식 접근법은 외상후스트레스장애로 고통당하는 이들을 약물을 투여해야 할 "환자"로 대하지 않고, 상호 촉감적인 치유 과정에 있는 "참여자"로 대한다.[14] 피터 레빈Peter Levine은 다음과 같이 유명한 말을 남긴 바 있다. "나는 의뢰인을 터치하는 것이 비도덕적이라고 여긴 직업 환경에서 성장했다. 나는 의뢰인을 터치하지 않는 것이 비도덕적이 될 날을 기다린다."[15]

　이러한 촉각 치료 요법 윤리는 "신체적 대화" 모델을 따르는데, 치료사와 환자 사이의 긍정적인 상호 미러링 형태로 나타나는 신체적 대화의 장점들은 비언어적인 형성 과정들과 연계되어 있다. 이 과정들은 환자에 대한 치료사의 정신-신체적 감각을 통해 접근이 가능한데, 치료사는 이 과정들을 목소리, 몸짓 그리고 터치를 통해 표현하지만, 이러한 방식은 일반적인 치료 요법에서는 대부분 여전히 경시되어 오고 있다. 훌륭한 트라우마 치료사들은 투사적 동일시에 주의하면서도, 환자의 근원적인 가족 관계, 그들의 언어 이전의 경험과 더불어 이들이 관계 맺는 방식을 종종 치료사 자신들의 몸을 통해 직관적으로 감지한다. 그리고 여기서는 "극적인" 존재감이 감지되는데, 이는 무엇보다도 우리가 인생이라는 무대 위에

서 촉각을 가진 몸으로 공연하는 육체를 입은 배우들이기 때문이다.[16]

트라우마를 경험하면 우리 마음은 종종 사건을 부인하거나 아무 일도 일어나지 않은 것처럼 반응한다. 그러는 동안 스트레스 호르몬은 몸의 근육과 조직들에 계속 신호를 보내고, 이는 결국 어떤 형태의 신체적 질환을 일으키게 된다. 약물, 알코올, 또는 다른 중독성 행위들을 통해 주체할 수 없는 느낌들을 일시적으로 지체시킬 수는 있지만, 몸은 그 원인을 간직하고 있다.[17] 그리고 이성적인 머리로 아무리 많은 논리들을 만들어 내더라도, 그 고통을 "말로 없앨 수는" 없다. 진정한 치유가 일어나려면, 고통당하는 사람들이 그 사건을 그들이 몸으로 느끼는 삶으로 다시 들여와야 한다. 즉 그들은 트라우마가 발생한 "거기"에서부터 그들이 참여할 수 있는 "여기"로 이동해 와야만 그들이 현재를 경험할 수 있게 된다. 이는 대화 요법이나 약물 치료가 소용 없다거나 필요 없다는 뜻이 아니다. 이것들만으로는 부족하다는 것이다. 더 많은 것이 필요하다.

반 데어 콜크는 최근 신경과학 연구를 인용하는데, 이 연구에서는 몸과 직접 연결되는 특수한 "감정적인 뇌"가 존재한다고 한다. 아 중뇌middle brain는 전두엽 신피질prefrontal neocortex*에 위치한 이성적인 뇌와는 다른 차원에서 작동하는데, 중뇌는 파충류 뇌reptilian brain**와 포유류 뇌(mammalian brain, 변연계로 알려짐)*** 둘을 결합한다. 중뇌는 신체 활동에 필요한

---

*   신피질(대뇌피질)은 진화론적으로 고등 포유류의 마지막 진화 단계에서 발달한 부분으로 뇌의 가장 바깥 부분에 위치하여 원시 두뇌인 R-영역과 변연계를 둘러싸고 조절한다. 이성적 사고, 언어 등 고차원적 사고를 담당한다고 알려져 있다.

** 파충류 뇌 또는 R-영역이라 부르는 뇌의 부분으로 진화론적 관점에서 수억 년 전 인간이 파충류였던 시기에 생성된 것으로 생물학적으로 가장 먼저 발달하여 뇌간과 소뇌를 포함하고, 뇌의 깊은 곳에 위치해 있다. 주로 동물적인 행위, 즉 공격, 방어 및 위계질서 유지 등의 행위를 관장한다.

*** 진화론적 관점에서 인간이 원시 포유류일 때 생성되어, 편도체, 시상하부, 그리

4장 치유하는 터치   111

신경계의 중추 역할을 담당하고, 우리가 타인과 맺는 초창기 관계를 통해 많은 정보를 습득한다. 우리가 태어나면서부터 우리에게 무엇이 자양분이 되고, 기쁨을 주는지 또는 위험한지에 대해 판단할 수 있는 원초적인 본능을 형성하는 그러한 관계들을 통해서 정보를 얻는 것이다.[18] 바로 이 감정적인 공간은 "육체 해석학"이 처음으로 펼쳐지는 무대가 되어 신경과학자들이 "거울 뉴론"mirror neuron 활동이라 부르는 것에 대한 기반을 제공한다. 거울 뉴론은 우리가 몸을 통한 모방 행동과 공감의 관점에서 우리가 타인에게 처음으로 반응하는 감각 중추를 말하는데, 바로 이곳을 통해 우리는 언어의 기원을 짐작할 수 있게 된다. 감정적인 뇌는 우리가 처음 인생에서 디딘 발걸음들을 기억하는데, 이 시기는 우리의 몸과 정신이 분리되지 않았을 때이다. 감정적인 뇌는 우리를 화나게도, 상처받게도, 차분해지게도, 또는 불안하게도 만드는 여타 타인의 느낌들(그것이 긍정적이든 부정적이든)과 우리를 지속적으로 연결해 준다.[19] **나는 응답한다. 그러므로 나는 생각한다**Respondeo ergo cogito. 현대 신경과학은 "우리가 신체적 감각을 느끼지도, 해석해 내지도 못한다면, 우리 스스로에 대해 진정으로 알 수가 없다"라는 현상학과 임상요법의 주장 모두를 명확히 입증해 준다.[20] 우리 자신의 가장 근본적인 감각은 바로 우리의 몸이다.

몸 치료

감각 운동과 몸 심리치료요법을 포함한 몸을 기반으로 한 최근의 요법들

고 해마로 이뤄져 있다. 감정과 본능의 기능을 담당한다.

은 언어적 설명과는 다른 방향을 거쳐 신체 감각을 몸에 남은 과거 트라우마의 흔적까지 추적해 가면서 정신적 상처를 치료한다.[21] 이를 통해 우리는 당시 환자를 사로잡고 있던 감춰진 느낌들을 다시 들여다 볼 수 있는 법을 배우게 된다. 그리고 과거를 되돌아 보면서 그 느낌에 다시 접근하여 적게나마 그것을 견뎌낼 수 있는 힘을 얻게 되고, 현재에 참여하여 다시 삶을 시작할 수 있는 신체적인 능력을 회복하는데 도움을 얻게 된다. 심지어 두려움과 공포의 감각을 전환시켜 더욱 긍정적인 방향으로 투쟁할 수 있는 에너지로 나아가기도 한다. 뇌가 트라우마로 인해 충격을 받으면, 사람들은 처음에 사건의 처음, 중간, 끝이라는 구조적 관점에서 그 충격에 반응하는 것이 아니라, 파편화된 느낌으로 반응한다.[22] 그러나 사람들은 의식이 가진 표면상 내러티브와는 다른 방향을 거쳐 과거 상처를 주는 감각들에 이르게 되면서 은폐된 트라우마의 기억들을 "그때는 그때고 지금은 지금"이라는 회복 모드로 재통합 할 수 있게 된다. 몸 치료의 목적은 우리가 이러한 내러티브 이전의 감각과 접촉하여 우리가 이 감각들을 되살려내고 (그리고 그것들에 대해 다시 이야기하고), 궁극적으로는 그 감각들을 우리 미래로 통합시키는 것이다. 우리의 목표는 바로 본래의 고통과 공포에 억눌리지 않은 채로 과거 트라우마에 대한 몸의 경험을 통합시키는 것이다. 2001년 쌍둥이 빌딩Twin Towers에서 탈출한 225명의 생존자에 대한 설문조사에서 그들의 경험을 극복하는데 가장 효과적인 치료법이 대화 요법이나 진정제(물론 상당한 효과는 있지만)가 아니라, 침술, 마사지, 요가, 그리고 안구운동 민감소실 재처리 요법EMDR과 같은 촉각 요법들임이 밝혀졌다.[23] 트라우마는 처음에는 감각으로, 다음에는 이미지(플래쉬백)로, 그 다음에는 이야기로 새겨진다. 매 단계가 모두 중요하지만, 몸을 통한 감각이 가장 중요하다. 신체 재통합의 목적은 과거를 지금 여기에서 "적절하게" 해소하는데 있다. 그러고 나서야 우리는 상처 입은 과거 history를 치유의 이야기story로 변화시킬 수 있다.

우리는 지금까지 히포크라테스식 의학이 증상을 치료하는데는 효과적이나, 종종 근원적인 상처들을 간과하고 있음을 논의했다. 이 지점이 바로 아스클레피오스 방식이 필요한 곳이다.[24] 상처 뒤에 멍이 남듯이, 살은 상처의 원인을 기억한다. 멍은 상처보다도 더 깊은데, 이는 상처가 누구에게나 다 드러나 보이지만, 멍은 피부 밑에 자리 잡고, 피부 아래 상처 내부를 향하면서 감각과 시간성의 다른 양태, 즉 우리가 "하부 감각"infra-sense과 "하부 시간"infra-time이라 부르는 것을 간직하고 있기 때문이다.[25] 심부 요법에는 즉각적인 치유보다는 피부 아래를 회복하는 공들인 작업이 필요하다. 조안 위커샴Joan Wickersham이 기록하기를 "어떤 치유는 사건처럼 일어나는 반면, 심부 요법은 구원이나 현현 같은 방식의 치유는 아니다. 이는 멍을 흡수하는 쪽에 더 가깝다."[26] 사람들에게 드러나는 외부의 상처와는 달리, 멍을 치료하는 것은 안쪽에서부터 고통을 다시 흡수하는 것이다. 물론 몇 년간은 그 부위에 어떠한 느낌도 없을 수 있다. 그리고 언젠가 신경들이 다시 깨어날 때, 감각들은 마치 상처를 새로운 느낌들로 전환하듯이 몸의 다른 부분들로 옮겨갈 수 있다.[27] 무의식적인 상처가 시간을 거쳐 형성되고, 흉터가 몸의 한 공간에서 모양을 갖추는 동안, 멍은 바로 시간과 공간이 만나는 곳이 된다.

터치 요법을 설명할 때, 헬렌 켈러Helen Keller 이야기가 우리에게 주는 교훈이 있다. 생후 19개월에 바이러스 감염으로 인해 귀가 들리지 않고 말을 못하게 된 헬렌은 부분적으로 눈이 보이지 않던 앤 설리번Anne Sullivan 선생님의 교육 덕분에 다섯 살에 소통 능력을 회복했다. 헬렌에게는 한 가지 극적인 사건이 일어났는데, 설리번 선생님이 1887년 4월 5일에 헬렌을 양수 펌프가로 데려가 흐르는 물 아래로 헬렌의 손을 잡고서 손바닥에 w-a-t-e-r라는 다섯 글자를 손가락으로 써 주었다. 감각적으로 느낄 수 있는 무언가가 일어났고, 글자의 의미가 선명히 다가왔다. 설리번 선생님은 헬렌이 이점을 이해하고 있다는 것을 헬렌의 얼굴을 통해 알 수 있었다. 단어와 터치가 교차하면서 발생한 이 손 글씨는 헬렌이 다른 사람들과 관계 맺는 법을 회복시켜 주었다. 바로 이 손 글씨가 헬렌의 "촉각적 기억"을 타자와의 온전한 교감으로 변화시켜 준 것이다.[28] 후에 헬렌은 자서전에서 손과 글자가 협력해 만든 이 중요한 사건에 대해 다음과 같이 묘사했다.

> 우리는 인동덩쿨 향기에 이끌려 그 향기로 뒤덮인 우물가로 난 길을 따라 내려갔다. 거기서 어떤 사람이 물을 긷고 있었는데, 선생님은 수도꼭지 아래로 내 손을 갖다 댔다. 시원한 물줄기가 한쪽 손으로 쏟아져 흐르자 선생님은 "물"water이란 글자를 다른 손에다 써 주셨다. 처음에는 천천히, 그리고는 빠르게. 나는 가만히 서 있었다. 내 모든 신경은 선생님 손가락이 움직이는 모양에 집중되었다. 갑자기 나는 뭔가 잊혀졌던 것에 대한 희미한 의식을, 되살아난 기억으로 인한 희열을 느끼게 되었다. 그리고 나도 모르게 언어의 신비가 내게 모습을 드러냈다.[29]

랭스턴 휴즈Langston Hughes는 헬렌이 터치를 통해 치유된 일에 대해 다음과 같이 시로 표현한다. "그녀는 어둠 속에서 / 빛을 찾았다 / 많은 이들이 여태껏 본 것보다 더 밝은 빛을."[30]

트라우마 재통합하기

트라우마를 치유하는데 있어 몸은 연결고리가 된다. 살에는 우리의 이성적, 언어적 의식이 쉽게 침투할 수 없는 부분이 있다. "접촉을 통한" 참여 과정 전후로 이성적, 언어적 의식이 얼마나 필요한지 상관없이 말이다. 반데어 콜크는 이러한 근본적인 접촉 지각을 "내수용성"interoception이라고 부르며, 다음과 같이 요약한다.

> 우리는 스스로를 관찰하는 몸에 기반한 자가시스템에 참여함으로써 언어의 불안정성을 극복할 수 있는데, 이 몸의 시스템은 감각, 목소리 톤, 그리고 몸의 긴장을 통해 말을 한다. 본능적 감각을 지각할 수 있다는 것은 감정적 인식 행위의 가장 근본이 된다. 어떤 환자가 나에게 자기 아버지가 가족을 버렸을 때 자신이 여덟 살이었다고 말한다면, 나는 잠시 멈춰 환자 스스로를 돌아보도록 할 것 같다. 그 이후로 아버지를 다시는 본 적이 없는 어린 시절 자신의 모습에 대해 내게 설명할 때, 이 환자 내면에서는 무슨 일이 일어나는 것일까? 과거 그 일은 그의 몸 어디에 새겨져 있는 것일까? 당신이 본능의 느낌들을 일깨우고, 비통한 마음에 귀를 기울일 때, 즉 당신이 내면의 가장 깊은 은신처로 이르는 내부감각*의 통로를 따라갈 때, 삶은 변화되기 시작한다.[31]

---

* 내수용 감각(interoception)으로도 알려진 내부감각은 심장, 폐, 위, 내장 등 체내 장기에서 오는 신호들을 뇌로 전달하여 몸의 내부상태를 파악할 수 있다. 예를 들어, 배고픔이나 포만감을 인식하고, 감정을 인식하고 조절하며, 스트레스에 대한 반응을 조절한다.

다시 말해, 깊은 고통-자아와 접촉하기 위해서는 결국 언어적-개념적 사고로 전환될 본능적 인식 작업이 필요하다.

전이transmission에서 가장 핵심적인 일은 변연계 뇌limbic brain 내부에 자리 잡은 두 개의 아몬드 모양의 구조를 이루는 소뇌편도amygdala에서 일어난다. 소뇌편도는 "화재경보기" 역할을 하는데, 우리의 피부, 귀, 눈, 코를 통해 들어오는 감각 데이터(간뇌 시상thalamus에 기록됨)가 우리의 건강과 생존에 유의미한지를 해석해 낸다.[32] 즉 소뇌편도는 무엇이 안전하고 위험한지를 말해주는데, 만약 고통을 감지하게 되면 다양한 스트레스 호르몬(콜티손과 아드레날린)과 몸 전체의 반응을 조절하는 자율신경계를 활성화시켜, 우리가 회피모드나 전투모드를 취하게 한다. 이러한 이유로 우리가 상황에 대해 과하거나 혹은 소극적으로 반응하지 않도록 우리 신체 경보 시스템이 타인의 행동에 대해 촉감과 안목을 통해 반응한다는 점이 중요하다. 그리고 여기서 소뇌편도는 "감시탑"에서 감독하는 전문능력이 필요한데, 이것은 바로 우리 행동에 이성적 "객관적" 지침을 제공해 주는 전두엽 부분에 위치한 내측 피질medial cortex이라 불린다.[33] 위험에 온전히 반응하려면 위쪽의 감시탑과 아래쪽의 화재경보기 사이의 협력이 필요한데, 이는 우리가 자제심을 잃거나(과한 감정적 뇌로 인해) 또는 감정을 부인(너무 과한 이성적 뇌로 인해)해버리면서 "제정신을 잃지" 않도록 하기 위함이다. 결국 우리의 이성적, 신체적 지형도 모두가 적절한 반응에 대해 조정될 필요가 있다. 터치, 호흡, 그리고 몸의 움직임을 사용하면서 트라우마 치료는 아래에서부터 신체적인 효과를 낼 수 있다. 동시에 위에서 아래로 내리는 판단 역시 필요하면서도 말이다. 이와 대조적으로, 우리의 이성적, 감정적 두 가지 뇌가 조화를 이루지 못할 때에는 일종의 줄다리기 전쟁이 일어난다. 이 전쟁은 주로 "본능적인 경험의 극장"the theater of visceral experience에서 발생하는데, 심장, 인후, 복부, 그리고 폐에서 주로 발생하는 전쟁으로 "신체적 불편함과 정신적 고통"에 이르게 된다.[34] 외상후스트레스장애는 고통을 가리는 증상이 특징인데, 고통받는 사람들은 본래의 상처를 무감각과 회피(알코올, 약물, 현실도피)로 대체하기도 한다. 이러한 상황에서는 현재 **지금의** 나와 과거 **그때 당시의** 나 사이를 올바로 구분하기 위해 현재 몸이 가진 느낌에 신체적으로 다시 뿌리내리는 감각이 필요하다. 반 데어 콜크가 주장하기를 트라우마 치료의 궁극적인 목표는 우리가 상처 입은 과거의 자신과 만나도록 하여 우리가 더욱 충실히 현재에 뿌리를 내리도록 하는 것이다.[35]

타인에 대한 우리의 원초적인 반응의 대부분은 정신이 아닌 직감을 통해 느껴진다. 특히 트라우마에 대해서도 그러한데, 상처는 서사 기억에 접근할 수 있는 이성 뇌에 의해 기록된다기보다는, 스스로를 신체적 반응으로 나타내는 감정 뇌에 의해 기록된다. "창자가 뒤틀리는 느낌, 심장이 요동치고, 숨이 가빠지고 희미해지며, 비탄의 느낌, 긴장되고 날카로운 목소리로 말하며, 좌절, 경직, 분노 또는 방어적인 성격을 나타내는 전형적인 몸의 움직임"과 같이 말이다.[36] 순전히 논리적인 설명, 즉 당신이 왜 이런저런 느낌을 갖게 되는지에 대한 설명으로는 우리의 경험이 변화되지 않는다. 근본적인 치유가 일어나려면 더욱 철저한 몸의 변화가 필요한 법인데, 다음의 격언과 일맥상통한다. "해장술을 마셔라." 우리는 병이 있는 곳에서 치료법을 찾게 된다. 회복에는 재결합이 필요하다. 그리고 우리의 몸 지도를 다시 그리는데 도움이 되고 싶다면, 우리는 이성과 느낌이라는 분리된 영역들 사이에 있는 회전문을 열어야 한다. 트라우마 치료의 목적은 결국 정신을 신체와 충분히 접촉할 수 있는 상태로 되돌리는데 있다. 자해에서부터 약물 중독과 같이 얼마나 많은 정신 건강 이슈들이 우리의 감정이 품은 참을 수 없는 고통에 대처하려는 노력의 일환으로 시작되었던가? 반 데어 콜크가 주장하기를 "최근까지도 신체와 정신 사이의 쌍방향 소통이 서양 과학에서는 대부분 간과되었다. 특히 인도와 중국 같은 세계 많은 지역에서는 이 쌍방향 소통이 전통적인 치료 요법에서 핵심적이었음에도 말이다. 오늘날 신체와 정신의 소통은 트라우마와 회복에 관한 우리의 인식을 변화시키고 있다."[37]

결국 우리의 궁극적인 목적은 [트라우마에 대한] 본능적인 **반작용**을 몸으로 느끼는 **반응**, 즉 우리가 새로운 형태의 서사 담론으로 해석해 낼 수 있는 반응으로 전환시키는데 있다. 이것이 바로 오늘날 수많은 트라우마 전문가들이 교감신경계sympathetic nervous system, SNS와 심박변이도heart rate variability, HRV의 기초적인 신체 기능을 설명하기 위해 호흡, 움직임, 리듬, 그리고 터치를 통해 활동하고 있는 이유이다. 실제로 외상후스트레스장애를 치유하는데 있어 가장 효과적인 단계 중 하나가 "변연계 치료"인데, 이 치료는 이성 뇌와 감정 뇌가 협업하도록 하여 우리 몸이 생리적, 심리적 극단 상태default extremes, 즉 병을 유발하는 정서적 마비shut-down 또는 신경과민 상태로부터 몸을 해방시켜 준다.[38]

이해를 돕기 위해 우리 일상의 표현을 생각해 보자. "심장이 내려앉았다," "속이 울렁거려," "소름 끼쳐," "무서워서 몸이 굳었어," "목이 메었어" 등등 말이다. 우리는 먼저 "인간동물"로서 고통에 반응하는데, 바로 이 단계에서 우리는 원초적인 해방을 발견하게 된다.[39] 대부분 우리의 심리 질환은 "해리"dissociation, 또는 윌리엄 제임스William James가 말한 "감각기관의 **무감각**," 즉 우리 정신과 신체의 구성 요소 사이가 단절되는 무감각의 상태에서 심리 질환이 나타난다. 결국 우리의 정신 건강은 감각기관의 **감각** 회복의 형태를 띤다는 것을 알 수 있다.[40] 신경증을 앓거나 트라우마에 시달리는 사람들은 자기 몸 내부에서 스스로가 끔찍이도 위험하다는 것을 감지한다. 과거가 자신의 신경과 힘줄을 갉아대는 것을 느끼면서 말이다. 하지만 아픔이 있는 곳에 치유도 있다. 우리는 우리의 접촉 경험을 다시금 소유할 필요가 있는데, 이는 다른 곳은 몰라도 우리의 몸은 기억하고 있기 때문이다. "트라우마에 대한 기억이 육감적으로, 비통스럽고 창자가 뒤틀리는 느낌으로, 그리고 자기 면역 장애와 뼈/근육의 문제로 암호화되어 있다면, 그리고 만약 정신/뇌/몸 사이 깊은 곳에서의 소통이 감정을 조절할 수 있는 최고의 방법이라면, 치유에 관한 전제들을 과감히 바꿀 필요가 있다."[41] 윌리엄 제임스는 그의 환자가 어떻게 해서 그녀 자신의 몸과 세계로부터 단절되었는지에 대한 인상적인 이야기를 소개해 준다.

> 내 모든 감각들, 내 자신의 고유한 각 부분들이 나로부터 분리되어 나는 더 이상 어떠한 느낌도 가질 여유가 없게 되었다. 내 온몸을 덮는 감각이 축소되어 생긴 . . . 공허함 때문에 나는 그럴 수 없었던 것 같다. 이는 마치 내가 만지고 있는 물체에 사실은 전혀 다다르지 못하는 듯했기 때문이다. 이 모든 일은 단지 사소한 일일 수도 있겠다. 이 끔찍한 결과, 어떤 다른 종류의 느낌이나 즐거움도 가질 수 없다는 이 끔찍한 결과가 생기지 않았더라면 말이다. 비록 다른 느낌이나 즐거움이 없어 내 삶은 이해할 수 없는 고통으로 바뀌어버렸지만 말이다.[42]

만약 우리가 우리 자신과 단절된다면, 세상과도 단절된다. 접촉 관계가 없다면, 자신과 타인 사이의 공명도 없게 된다.[43]

그림 4.1 D. W. 위니콧(Winnicott), 베셀 반 데어 콜크(Bessel Van der Kolk), 헬렌 뱀버(Helen Bamber)(시몬 카니 그림)

애착 이론에 관한 간략한 역사

인간의 건강은 애착에 관한 문제와 긴밀히 연결되어 있는 것 같다. 이 주제는 트라우마에 대한 접촉 치유와 관련 있기에 나는 이를 다루는 의사, 치료사, 생태학자 등 일군의 연구가들에 대해 자세히 설명해 보겠다.

    영국 아동 심리학자 존 보울비John Bowlby는 1940년대와 1950년대 최초로 어머니와 아동 사이의 출산 전, 임신, 그리고 출산 후의 결정적인 관계를 설명하는 "애착" 이론을 발전시킨 인물이다. 그가 증명하기를 태아기일 때 우리는 이미 온전한 촉지성과 음성을 통해 어머니와 하나인 존재이다(태아는 어머니의 목소리와 움직임의 리듬에 반응함). 우리가 세상에 들어서는 순간 우리는 애착과 분리의 드라마를 경험하게 된다. "우리는 우리 존재를 알리기 위해 소리친다. 누군가가 즉시 우리와 관계를 맺고, 우리를 목욕시키고, 우리의 배를 채워 주며, 무엇보다도 어머니는 피부와 피부가 만나는 즐거운 접촉을 위해 배나 가슴 위로 우리를 올려놓는다. 우리는 철저히 사회적인 존재이다. 우리는 공동체 속에서 우리의 위치를 발견하려는 삶을 산다."[44] 우리의 대인관계는 근본적으로 촉각적이다. 건강한 양육은 적절한 수단으로 신체적 애착과 분리에 대한 이중적 욕구에 대해 균형을 맞추는 것을 목적으로 한다. 건강상 문제나 입원(고립이나 격리)으로 인해 어린 나이의 유아를 부모로부터 분리시키면 이후 경험에 커다란 영향을 미칠 수 있다.[45] 한편, 유아가 과도하게 어머니에 대한 애착이 형성될 때는 시기에 맞게 젖을 떼고, 배변 훈련을 하며, 규칙적으로 간격을 두어 음식을 주는 일이 필요하다.

이와 관련하여 도널드 위니콧Donald Winnicott은 애착 이론을 "조율"attunement 개념으로 발전시켰다. 어머니들이 아이를 안고 쓰다듬는 모습을 연구하면서 그는 아이가 언어를 습득하기 훨씬 이전에 어머니와 아이 사이에서 일어나는 촉감적 상호작용이 아이에게 자아와 타인에 대한 의미를 형성하는 근원이 되고, 이것이 일평생의 정체성을 형성한다고 추론했다. 어머니가 아이를 보듬는 자세는 몸을 "정신이 깃든 장소"로서 경험할 수 있는 능력을 형성한다. 우리가 후에 "실제"라고 경험하는 것을 준비하는 것이 바로 "우리 몸들이 만나는 방식에 대한 본능적이고 운동적인 감각"이다.[46] 실제로 너무 일찍 터치를 거둬들이면 노골적인 적대감이나 분노보다 훨씬 더 커다란 정신적 피해가 있을 수 있다.[47] 루마니아에 차우셰스쿠Ceaucescu가 재임하던 시절 버려진 고아들에 관한 악명 높은 사건(아이들이 몇 개월 동안 계속 방치되었던 사건)이 이를 증명한다. 제2차 세계대전 후 1945년 한 고아원에서 아이들이 질병에 노출되지 않도록 풍부한 영양소와 의료를 제공하고도, 세균을 두려워한 나머지 아이들과의 신체 접촉을 최소화하는데 온갖 노력을 기울였던 사례에 대해 오스트리아 의사 르네 스피츠René Spitz가 연구를 한 바 있다. 이 아이들 중 37%는 2세가 채 되기도 전에 사망하고 말았다.[48] 어머니 또는 돌보는 사람과 아이 사이에서 초기 감촉 조율이 실패하면 향후 이상을 초래할 수 있다. 이 때문에 신체적 조율이 결핍된 아이들은 기쁨과 방향감각orientation의 원천적인 터가 되는 자신의 몸에서 오는 피드백을 놓치기 쉽다는 주장에 이르게 된다.[49]

『느낌의 발견: 의식을 만들어 내는 몸과 정서』*The Feeling of What Happens: Body and Emotion in the Making of Consciousness*, 1999에서 신경과학자 안토니오 다마시오Antonio Damatio는 이전 심리학자들의 통찰을 발판으로 몸 내부 상태들 사이의 관계를 탐구했는데, 이 내부 상태는 우리의 "날 것의 느낌"과 함께 소통과 생존이라는 기본 감정으로 이뤄져 있다고 말한다.[50] 다마시오는 우리가 지각할 수 있는 세계가 심장 박동과 혈압, 피로, 그리고 각성과 더불어, 자궁 속에서 접촉의 느낌인 축축함, 따스함, 흐름, 배고픔, 그리고 만족감을 통해 형성된다고 기술한다. 이 모든 태아기의 감각들은 어떠한 의식적인 인식 이전에 존재하는 원초적인 신경계가 존재함을 말해준다. 이것들은 한 개인의 성장에 있어 매우 결정적이며, 절대 사라지지 않고 "언어가 아닌 지식"을 가진 우리의 "원시 자아"를 구성한다. 이 원시 자아는 육체를 가진 주체로 머지않아 더욱 발전된 언어를 쓰는 이성적 자아들과 소통에 들어서게 된다. 그러나 우리는 이 원시 자아를 무시하게 되면서 스스로 위험을 초래한다. 병을 유발하면서까지 이 원시 자아를 무시하는 것이다. 우리는 근육, 복부, 그리고 피부의 원초적인 지혜savoir를 인지함으로써만, 그리고 지식과 재결합하기 위해 우리의 모든 안목savvy을 사용함으로써만 우리는 "조율"을 통해 치유에 이를수 있다.

또 한 명의 현대 학자 티파니 필드Tiffany Field는 터치와 건강에 관한 일련의 실증 연구들에 나타난 조율 이론의 결론들을 증명해 보인다. 그녀는 기본적인 인간의 터치를 통해 미숙아들의 체중이 증가함을 입증한다. 이 결과는 의학 저널『소아학』Pediatrics, 1986에 실린 연구로도 뒷받침되는데, 열흘 동안 규칙적으로 "몸을 쓰다듬고 팔다리를 움직여 주면" 아기들이 47% 빠르게 성장하고, 병원에서 지내는 시간이 평균적으로 줄어든다는 점을 상세히 보여준다.[51] 발달 심리학자인 필드는 마이애미 밀러 의과대학 University of Miami's Miller School of Medicine에 터치 연구소Touch Research Institute를 설립해, 이곳에서 자신의 연구인 "터치결핍과 강화"를 유아(조산아, 일반아, 고아)를 넘어서 만성 통증을 앓는 성인, 임산부, 그리고 은퇴를 했거나 호스피스 돌봄을 받고 있는 노인을 포괄하는 연구로 확장했다.[52] 이 터치 연구소는 촉각 치료가 마사지 치료, 요가, 태극권, 음악, 그리고 운동과 같은 활동과 관련 있기에, 촉각 치료의 효과 연구에 전념하고 있다. 이러한 연구는 일상의 건강 관리에 적용되고 있는데, 오늘날 일반적인 악수와 포옹이 가진 치유 효과에 관한 일련의 유명한 연구들, 즉 "터치의 치유력," "우리는 터치해도 되는가?" 또는 "이제 터치에 대해 이야기할 시간이다"와 같은 명시적인 제목이 달린 연구들을 통해 뒷받침되고 있다.[53]

최근 후성유전학epigenetic 연구에 의하면, 우리 몸에서 일어나는 중요한 변화는 단순히 독신toxins과 생화학적 자극에 의해서만이 아니라, 우리가 다른 사람들과 어울리는 방식에 의해서도 일어난다. 좋은 약품들 모두가 트라우마로 고통받는 환자들에게 효과가 있겠지만, 최근 연구에 나타난 것처럼 스트레스와 고통을 경감시키는 가장 효과적인 방법은 "누군가 만져주고, 껴안아 주고, 보듬어 주는 것"이다. 이 행위들은 과도한 흥분을 가라앉혀 주고, 우리가 "온전하고, 안전하며, 보호받고 책임져진다"고 느끼게 한다.[54] 더욱이 "위로하는 제스처들은 누구나 보편적으로 알아볼 수가 있고, 조율된 터치가 지닌 치유의 힘을 보여준다."[55] 대부분의 좋은 1차 간병인, 간호사, 의사들이 그러하듯이 부모들과 부모 역할을 하는 이들은 이점을 잘 알고 있다. 비록 환자의 팔을 붙들어 주거나, 이마나 맥박에 손을 얹는 등 과연 효험이 있을지도 모르는 간단한 접촉행위들 일지라도 말이다. 결국 직업 간병사들은 환자의 체온, 호흡, 심박수를 재면서 환자들이 건강을 회복하고 그들의 생존에 필요한 관계 능력을 통합시켜 그들이 스스로의 몸에 조율되도록 돕는다. 실제로 프랑스 파리 테논Tenon 병원의 의학교수인 도미니크 메이니엘Dominique Meyniel은 부드럽지만 확신 있는 악수로 환자들을 터치하는 것이 결정적으로 중요하다는 것을 학생들에게 가르치는 것으로 유명한데, 이러한 터치는 환자들에게 신체적인 안정과 신뢰감을 준다고 한다. 누군가를 "붙들어 주는" 이 제스처는 치료 과정에서 환자들이 긍정적인 효과를 얻는데 있어 지극히 중요하다는 것이 밝혀졌다. 그리고 메이니엘 교수는 노령의 환자들, 특히 터치가 필요한 환자들에게 붙들어 주는 제스처가 치료의 효험이 있고, 이와 더불어 연대감, 따스함, 그리고 관심의 경험 또한 동반된다고 확신한다. 그의 의료수칙 코드 10-1993은 다음과 같다. "간호사, 의과 인턴과 학생들이 노령의 환자들을 터치하지 **않는** 것은 금지된다. 환자들을 의료적으로 검진하는 것

외에도, 이들은 오랜 기간 동안 환자들의 손을 붙들어야 한다."[56] 터치와 관련된 이러한 사소한 모습들 속에도 환자들의 몸에 대한 기본적인 이해와 더불어 이들을 돌보는 이들에 미치는 상호적인 영향에 대한 이해가 포함되어 있다.[57]

 개인적으로 신체 요법을 통해 우울증을 해결한 내 자신의 경험을 말해 보겠다. 치료용 진정제와 항울제를 처방해 준 정신의학에 매우 감사하면서도, 나는 약품이 불면증, 극심한 불안, 식욕 저하, 그리고 극도의 피로와 같은 증상들을 다루는 것이지, 근본을 치유하는 것은 아님을 알게 되었다. 결국 나는 더욱 효과적이고 장기간 지속되는 "몸을 통한" 치유 방식을 발견하게 되었다. 내 경우에는, 아헹가Iyengar 요가 훈련, 시아추Shiatsu 마사지 요법, 프라나야마pranayama 심호흡법, 아일랜드 해the Irish Sea에서 수영하고 낚시하는 것과 같은 규칙적인 신체 활동, 나무나 관목을 심고, 할 수 있는 한 동물들(특히 말과 개)과 많은 시간을 보내는 일이었다. 내가 기르는 리트리버 벨라Bella와 함께 위클로우Wicklow 언덕을 오를수록, 우울증*은 점점 사라져 갔다. 이 모든 과정에서 나는 지혜로운 내 친구의 충고를 따랐다. "말은 그만하면 됐고, 몸으로 돌아가라." 그리고 몸을 통한 치유의 여정에서 또 하나 발견한 중요한 과정은 베즐레Vézelay에서 산티아고 드 콤포스텔라Santiago de Compostella까지, 갠지스Ganges강 수원 리쉬케쉬Rishikesh에서 강고트리Gangotri까지 순례길을 떠나는 것도 있었다. 비록 이중 어느 하나에서도 전체를 다 여행하지는 못했지만, 두 여행 동안 모두 느리지만 차분하게 머리와 마음, 마음과 몸, 영혼과 육체를 재통합

---

* "우울증"은 원문에서 "black dog"으로 표기되었는데 우울증이라는 원래 의미와 더불어, 저자가 자신이 기르는 반려견 리트리버가 가진 치유 능력을 강조하기 위해 사용한 언어유희로 이해할 수 있다.

시키며 깊은 정서적인 치유를 경험했다.

공통체A Commons of the Body를 향하여*

몸은 개인적으로 동시에 공동체적으로 정신이 깃든 곳이다. 오늘날 공중보건 의료 정책에서 촉지성을 구현해 내는 활동은 매우 의미심장하다. 반데어 콜크는 몸 치료 연구에 관한 그의 기념비적인 논평에서 트라우마는 "우리 국가의 안녕에 가장 커다란 위협"이라고 결론내린다. 이러한 주장은 대개 공식적인 트라우마 통계에는 보고되지 않은 충격적인 내용인데, 대부분의 통계가 전쟁, 대량 학살, 자연재해 또는 테러로 인한 희생자에 초점을 맞춘 경향이 있는데, 이는 가정 내 학대, 자동차 사고, 이웃 간 집단 분쟁 또는 학교 폭력에서 발생된 신체적, 정신적 상처로 생긴 더욱 많은 일상 속의 피해자들을 간과한 수치이다. 이처럼 덜 주목 받는 트라우마 사례들은 뉴스 특종에서 제외되기 일쑤이고, 종종 진통제, 항울제, 단기 행동치료, 또는 사회복지처럼 임시변통의 해결책으로 다뤄진다. 하지

---

* 저자는 몸으로 연대되는 공동체를 강조하기 위해 "몸의 커먼즈"(a commons of the body)라는 표현을 사용한다. 통상 공유지 혹은 공유재 개념과 더불어, 기존의 집단주의적 성향이 강한 공동체 개념과 달리 개인의 자율성에 바탕을 둔 상호의존적 개념을 포함하는 용어 "커먼즈"(commons)에 인간 몸의 역할이 추가로 강조된 용어를 고안히여 저자는 "commons of the body"라 부른다. 우리는 이를 "함께 통하는 몸"이라는 의미로 "공통체"(共通體)로 번역한다. 다만, 이 번역 용어는 몸에 더 많은 초점을 맞추고 있다는 점에서 안토니오 네그리(Antonio Negri)와 마이클 하트(Michael Hardt)가 자본과 국가를 넘어 접근이 가능한 "공통적인" 대안으로 제시한 "Commonwealth"에 대한 최근의 번역인 "공통체"와는 차이가 있다(참고: 안토니오 네그리, 마이클 하트. 『공통체』(Commonwealth). 정남영, 윤영광 옮김. 사월의책, 2014).

만 이러한 해결책들은 분주하게 장사하는 진료소와 보험회사 기준에는 충족되겠지만, 장기적으로 볼 때 항상 효과가 있는 것은 아닌데, 이는 이 해결책들이 근본적인 원인들에 대해서는 거의 언급하고 있지 않기 때문이다. 이 해결책들은 트라우마에 관한 모든 성공적인 치료에 있어 가장 중요한 것이 사람과의 충분한 **접촉**이라는 최근 연구 결과를 번번히 간과한 것이다.[58] 트라우마를 겪는 사람을 치료하는 기관들은 너무도 자주 우리 고통의 영역인 "감정 몰입 체계"emotional engagement system를 간과하면서, "잘못된 생각"을 교정하고 "불쾌한 감정과 문제 행동들"을 억제하는데에만 초점을 맞춘다.[59] 하지만 아스클레피오스가 이미 알고 있었듯이, 근본적인 치유는 우리가 진심 어린 몸을 통한 상호작용, 개인적이면서 그리고 공동체적인 상호작용이 절대적으로 중요하다는 점을 인식할 때에만 일어난다. 공중 보건을 계획하는 이들은 이점을 명심해야 한다.

"접촉"을 통한 치유는 개인적인 치료 차원에서만큼이나 집단적, 공공적 차원에서도 그 필요성이 분명하다. 내가 "공통체"라 부르는 것을 발전시키기 위해 여기서 특별히 관련된 것이 공동체의 기억 작업이다. 특히 남아프리카공화국, 르완다, 북아일랜드와 같이 분쟁 이후 사회에서 진행된 진실과 화해 프로젝트가 떠오른다. 이 프로젝트에서는 서로 적대적이었던 이들이 얼굴을 마주하고 물리적 공간과 제스처를 서로 공유하는데, 이는 그간의 폭력을 인정하고 극복하는 방법이 된다. 회복할 수 없을 것처럼 보이는 공동체 트라우마의 희생자와 가해자들은 맞고소와 유혈사태의 악순환에서 벗어나고자 하는 노력의 일환으로 공공 재판소에서 접촉하게 된다. 그들은 일종의 치유를 바라며, 상처의 집단적인 "훈습"working through 과정에 참여한다. 여기서 특히 케이프타운Capetown에서 반아파르트헤이트antiapartheid 운동의 창시자인 품라 고보도-매디키젤라Pumla Gobodo-Madikizela의 증언은 우리에게 교훈을 준다. 그녀는 아파르트헤이트 정부 시절 가장 불법적으로 사형을 집행한 이들 중 한 인물인 유진 드 콕 Eugene de Kock의 손을 잡은 이야기를 전해 준다.[60] 그녀의 증언은 그가 희생자들을 향해 총을 쐈을 때, 그의 "방아쇠를 잡아당긴 손"*을 그녀가 우연히 터치하게 된 일화로 인해 더더욱 유명하다. 이 터치는 그녀에게 "불가능한 용서"의 순간을 촉발시킨 전혀 예상치 못한 제스처였다. 그녀의 용서로 인해 그는 어느 정도 과거를 되돌아보며 자신이 만든 희생자들에 대해 공감하게 되었는데, 이는 그 어떠한 사법적, 제도적 처벌로는 이뤄낼 수 없는 것이었다. 품라 고보도-매디키젤라는 트라우마가 트라우마를 낳고, 고통이 고통을 되풀이하는 곳에서 의미 없이 고통을 반복하는 일에 맞섰다.[61] 끝없는 보복의 악순환을 끊어야 하는 이유가 바로 이것이다. 그리고 이것이 우리가 권총handguns을 악수handshakes로 대체해야 할 이유이다.

이러한 교훈적인 경험들을 통해 언어는 그 중요성에도 불구하고 몸의 작업을 대체할 수 없다는 것을 알 수 있다. 집단적인 역사 분쟁의 피해자들이 아무리 많은 토론에 참여한다 하더라도, 그들은 정신적이든 신체적이든 공동체의 공간에서 자신의 적들과 함께 모이기 전까지는 반복되는 고통을 계속 겪게 된다.[62] 트라우마 치유에 있어 이야기는 매우 중요하다. 하지만 항상 그것만으로 충분한 것은 아니다. 더욱 지속적인 치유를 위해

---

*   원문이 "trigger hand"에서 "trigger"는 희생자 유가족의 트라우마를 일깨운다는 의미와 함께, "청부 살인자"라는 의미도 포함된다.

몸에 활발히 참여하는 것이 필요할 때가 있는 것 같다. 단지 누군가의 상처에 대해 이야기하는 것만으로는 충분치 않고, 거기에 더해 우리는 터치하고 터치를 받아야 한다.[63]

결론적으로 우리는 개인적 그리고 공동체적 차원 모두에서 트라우마 치유의 궤적을 다양한 신체 단계를 통한 움직임으로 다음과 같이 묘사할 수 있겠다. **외부의 몸**foreign body에 의해 상처를 받아(트라우마의 일반적인 비유) 우리는 **상실된 몸**nobody이 되어(분리) **새로운 몸**somebody이 되기 위해서는 (회복) **다른 몸**another body과 연결될 필요가 있다. 따라서 트라우마를 겪은 상실된 몸에서 재통합된 새로운 몸으로 옮겨 가는 것은 고통을 겪어 본 **모든 몸**everybody을 향한 공감적인 열림이 된다. 인간의 감각은 궁극적으로 몸을 지닌 감각이다. 바로 공통체이다.

부록: 동물과 다시 연결되기

훌륭한 공통체는 우리의 근원인 동물계를 포함한다. 특히 접촉을 통한 치유에 관해서는 말이다. 포유류의 변연계 뇌limbic brain에 초점이 맞춰진 몸 치료는 말, 개, 돌고래와 같은 동물들과의 교감을 통해 효과를 보인다고 알려져 있다. 말의 도움을 받는 치료법은 말을 전이의 대상으로 삼아 외상후스트레스장애나 자폐를 가진 환자들이 인간이 아닌 존재들과 정서적인 관계를 맺게 함으로써 그들의 촉각적 감각을 회복할 수 있도록 한다. 말은 주로 몸을 덮는 최소한의 가죽, 비늘, 또는 껍질로 이뤄진 촉지성 피부를 가진 존재이기에, 아주 미묘한 터치에도 즉각적으로 반응한다. 가죽은 기억한다. 말은 예민하고 섬세하여 육체적으로 조율되어 있는데, 이를 테면 이들은 전적으로 살flesh의 존재인 것이다.[64] 조율작업에서 개나 다른 "돌봄 동물들"이 지닌 치유 역할에 대해서는 이미 연구가 잘 되어 있다.[65]

엄마 캥거루 돌봄Kangaroo Mother Care, KMC 요법은 아마 잘 알려져 있지는 않았을 텐데, 이 요법은 동물에게서 인간의 건강을 배우는 또 다른 예가 된다. 프랑스계 콜롬비아 소아과의사인 나탈리 찰팩Nathalie Charpak이 개척한 이 연구에서 그녀는 (캥거루 주머니에서처럼) 어머니의 가슴과 배에 밀착된 저체중 조산아를 돌보는 연구에 초점을 맞춘다. 이 요법은 고급 의료 환경을 갖춘 병원 인큐베이션과 동등한 자연적이고 본능적이며 인간적인 환경을 제공하는데, 고무관을 통해 영양분을 조금씩 주는 의료시설인 인큐베이터보다도 미숙아들이 더 오래 생존할 뿐만 아니라, 더 잘 성장할 수 있도록 도와준다.[66] 이는 유아의 성장에 있어 영양공급만큼이나 애착도 중요하다는 것을 보여준다.

『야생적 소명: 동물과의 연결이 어떻게 우리의 삶과 그들의 생명을 구할 수 있는가』Our Wild Calling: How Connecting with Animals Can Transform Our Lives—and Save Theirs에서 자연 학자 리차드 루브Richard Louv는 인간과 동물이 상호 조율을 통해 어떻게 서로를 치유할 수 있는지에 대한 설득력 있는 이야기를 자세히 소개해 준다. 그가 기록하기를 "마음이 머무는 곳에, 시간이 정지된 듯할 때, 그리고 공간이 다른 모습을 갖출 때, 두 존재 사이 서로에 대한 인식의 속삭임 속에서 바로 그 순간 우리는 공유된 영혼을 느끼게 된다. 이것이 바로 한 여성과 곰을, 잠수부와 문어를, 개와 어린아이를, 소년과 재규어를, 해안에서 어부와 황금 독수리를 연결해 준 것이다."[67] 루브는 자연이라는 촉지성 세계와의 치유적인 재결합을 역설하는데, 우리 시대에 점점 증가하는 자연 결핍 장애와 수천 종의 동식물들의 급격한 감소(세계 야생 기금 통계에 따르면 1970년과 2014년 사이 세계적으로 야생 동식물의 숫자는 60퍼센트까지 감소했다)를 언급한다. 그는 어떻게 동물 보조 치료법(그리고 나무와 식물들에 대한 친밀감을 포함해)이 질병 증상들을 감소시키고, 우리의 행복감을 상승시킬 수 있는지에 관한 다양한 생태심리학적 연구들을 인용한다. 루브가 주장하기를 이러한 치료법은 자연 세계에서 우리의 포용성과 밀접히 연관되어 있다. 디지털 게임 기술 예를 들어 2016 온라인 게임 〈노 맨즈 스카이〉*No Man's Sky*가 환상의 세계로 도약하여 수많은 새로운 "가상의 종"을 만들어 내는 동안, 우리 삶과 세계의 완전한 회복을 위해서 우리는 육지동물인 우리 존재와 다시 접촉해야 한다. 루브는 생물 다양성의 붕괴와 기후 위기를 되돌리는 것은 단순히 기술이나 제도적 정치 활동으로는 이룰 수 없다고 결론내린다. 이러한 작업을 위해서는 동물 및 식물 세계와 더욱 정서적으로 연결되어야 하는데, 이는 마틴 루터 킹 주니어Martin Luther King Jr.가 당대 사람들에게 요구했던 "상호성이라는 빠져나갈 수 없는 관계망"을 인식하면서 가능하다. 그 목적을 달성하기 위해, 루브는 새로운 "공생세"Symbiocene를 향해 나아갈 것을 주장한다. 이 공생세는 모든 지각 있는 존재들 사이의 치유적인 연결의 시대로, 현대 탈육화의 인류세Anthropocene를 넘어서 상호의존과 재분배를 창의적으로 실행하게 된다. 공생세는 "더욱 새로운 형식과 뜻밖의 장소일지라도 야생성이 살아 있는 시대이자, 우리가 다른 생명과 조화를 이루며 살아가는 시대이다."[68]

이러한 연결을 위해서는 인간을 넘어 인간이 아닌 생명체들에게로 이중 감각의 원리를 확장하는 일들이 필요하다. 이 연결성은 모든 생명체 사이에서 직접 손으로 만져질 수 있는 "상호 호혜 원칙"이 필요한데, 다음의 몇 가지 간단한 단계를 따른다. "인간이 다른 생명체로부터 받는 모든 치유의 순간에 대해, 인간은 바로 그 동물과 그 종족에 대해 동등한 치유의 순간을 제공할 것이다. 우리가 교실에서 사용하는 기술에 드는 1달러마다, 우리는 어린이들이 다른 동물, 식물, 또는 사람과 깊이 연결될 수 있는 기회를 만들어 낼 수 있도록 최소한 또 다른 1달러를 사용할 것이다. 우리가 견뎌내는 매일의 외로움마다, 우리는 그 외로움이 사라질 때까지 우리 주변의 생명과 교감을 나누는데 매 하루를 사용할 것이다."[69]

5장

탈육화 시대에서 터치 회복하기

기술은 우리를 연결시켜 주지만 우리를 가깝게 하지는 않는다.
― 토마스 핼릭Tomas Halik

스파이크 존즈Spike Jonze의 공상과학 영화 〈그녀〉Her에서는 한 남자가 자신의 운영체제OS와 열렬한 사랑에 빠진다. 너무도 열렬히 사랑한 나머지, OS라 불리는 그녀가 다른 수백 명의 구독자들과 시시덕거리고 있다는 것을 알았을 때, 그는 다른 어떤 것은 생각하지도 않고 미친 듯이 질투하게 된다. 결국 OS는 그에게 너무도 미안하여, 그녀의 디지털 페르소나를 실제 몸으로 대체한 그녀의 이름을 가진 대리 연인을 그에게 보내기로 결심한다. 하지만 그 남자가 몸을 가진 자신의 연인을 터치하는 동안 OS의 가상 시그널 소리를 듣게 되고, 그는 몸을 가진 연인과 운영체제 이 둘을 같은 것으로 볼 수 없게 된다. 결국 이들의 사랑은 불행히도 실패로 끝나고 만다. 디지털로서 몸이 부재한 상태 그리고 촉각이 느껴지는 존재 사이의 괴리는 감당하기에 너무도 크다. 그 남자는 몸을 가진 개인으로서 자기 자신과의 접점을 잃어버리고, 오직 가상 속 환상의 존재와 관계를 맺을 뿐이다. 그의 세계관은 붕괴되고 말았다.

    탈육화 시대와 이 시대에 수반되는 포스트모던의 역설적인 상황을 마주하게 된 것을 환영한다. 채팅룸, 인스타그램, 그리고 진화된 시뮬레이션 기술을 통한 인터넷 섹스의 확산으로 우리는 몸에 대한 관계의 변화를 목도하고 있다. 터치스크린을 경험하면서 우리는 촉각으로 알 수 있는 사람들을 그럴 수 없는 가면들로 대체하고 있다. 이 가면들은 바로 우리의 환상을 충족 시켜주는 대체물로, 우리의 명령을 수행하는 아마존의 알렉사Alexa와 그 밖의 다른 아바타들, 길을 안내하는 GPS 음성, 그리고 인터넷 쇼핑 호스트들이 그러한 예이다. 우리는 원하는 것을 얻기 위해 움직일 필요가 없어졌다. 몸의 이미지에 중독된 문화에서 우리가 터치 그 자체로부터 멀어져 가고 있다는 것은 정말이지 아이러니하지 않은가? 헬스장에 달린 거울에 비친 스스로의 모습을 훔쳐보고, 가상 게시물에서 가져온 사진들, 편집된 프로필 사진을 통해 서로를 넘어다보며, 시뮬레이션의 가상 세계에서 빙빙 돌고 있는 이러한 이미지들을 바라다보면서 말이다.

    최근 나는 보스턴 칼리지Boston College의 한 세미나에서 이러한 이슈들을 논의할 기회가 있었다. 우리는 "이미지와 에로스" 사이의 중요한 관계에 대해 논의하고 있었고, 나는 어떻게 학생들이 이 관계를 자신의 일상 경험과 연관 지을지에 관심이 있었다. 많은 학생들이 파트너들과 "실제 접촉"을 갖기 전에 온라인으로 소통한다고 인정했다. 쓴웃음을 지으며 NPDA"no public display of affection", 즉 공공장소에서 애정행위 금지(어떤 일이 일어나더라도 모르게 하라라는 의미)라는 약자를 사용하면서 말이다. 온라인에서는 관습에 따른 형식이나 책임감도 필요 없다. 다른 학생들은 성적 접촉의 **직접성이**immediacy 갈수록 소셜 미디어 플랫폼과 온라인 데이트 사이트들로 **매개되는**mediated 역설에 대해 언급했다. 그리고 소위 물질주의적 문화가 "비물질주의적인" 반대 양상으로 변화되고 있고, 섹스는 더욱 대리상상적이고 관음적이며, 물리적으로 가깝다기보다proximately 대리proxy 현상으로 경험된다고 논의했다.

이런 모든 생각들을 이야기하면서 나는 학생들과 플라톤의 기게스Gyges의 반지에 관한 이야기를 나누었다. 여기서 반지를 끼는 사람은 다른 사람에게 보이지는 않지만 다른 사람들을 볼 수 있는 힘을 얻게 된다. 이러한 모습을 통해 오늘날 디지털 혁명의 커다란 장점들이 실제로는 위험하지는 않은지 고민하게 되었다. 즉, 우리 자신과 서로에 대한 터치를 상실하게 되는 그런 위험 말이다.[1] 우리는 이천 년 동안 지배적이었던 시각 중심주의라는 "플라톤식의" 유산이 "극적 장관"을 추구하는[2] 요즘 문화에서 정점에 이르고 있는 것은 아닌지 궁금해하며 세미나를 마쳤다. 시각이 최고로 지배하는 디지털 극장의 극적 장관의 요즘 문화에서 말이다. 오늘날 디지털 시대에서 가상의 연인은 기게스가 부활한 것과도 같은 위험이지 않은가? 모든 것을 먼 곳에서 바라보면서 실제로는 어떤 것도 **만지거나 만져지지도** 않으면서 말이다. 우리는 세상이 하나의 스크린이고, 실제 세계와 접촉이 단절된 "이미지 문명"으로 진입하고 있지는 않은가?[3]

첫 수업 중간까지 이러한 내용을 토론하는 동안 우리 모두는 아이폰과 컴퓨터를 치워두기로 합의했다. 하지만 수업 후에 줄지어 복도로 빠져나가자마자, 우리는 모두 다시 온라인 상태로 돌아갔다. 우리는 연동되었다. 학생, 교수 모두가 마찬가지로.

이어지는 내용에서는 보스턴 칼리지 세미나 결과 중 일부를 다시 소개하겠다.[4]

토론에서 학생들은 우리의 "문화적 가상인물들," 즉 소셜 미디어, 디지털 엔터테인먼트, 온라인 게임, 그리고 인터넷 에로스에서 우리가 보게 된

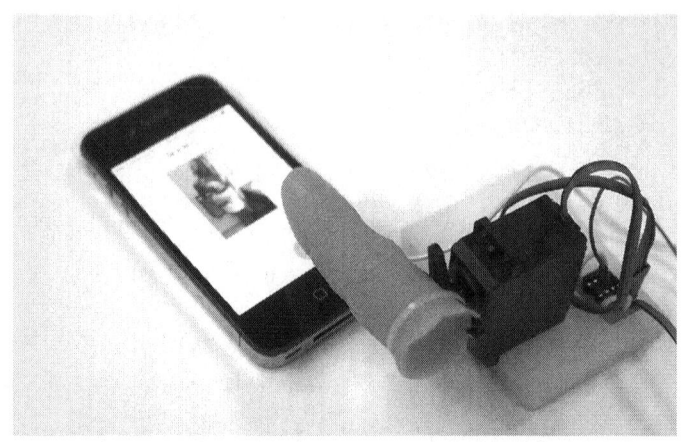

그림 5.1 툴리 아노트(Tully Arnot), 『외로운 조각』(Lonely Sculpture)(작가 허락)

인물들과 관련된 터치에 관한 인상적인 이야기들을 통해 내게 영감을 주었다. 그리고 학생들은 많은 시의적절한 의견과 비판적 견해로 나에게 새로운 가르침을 주었다.

우리의 디지털 시대를 진단하다

돈 드릴로Don DeLillo의 소설 『화이트 노이즈』White Noise에는 무레이Murray라는 인물이 자신이 경험한 대중매체 사회의 앞을 내다보며 다음과 같이 묘사한다.

> 나는 매체가 미국 가정에서 근원적인 힘이라는 것을 이해하게 되었다. 외부와 차단되고, 시간을 초월하며, 독립적이며, 자기지시적인

성격으로 말이다. 이는 마치 한 신화가 우리 집 거실에서 탄생하는 것과도 같다. 마치 꿈이나 의식 이전의 방식으로 알게 되는 그런 것처럼 말이다. . . . 당신은 스스로를 데이터 앞에 내놓아야 한다. TV는 어마어마한 양의 정신적인 데이터를 제공한다. . . . 스크린 격자무늬와 빛나는 상자 속에 감춰진 풍부한 데이터들을 보라. 광고 음악과 삶의 단면을 묘사한 광고들, 어둠 속에서 쏟아져 나오는 제품들, 그리고 코드화된 메시지들과 끝없는 반복들을.[5]

드릴로는 원래 소설 제목을 「파나소닉」"Panasonic"으로 지으려 했는데, 같은 이름을 가진 회사가 작가의 통렬한 풍자 의식을 눈치채고는 이를 거절했다. 소설에 등장하는 두 학구적인 인물인 무레이와 잭Jack은 스크린에서 유출되어 그들에게 약물 망상을 주입하는 정신 데이터에 사로잡혀 있다. 어느 시점에 그들은 주위 환경에 침투하는 독성 유해 물질로부터 살아남기 위해 "가상 피난"simulated evacuation의 약자인 SIMUVAC라는 이름의 가상 탈출 기관을 찾아 나선다. 하지만 그들은 이러한 가상 기술이 이 땅에서 육체를 지닌 그들의 운명을 구해낼 수 없다는 사실을 깨닫게 된다. 그들은 육체에서 이탈되는 중독 현상과 육체를 입은 현실 사이의 충돌을 경험할 수밖에 없게 된다. 우리 시대에 꼭 맞는 이야기이다.

베이비 부머 세대가 케이블 TV를 경험한 첫 세대라면, 제니얼Xennial 세대는 데스트탑 컴퓨터를 사용한 첫 세대이고, 알파Alpha 세대는 주머니 속에 아이폰과 아이패드를 가지고서 매일 확장되어 가는 디지털 산업의 새로운 버전을 소비하는 세대이다. 2018년 퓨Pew 설문조사에 의하면, 18세에서 49세 사이의 92% 미국 성인들이 어떤 종류든 스마트폰을 가지고 있었다.[6] 『타임』*Time*지에는 18세에서 24세의 사람들이 매일 74회나 자신의 휴대전화를 확인한다는 통계를 인용하면서 「미국인들은 하루에 10억 번씩 휴대전화를 확인한다」라는 기사 제목을 달았다.[7] 분명 요즘 세대는 점점 더 실제 세계로부터 자신들을 분리시키면서도, 가상세계에 자신들을 연결시켜주는 전자기기에 더욱 의존하고 있다. 키보드 키를 한 번 누르면 우리는 디지털 세계를 얻을 수 있지만, 우리 자신과의 관계는 잃게 된다. 우리는 촉감으로 알 수 있는 경험을 희생시키는 대가로 우리의 가상 프로필을 제작한다. 그리고 실제 존재presence를 희생시켜 어디서나 omnipresent 접속할 수 있는 권한을 얻게 된다.

또 다른 최근 연구인 닌자아웃리치NinjaOutreach에서 더욱 눈여겨 볼 만한 통계를 내 놓았다. 소셜 미디어와 디지털 마케팅 성장에 관한 조사에서, 이 연구는 미국 10대들의 92%(나의 세미나에 참여한 대부분의 학생들을 포함하여)가 매일 온라인에 접속하고, 71%가 하나 이상의 소셜 미디어 매체를 사용한다는 결과가 나왔다. 소셜 미디어 사용자의 85%는(사용자들은 연령대가 꾸준히 더 낮아지고 있음) 뉴스에 대한 정보를 소셜 미디어 플랫폼에 의존하고 있어 공중파 방송에 대한 수요가 줄어들고 있다. 글로벌 플랫폼에 대해서는 소셜 미디어 확산에 따른 경제 시장이 현재 3,120억 달러로 추정되고 있고, 이는 소비자들이 더 많이 소셜 미디어를 소비할수록 플랫폼을 경영하는 회사들에 더 많은 권력이 주어진다는 것을 의미한다.[8] 내용을 자세히 들여다보면 놀라울 정도이다. 페이스북Facebook(처음에 하버드 학생들의 인기를 평가하는 수단으로 설립됨)은 현재 20억이 넘는 구독자, 유튜브YouTube는 15억, 인스타그램Instagram은 8,800만, 스냅챗Snapchat은 2억 5천만명의 회원이 있다. 이런 프로그램들은 사용자들이 사진을 게시하고, 근황을 기록하며 비디오를 공유하는데, 이 모든 것들은 필터, 스티커, 그림, 그리고 다른 방식의 편집 작업을 통해 관리가 가능하다. 유튜브는 소비자들이 간편한 소프트웨어로 동영상을 제작하도록 하고, 인스타그램은 매일 백만 건 이상의 게시물들을 담아내는데, 종종 이 게시물들 중에는 사용자에게 편리한 편집 기능으로 수정된, 그래서 실제 몸의 불완전한 부분을 제거하여 이상적인 몸을 만들어 내는 셀카가 있다. 실제 몸을 지닌 존재를 부인하면서, 우리는 탈육화된 몸의 부재를 조장하고 있다. 우리는 행동하고 고통받는 존재로서 촉지성을 지닌 우리 자신의 현실을 감추는 과장된 가면들이 넘쳐나는데 일조하고 있는 것이다. "기술은 거리를 극복해 주지만, 항상 가깝게 해주는 것은 아니다"라는 두려움을 우리는 확인하게 된다.[9]

내 학생들은 이러한 통계에 다소 놀랐고, 미래, 즉 **자신들의** 미래에 대해 예상되는 결과를 걱정했다. 그들은 특히 "가짜 뉴스"라는 소셜 미디어 현상에 대해 불안해했다. 첫째로 2016년 미국 대선에서 진짜 이야기를 가짜라며 비난하기 위해 트위터Twitter를 사용한 도널드 트럼프Donald Trump의 말에서 시작된 **가짜 뉴스**라는 용어가 있다. 가짜 뉴스는 거짓 이야기, 비디오, 사진들이 온라인에 유포되어 다른 영역에서 심각한 결과를 초래하면서 확산되어, 원래 의미가 악의적으로 전도되는 현상을 말한다. 온라인 협박에서부터 근거 없는 비난으로 인해 즉결 처분에 이르기까지(인도에서는 한 여성이 소금 부족에 관한 잘못된 뉴스 보도 이후로 죽게 되었고, 일곱 명의 남성들은 소셜 미디어에서 아동 인신매매로 잘못 알려진 후 군중들에 의해 맞아 죽었다). 또한 우리는 세미나에서 뉴스가 조작되는 사건, 즉 희생자들의 실제 고통이 조작된 은폐 공작으로 뒤바꿔지는 사례들과, 악명 높은 러시아의 미국 내정 간섭과 소셜 미디어를 통한 유럽 선거 개입에서부터 이메일을 무기로 "복수 포르노"라 알려진 정치적 인신공격 선전에 사용하는 예에 이르기까지 다양한 모습의 "전자 공격"에 대해 논의했다.[10] 우리는 또한 2019년 뉴질랜드 크라이스트처치Christchurch에서 발생한 학살을 생중계한 야만적인 행동을 목격한 바 있듯이, 온라인 폭력에 관한 관음증적 **샤덴프로이데**Schadenfreude[*]의 충격적인 욕망에 대해 논의했다.

잠시였지만, 소셜 미디어가 우리 삶에서 긍정적인 역할도 한다는 것을 부인하지는 않았다. 소셜 미디어는 우리를 세계 외딴곳에 있는 사람들과 "상상적으로" 공감하도록 이끌어주니 말이다.[11] 이 문제는 시사적이면서도 복잡한 성격이 있다. 예를 들어, 우리는 2015년 9월 그리스의 섬 레스보스Lesbos에 익사한 채 떠밀려 온 어린아이 아일라Ayla의 사진들이 어떻게 몇 시간 만에 퍼져나가면서 시리아 난민들에 대해 즉각적으로 국제적인 동정을 이끌어 냈는지 확인한 바 있다. 하지만 소셜 미디어가 희생자들에 대한 상상적인 동일시를 불러올지라도, 이러한 이미지의 영향력이 초기에 보인 커다란 관심보다 오래 지속될지는 여전히 의문으로 남는다. 육체를 분리시킬 가능성이 높아지면서 말이다. 즉 그들은 그곳에, 우리는 이곳에 따로 머물면서 우리는 실제 이방인으로 남은 이들을 구경하는 "관중"이 되어 간다. 그리고 그곳에서는 존재의 일방향적인 **환상**이 상호적인 실제 경험을 대체해버린다. 우리는 **이중** 감각의 역동성에 유념해야 하는 것이 우리의 과제라는 점에 동의하게 되었다. 터치스크린을 통해 단지 고통을 "보는" 것이 아닌, 이번에는 고통으로 만져져야 하는 것을 말이다. 이점이 바로 촉각 AR 기술분야에서 진행되는 일부 실험들이 오늘날 해결하고자 노력하는 것이다.[12] (이에 대해 후반부에서 다시 논의하겠다.)

만일 공감이 우리의 디지털 시대에서 논란거리가 될 감정이라면, 앞서 언급한 바와 같이 에로스 역시 그러하다. 포르노그래피는 이미 북아메리

---

* 남의 고통을 보면서 느끼는 기쁨

카에서 두 번째로 커다란 오락 산업이 되었고, 많은 젊은이들이 다양한 모방 행동 패턴을 따르면서 성 지식을 배우는 수단이 되었다. 비록 누군가는 이러한 현상을 "전쟁 대신 사랑을 하자"라는 1960년대 이후 성 해방의 징후로 여기는 반면, 다른 이들은 이를 청교도주의의 쌍둥이(자본주의와 한통속인)로 여긴다. 포르노그래피와 청교도주의는 모두 육체로부터의 소외를 표방한다. 즉, 청교도주의는 성sex을 고결함the virtuous으로 대체해 버리고, 포르노그래피는 성을 가상the virtual으로 대체한다. 각기 몸으로부터 분리되는 것이다. 이렇게 비교하는 데에는 모순이 없지는 않다. 포르노그래피는 대리적인 즐거움을 약속해 주고, 청교도주의는 자신만의 도착적인 만족, 즉 프로이트가 설명한 바와 같이 초자아의 감시와 처벌에서 나타나는 잔인함을 포함한 도착적인 만족을 드러낸다.[13] 더욱이 소비자들이 동영상 스트리밍을 통한 가상 체험이나, 스크린을 한 번 터치만 하면 직접 제품을 주문할 수 있는 온라인 성 산업이 증가하게 되면서, 대부분 도시의 성 관련 상점과 홍등가 지역이 사라지고 있다는 점은 주목할 만하다. 아마존이 서점들을 폐업시키고 있듯이(서점은 사람들이 책장을 천천히 구경하고, 책 표지를 손으로 만지고, 책 장을 넘겨보며, 살아 있는 저자들을 만나는 공간인데), 포르노그래피의 대표적 웹사이트인 폰허브Pornhub는 성애를 다루는 문화 공공장소를 폐쇄시킨다(오늘날 대부분 성인 영화는 성인 영화관에서보다는 개인 모니터에서 소비되고 있다). 이점은 연애에서도 같다. 몽마르뜨Montmartre나 센트럴 파크Central Park에서 서로를 어루만지는 연인들의 모습은 이제 옛날 이야기이다. 이제 개인들은 외로운 스크린 속에서 즐거움을 찾는다.[14]

    이처럼 촉각의 접촉에서 눈의 시각으로 옮겨가는 움직임은 이제 우리에게 소통에 관한 질문을 가져다준다. 에로틱, 로맨틱한 행동들이 공동체의 관습에서 디지털 판타지로 옮겨가면서 다양한 성 사이에서 일어나는 소통 위기가 발생한다. 최근 미투#Me Too 운동과 타이틀 나인Title IX 성희롱법 제정[*](이는 누군가의 성적 만족을 위해 남을 약탈하는 행위로부터 보호하는 환영받을 만한 일이지만)이 대두된 것은 우리가 성(그리고 유동적인 젠더들) 사이에서 합의해야 할 새로운 코드가 필요하다는 것을 말해준다. 이전 시대의 구애 의식(성차별적 특권에 대해 나쁜 의미로 한 말은 아님)은 이제 사라졌다.[15] 예를 들어, 오늘날 미국 대학 체육관에서 많은 학생들을 남성과 여성 그룹으로 분리하는 경향에 주목해 보라. 그녀가 또는 그가 이러쿵 저러쿵 했다는 성희롱 사례는 날로 증가한다. 의혹과 혼란으로 명확한 논리가 없는 태도들은 진정한 성적 만남을 더욱 어렵게 하는데, 이는 인터넷 섹스의 대리적 "안전함"이 더욱 매력적으로 다가오니 그러한 것이다. 서로의 몸을 읽고 이해하는데 어려움을 겪게 되면서, 많은 학생들 스스로가 소통의 교착상태에 빠져 있음을 발견한다고 고백했다. 그리고 이러한 현상이 아이러니하게도 소통이 가장 뛰어난 시대에 생겨난 것이라니 말이다! 결국 우리는 세미나를 통해 몸으로 느끼는 지혜에 관한 참신한 교육법들이 필요하다고 공감했다. 첫째, 전통주의자들의 관습으로 회귀하는 것과, 둘째, 더욱 더 탈육화적 양상으로 희열을 느끼는 것, 이들에 모두에 대한 대안으로써의 교육법들이 필요한 시기이다.[16]

물론 성에 대해 적용되는 것은 다른 것들에도 적용될 수 있다. 앞서 언급한 바와 같이, 상거래는 점점 더 온라인 뱅킹, 전자 신용 송금, 시장 투기, 그리고 가상화폐의 형태로 변해가고 있다. 그러는 동안 의사소통은

---

[*] 1972년에 제정된 미국 연방법으로 모든 교육기관 내에서 성차별 및 성희롱, 성폭력 등에 관한 규정을 말한다. 2020년 규정 개정에 이어, 2024년에도 개정되어 변화되는 교육 환경에 맞게 새로운 규정으로 업데이트되고 있다.

소셜 미디어 메시지, 밈memes, 두문자어acronyms 그리고 해쉬 태그로 매일매일 더욱 단순화되고 있다. "잘 지내?"What's up라는 인사가 와츠앱 WhatsApp으로 대체되고 있듯이 말이다. 많은 학생들이 주목하듯이, 심지어 학문 자체도 탈육화적 방향으로 나아가고 있는데, 많은 과목들이 "원격 교육" 패키지라는 형태로 온라인으로 제공되고, 디지털 인문학 분야가 물리적인 도서관을 가상 데이터베이스로 전환시키고 있다. 책방이나 문서고를 돌아다니면서 어떤 책을 찾다가 가죽으로 된 책 등을 손길로 스치다 불현듯 다른 책을 생각해 낼 사람이 미래에는 얼마나 있겠는가? 누가 정말 손에 들고 다닐 책이 필요할 것이며, 교실에서 교수가 필요하겠는가? 줌Zoom과 구글Google 덕분에 교육이 더욱 더 원격 화상으로 진행되듯이, 레이 커즈와일Ray Kurzweil이 가속화된 지능 기술에 관하여 다룬 저서에서 다른 감각들도 그러한 선례를 따르고 있다. 원격교육법은 특히나 COVID-19 이후에 곧 새로운 표준new normal이 될 것 같다.[17] 실제로 일부 컴퓨터 공학자들이 예측하기로는 컴퓨터가 외부장치로부터 뇌로 이식될 명령 코드를 가지고서 내부 신경 로그neural logarithms로 이동해 들어올 수 있다고 한다. 인간의 우주는 하나의 거대한 신경상의 컴퓨터 명령 집합체인 사이버 스크립트가 될 것이다. 각 개인과 연결된 전 세계의 매트릭스가 이제 스스로 독자적인 세계가 된다. 접근성은 최대치가 되고, 곧 자율성도 최대치가 된다. 초연결이자 초고립이 하나인 시대가 온 것이다.

우리는 세미나에서 의약품과 관련하여 시각-촉각의 문제를 논의했다. 전통적으로 신체를 통해 치유하는 분야로 알려진 의료직은 오늘날 디지털 시대에 점점 날이 갈수록 손을 대지 않는 비접촉 형태로 변모하고, 진료보고서는 온라인으로 게시되며, "건강진단"은 보험과 데이터의 효율성을 목적으로 의사와 환자 사이의 접촉시간을 최소화한다. 다행히도 많은 좋은 의사들에게 여전히 치유는 MRI 스캔만큼이나 "침대 곁 매너"bedside manner*와 깊은 관계가 있다. 실제 이 매너와 관련하여, 환자들이 집중적으로 신체적 돌봄(악수를 하고, 맥박을 재고, 직접 대면하는 행위)을 받게 되면, 치료과정에서 회복이 더욱 성공적이라는 보고가 있어 왔다. 이미지 구현 기술이 진보함에도 불구하고, 진정한 치유는 본질적으로 여전히 직접 손으로 만지는 것에 있다.[18] 결국은 촉감은 시각만큼이나 중요하다. 아스클레피오스의 정신은 여전히 계속된다(매우 분명하게도, COVID-19 위기 이후 원격 의료 행위는 「맺음말」장에 언급되어 있는 바와 같이, 새로운 질문을 던져 준다).

그러나 현대인의 삶이 탈육화 되는 현상은 아마도 국제 갈등 상황에서 가장 심각하고 위험할 것이다. 여기선 모든 것이 강도가 세진다. 장 보들리야르Jean Baudrillard가 현대사회 갈등을 "TV 전쟁"이라 부른 바 있다. 이는 "스마트 폭탄"이 목표물을 명중하고, 원격 조종 드론 공격을 디지털로 명령하면서 경험하게 되는 전세계적인 스펙타클 현상이다.[19] 미국 국방부는 미래 전쟁이 "전장 위 군화" 형태로 싸우는 것이 아니라, 원격 심리 작전, 즉 "심리전"으로 진행될 것임을 자랑스럽게 여긴 바 있다.[20] 우리는 단순히 TV 채널FOX, Al Jazeera, Moscow News, CNN로 온라인 전쟁을 시청하면 되고, 이렇게 전쟁을 인식하게 된다. 교전지역 동영상들이 유튜브, 트위터, 페이스북에서 삽시간에 퍼져나가는 것은 말할 것도 없다. 디지털 카메라 렌즈가 세상을 지배하고 있다. 전투는 더 이상 주먹 대 주먹 백병전

---

* 의사가 환자에 대해 보이는 태도로 의사의 친절한 말투, 온화한 제스처 등을 포함.

이 아닌, 화면 대 화면이다. 낯선 사람은 전혀 보이지 않게 된다. 디지털 드론이 사람 하나 보이지 않는 황폐한 도시를 찍는다. 원거리 광학이 성공적으로 세상을 통치한다. 사이버 판옵티콘에 오시게 된 걸 환영한다.

과거 전쟁은 스탠리 큐브릭Stanley Kubrick이 〈2001: 우주 오디세이〉 *2001: A Space Odyssey*에서 보여준 것처럼 백병전이었다. 이 영화에서 최초 인류는 뼈다귀를 무기로 다루고 공중에 내던진다. 전통적으로 전쟁은 손으로 시작해서 손으로 끝났다. 검을 빼드는 것에서부터 평화의 악수에 이르기까지. 하지만 더 이상 이런 것은 존재하지 않는다. 내 학생들이 다음과 같은 질문을 했듯이 말이다. "우리가 서로 맞잡을 손이 없다면 어떻게 평화를 만들어 내죠? 디지털 전쟁이 디지털 평화로 전환될 수 있을까요? 우리는 어떻게 급격한 탈육화 시대에 우리 자신 그리고 서로와 다시 예전처럼 연결될 수 있을까요?"

단지 게임이라고?

마지막으로 우리는 세미나에서 전세계적인 엔터테인먼트 산업에 대해 논의했다. 이 시대에 문화적 상상력이 가장 극명히 드러나는 디지털 기술 공간에 대해서 말이다. 우리는 온라인 게임, 영화, TV 시리즈에 대한 수많은 해석학적 견해들을 나눴고, 이러한 문화현상들이 우리 시대의 시각과 촉각 사이의 관계를 나타내는 징후라고 해석했다. 게임 문화에 대해 문외한인 나는 학생들과 그들의 해박한 조사를 통해 많은 것을 배울 수 있었다.

오늘날 엔터테인먼트 산업이 VR 게임용 헤드기어를 사용한 최신 컴퓨터 게임을 연달아 출시하게 되면서 온갖 종류의 3D 가상 경험이 가능해진 현상을 목격하고 있다. 사람들은 이동하지 않고서도 최신 디지털 게임으로 세계를 여행할 수 있고, 시뮬레이션 감각이 탑재된 마스크를 쓰고서 어디라도 갈 수 있게 된다. 현재 연간 총 1,500억 달러 이상 수익을 올리면서 게임 산업은 〈포트나이트〉*Fortnight*, 〈심스〉*Sims*, 〈폴아웃 4〉*Fallout 4*, 그리고 논란이 있는 〈그랜드 테프트 오토〉*Grand Theft Auto, GTA*와 같이 엄청난 인기를 누린 시리즈를 생산해 왔다. 〈그랜드 테프트 오토〉가 처음 출시되었을 때 사람들은 엄청난 줄을 지어 상점 바깥에서 몇 시간 동안 이 게임을 사기 위해 기다렸는데, 이 게임은 고급 그래픽 디자인과 증강현실 시뮬레이션 기술로 유명하여 사람들이 정말 소장하고 싶어하는 에디션이다. 고객들은 새로운 형태의 역할을 수행하게 된다. 샌 안드레아스San Andreas라는 가상 도시를 배회하며 온갖 종류의 판타지를 충족시키면서, 고객들은 영웅이나 악당의 모습으로 짜여진 시나리오 속에서 한밤중에 건물로 침입하고, 적을 물리치며, 원한을 가진 이들에게 복수한다. *GTA*와 유사한 비디오 게임들이 가진 개방형 세계 구조*는 참가자들이 실생활에서는 금기된 에로틱한 또는 폭력적인 게임플레이를 수행하도록 해준다. 참가자는 대리적 1인칭 시점을 통해 도시를 건설하거나 파괴하기도 하고, 라이벌을 없애기도 하며, 차를 부수고, 스트리퍼를 유혹하고, 집을 불태우거나, 비행에 가담하기도 한다. 이 모든 행위에 대해 최소한의 법률적 대가도 치루지 않고서 말이다. 버튼 하나만 클릭하면 만져질 수 있는 실제의 세계를 벗어나 가상 인물 및 환경과 상호작용하는 컴퓨터가 만들어 낸 세계로 진입하게 되는 것이다. 가장 혁신적인 가상 기술 덕분에,

---

* 기존의 선형구조의 게임이 아닌 게임 공간을 전략을 가지고 탐험할 수 있도록 구성된 세계.

게임 그래픽 디자이너는 우리가 완전히 컨트롤할 수 있을 것 같은 살아있는 듯한 아바타들과 융합될 수 있는 활동들을 생생하게 구현해 낸다. 하지만 여기서 "있을 것 같은"이란 표현이 중요한데, 초현실 세계는 완전히 비현실적인 만져지지 않는 세계이기 때문이다. 이 세계는 실제와 가상 세계의 경계를 흐리는 시뮬라크럼simulacrum일 뿐이다. 결국 『그랜드 테프트 오토』 게임을 둘러싸고 촉지성 경험과 가상 경험의 혼동이라는 논쟁이 등장하게 된다. 이 게임과 함께 비슷한 게임들도 일련의 중독을 야기하고 실제 경험을 둔감하게 만든다는 비판도 함께 등장했다. 매우 흥미로운 현상이긴 하지만 이러한 게임들은 쌍방향 감각을 일방향 선정성으로 대체해 버릴 위험을 안고 있다. 우리에게 자유롭게 교대로 반응해 줄 살아 있는 다른 사람들과의 접촉을 상실하게 되는 위험을 말이다. 이는 상호주의 원칙을 없애버리는 것이다. 이상한 나라의 앨리스Alice가 거울의 미로를 찾기 위해 토끼 굴 아래로 내려간다. 되돌아 올 길이 없이.[21]

▶▷▶

시각이 지배하는 공간인 게임 속에서 촉각이 쇠퇴하는 현상은 우리가 수업 중에 다룬 생생한 토론 거리였다. 하지만 대부분 학생들은 학문적으로 비판만 하는 것만으로는 결국 충분치 않다는데 의견을 같이 했다. 학문적인 논쟁을 통해 게임 현상을 비판하는 일과 가상 문화 세계 내부에서 비판 작업을 하는 일은 전혀 다른 일이었다. 두 방식 모두가 필요하며, 상호보완적인 것으로 이해되었다. 예를 들어, 학생들이 "시뮬레이션과 터치"에 관한 주제로 최종 발표를 했을 때, 학생들은 바르트Barthes와 보들리야르와 같은 학술적인 철학자들과 더불어 디지털 매체에 의문을 제기하는 디지털 영상들을 인용했다. 스스로에게 의문을 제기하는 매체로는 우리 시대 터치의 위기를 다루는 영화, TV 시리즈, 아방가르드 게임들이 있었다.

　여기서 간단한 예를 소개해 보겠다. 어떤 학생이 수업 발표 중 영화 〈돈 존〉*Don Jon*을 분석했다. 이 영화는 실제로 접촉하는 만남보다 화면 속 성인 배우들과의 일방향적인 시뮬레이션을 선호하는 한 포르노 중독자에 대한 풍자를 담고 있다. 이 사람은 마지막에 가서 한 여인을 "만지게" 되고, 실제 피부와 피부가 접촉하자 모든 것이 변화된다. 다른 학생은 〈매트릭스〉*The Matrix*에서 〈트루먼 쇼〉*The Truman Show*와 〈블레이드 러너〉*Blade Runner*에 이르기까지 가상 존재에 대해 공상과학적 방식으로 설득력 있게 폭로하는 영화들을 논평했다. 이 영화들은 사이버 기술의 결과들을 두 가지로 각색한 것인데, 실제 세계에서 사이보그를 보여주거나(〈블레이드러너〉), 사이버 세계에서 실제 인간을 보여주는 방식(〈트루먼 쇼〉)이다. 학생들 중 어떤 그룹은 〈엑스 마키나〉*Ex Machina*라는 영화를 통해 아바타로 디지털 실험을 하는 것에 문제를 제기하는 프로젝트를 진행했다. 이 영화에서는 칼렙Caleb이라는 프로그래머가 등장하는데, 그는 애바Ava라는 휴머노이드humanoid가 인간으로 받아들여질 수 있는지를 테스트하는 임무를 부여받는다. 칼렙은 성경 민수기 13-14장에서 이방인의 땅을 탐험하며 괴물들을 만난 성경 속 인물을 따라 이름이 붙여졌는데, 이 영화에서 가장 인상적인 장면 중 하나는 칼렙이 여성 로봇들의 금속 몸에 살을 붙이는데 사용한 인조 피부가 담긴 옷장을 발견하는 장면이다. 휴머노이드 애바는 동료 안드로이드의 마스크를 직접 만지며 동료가 반응할 수 있는지를 궁금해한다.

　등장인물 사이에서 일어나는 터치가 이 영화들의 핵심이다. 사이보그는

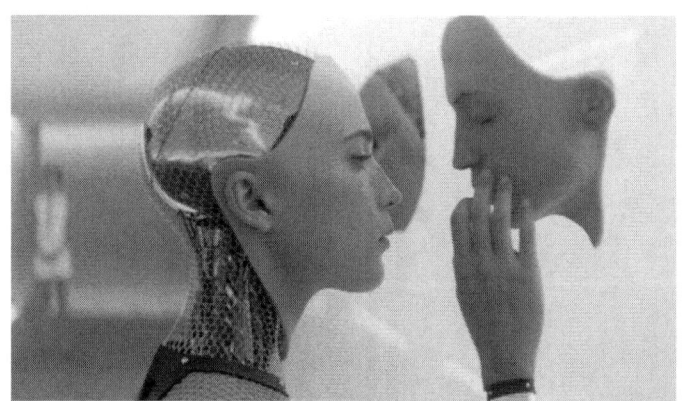

그림 5.2 〈엑스 마키나〉(영화 장면)

그림 5.3 〈그녀〉(영화 장면)

그림 5.4 〈트루먼 쇼〉(영화 장면)

코드이면서 **동시에** 살(육체)이 될 수 있는가? 안드로이드와 아바타는 우리처럼 **느낄** 수 있는가?

영화 다음으로 우리는 인기 있는 드라마 시리즈 〈블랙 미러〉*Black Mirror*와 〈웨스트월드〉*Westworld*에 대한 토론으로 넘어갔는데, 이 시리즈들도 역시 가상과 육체 존재 사이의 관계를 다룬다. 〈블랙 미러〉는 악몽 시리즈 시나리오 형태로, 경쟁과 복수를 다루는 소셜 미디어 게임에 지배당하는 세계에서 젊은 남매들이 힘과 권력을 좇아 서로 경쟁한다. 여기서는 우리가 거부하고 탈출할 수 있는 여지가 있다는 이유만으로 우리가 견뎌낼 수 있을 악몽들이 등장한다. 우리가 최첨단 기술로 인해 생기는 신경증이라는 허무주의를 거부하도록 하면서, 〈블랙 미러〉는 음화사진판negative photographic plate* 기능을 하며 더욱 존재의 육화된 방식의 가능성을 나타낸다. 그리고 비슷한 부정의 부정 방식이 〈웨스트월드〉 시리즈에서도 작동

---

* 명암을 실제와는 반대로 나타내는 사진 기법으로, 밝은 빛이 어둡게, 어두운 부분이 밝게 나타나게 하여 괴기하며 신비로운 느낌을 연출한다.

되는데, 작품에서는 컴퓨터로 만들어 낸 놀이공원에 생체공학 기능이 탑재된 사이보그들이 등장한다. 이 놀이공원에서 후원자들은 면죄부를 받으며 자신들의 성적 판타지에 탐닉한다. 그리고 사이보그들은 방문자들에 의해 조종되다가 반란을 일으키고, 이들은 결국 자신들의 고통과 욕망의 기억들을 되살린다.[22] 〈웨스트월드〉의 사이버 존재들은 "감정 뇌," 즉 육체 접촉이 가진 힘을 재활성화하는데 성공하고, 그 결과 그들의 감각을 회복하면서, 미래에 인간과 가상 존재 사이의 연대를 암시한다.

〈이터널 선샤인〉*Eternal Sunshine of the Spotless Mind*(과학기술로 트라우마 치유를 탐구하는 내용)과 같이 독창적인 영화에서 증명된 것처럼, 우리는 코드와 육체 사이의 협력을 다루는 신기술에 관한 작품들을 논의하면서 일종의 희망적인 생각으로 세미나를 마무리했다. "진보적인 터치"에 대해 실험하는 예술 비디오,[23] 그리고 흥미롭게도 게임 전체 과정 그 자체에 질문을 던지는 일부 참신한 비디오 게임을 통해 이러한 논의를 진행했다. 최근의 예로, 히데오 코지마Hideo Kojima라는 예술가가 만든 〈데스 스트랜딩〉*Death Stranding*, 2020은 "재결합을 통한 회복," 즉 판타지를 통해 육체로 되돌아간다는 메시지를 전달하며 가장 최신의 시뮬레이션 기술을 사용한다. 이 게임은 학생들에게 기술에 우선하고 기술을 넘어서는 것이 무엇인지를 상기시켜 주는 훌륭한 예시인 것 같았다. 그 무엇인가는 바로 우리의 촉지성 생명 세계이다.[24] 그리고 우리는 우리 미래를 위해 보증해 놓을 것이 필요하다는데 의견을 모았다.

결론

결국 나의 궁극적인 질문은 다음과 같다. 디지털 문화를 비판적으로 사용한다면 새로운 세대를 위해 "터치"에 관한 문제를 제기할 수 있는가? 특정 형태의 디지털 교수법이 현 시대 커뮤니케이션 미디어에 직접적으로 관여해서 시뮬레이션 위기에 대한 창의적인 대안과 해결책이 될 수 있을 것인가?[25] 해장술처럼 디지털 남용abuse에 대한 최고의 대응은 디지털 재활용reuse일까? 다시 말해, 스스로에게 질문하는 디지털 기술, 그리고 우리가 우리 세계에 다시 거주할 수 있는 새로운 방식들을 개발할 공간을 다시 열어내는 디지털 기술 말이다. 즉, "재-기술"(ana-technology, 그리스어로 "ana"가 시간과 공간에서 다시, 새롭게 한다는 뜻)이라고 부를 수 있는 그런 것들.[26]

이러한 문제들은 최근 디지털 문해력 캠페인과 민주주의를 위한 디지털 행동Digital Action for Democracy과 같은 단체들의 사상을 알 수 있게 하는데, 이 캠페인과 단체들은 우리의 사이버 문화를 감독하고 올바로 유지하는 역할을 한다. 이에 더해 가상과 실생활 사이의 새로운 협약 관계를 새롭게 설정하는 선도적인 노력들도 말해주고 있다. 나는 특히 보스턴에 있는 MIT 오픈 독 랩MIT Open Doc Lab과 퍼블릭 VR 랩Public VR Lab에서 디지털 스토리텔링과 VR 기술과 관련된 최신 프로젝트가 떠오른다.[27] 예를 들어 퍼블릭 VR 랩은 "어라이벌 VR"Arrival VR이라는 참여형 스토리텔링 프로젝트를 주도하는데, 여기서 참가자들은 이민자들과 공감하고 공동으로 협업할 수 있는 공간인 갤러리, 시청, 박물관, 스튜디오, 그리고 커뮤니티 센터와 같은 공간에서 협업할 수 있는 가상 세계로 초대되어 타인과의 만남을 찾아 나서게 된다.[28] "공감"에 관한 이런 프로젝트들은 디지털 기술로 터치를 확장시키는 최근 실험에서 일정 정도 영감을 받았다. 잘 알려진 것처럼, 참가자들이 자라나고 뻗어가는 나무가 되는 것이 어떤 경험인지 "느끼게" 해주는 햅틱 조끼haptic vests를 사용한 2019년 나무 실험이나, 시공간에서 사라진 동료 인간을 껴안는 "느낌"을 경험할 수 있는 햅틱 의수를 사용한 것들이다.[29] 햅틱 기술에서 이러한 선도적인 작업들은 현재로선 분명 초기 단계이지만, 나는 이러한 것들이 가상과 몸의 경험을 결합시키는 생산적인 가능성들을 예견하게 해준다고 생각한다. 즉 인공지능과 촉각지능의 경직된 이분법을 피하면서, 우리 실제 세계와 가상 세계가 경쟁하기보다는 협력할 수 있는 방식에 대한 전조를 보여주는 것이다. 분명 정신과 육체 사이의 플라톤식 이분법을 "포스트모던식" 이분법으로 대체하는 것은 의미가 없으니 말이다. 문제는 우리의 디지털 몸과 실제 몸 사이의 차이를 인식하면서도, 서로를 강화시킬 수 있는 공생의 방식을 탐구하면서, 둘 사이를 조정하는 새로운 양식을 찾아내는 것이다.[30] 이는 틀림없이 요즘 떠오르는 공생세Symbiocene에 관한 가장 중요한 작업 중 하나일 것이다. 우리 시대에 필요한 "상호 호혜 원칙"을 충족시키면서 말이다. 시각중심적 지배가 만연한 인류세Anthropocene에서 디지털과 촉각 요법 사이의 협력인 공생세로 이행하면서 전인격과 지구를 치유하는 문제가 핵심으로 떠오르고 있다.[31]

하지만 우리는 작은 것에서부터 시작해야 한다. 소소한 몸짓에서부터. 우리 시대 글로벌 위기를 언급하며 시스템적인 도약 이외에도, 우리는 작은 단계들을 하나씩 밟아나가야 한다. 일상생활 중 협력을 위한 공생적 제스처에는 어떠한 것들이 있는지 간단한 예시가 있다. GPS를 사용하여 여행 경로를 찾으면서도 길거리에서 사람들에게 길을 묻는 일을 주저하지 않는 것. 또는 지도에 나오지 않은 길을 헤매며 내려가다 우리가 발견하게 된 것에 대해 놀라움을 느끼는 것. 헤드폰을 아이튠즈iTunes에 꼽으면서도 시간을 내서 바람, 새, 사이렌 또는 침묵과 같이 예상치 못한 소리를 듣는 것. 시리Siri나 알렉사Alexa에게 우리가 필요한 것을 해달라고 명령하면서도 타인을 위해 봉사하는 일에 있어 우리의 몸을 계속해서 사용하는 것. 타인의 어깨에 손을 얹고 관심을 보여주는 것 말이다. 컴퓨터 화면으로 영화를 보면서도 영화관, 극장, 라이브 쇼에도 직접 가보는 것. 이런 곳에서는 우리가 공유하고 있는 공동체 감각이 연대와 동정이라는 예상치 못한 느낌들을 발생시킬 수 있다. 온라인에서 책을 주문하고 자료를 구글에서 검색하고, 원격 수업을 수강하면서도 서점과 도서관에서 책을 살펴보거나, 실제 교사가 입회한 "실시간" 수업에 출석할 것을 잊지 않기. e-스포츠, e-엔터테인먼트, e-여행을 즐기면서도, 경기장에서 살아있는 몸들과 함께 떼지어 무리를 이루는 흥분을 포기하지 않거나, 실제 낯선 이들을 우연히 만나는 낯선 세계로 직접 몸으로 여행 가는 것. 온라인 뱅킹과 쇼핑을 하면서도, 시장과 쇼핑몰에서 실제 사람들과도 거래를 하는 것. 원격 진료와 AI 엑스레이 판독, 그리고 이미지 구현 기술의 신박한 형태가 주는 혜택을 충분히 누리면서도, 치료자와 환자 사이의 아스클레피오스적인 접촉을 포기하지 않는 것. 그리고 마지막으로 사람들과 온라인 화상회의를 하면서도, 실제 존재하는 사람과 얼굴을 마주하며 대화하는 시간을 내는 것이다. 즉 디지털 기술을 최대한 누리면서도 실제의 것을 잊지 말자는 것이다.

    궁극적으로는 이 두 가지 모두를 하는 것이 핵심이다. 미래 세계에서 온전한 삶을 살기 위해 우리는 가상의 상상력과 몸을 가진 활동 두 가지 모두가 필요하다. 디지털 터치와 현장에서의 터치 모두. 월드 와이드 웹World Wide Web과 공동체commons of the body의 결합.

누구도 디지털 기술이 가진 엄청난 장점들을 부인할 수는 없다. 지나간 시대에 대한 향수 때문에 이 장점들을 무시하기에는 이미 너무도 커져 버렸다. 결국에는 가상과 접촉 사이에서 적당한 균형을 이루는 것이 필요하다. 어떤 것 대신 다른 하나를 선택하는 것이 아니다. 오늘날 우리의 감각을 회복하는 일은 가상과 육체 존재 모두에 대해 민감한 상태가 되는 것이다. 즉 "이중 감각"에 대한 절실한 인간의 필요를 영광스럽게 여기는 것. 상상하며 살아가기. 그리고 선한 기준에서 터치하고 동시에 터치 받기.

맺음말

터치와 코로나바이러스

2020년 4월 16일 보스턴

2020년 초 세계적으로 COVID-19가 발생했을 때, 나는 이 책을 마무리하는 중이었다. 터치에 관한 팬데믹의 의미를 제대로 기술하려면 글 전체의 각 부분들을 모두 다시 써야 할지도 모른다고 생각했다. 그래서 나는 이전 장들은 대부분 그대로 남겨 두고, 맺음말 형태로 몇 가지 의견들을 덧붙이기로 했다.

접촉할 수 없는 대상과 마주했을 때에야 터치의 의미는 분명히 드러난다.[1] 코로나 바이러스로 인해 강제되었던 사회적 거리두기 명령은 우리 삶에서 접촉이 얼마나 중요한지 절실히 깨닫게 해주었다. 신체접촉을 통해 감염된다는 위험은 촉각을 통한 만남을 금지시키지는 않더라도 최소한으로 자제해야 함을 의미했다. 이때 모든 사람들은 보이지 않는 바이러스의 잠재적 보균자로 간주되었다. 우리는 더 이상 손을 뻗어 다른 사람을 만지거나, 손으로 얼굴을 만질 수 없었다(우리가 그동안 얼마나 자주 그렇게 했었는지 금세 깨닫게 되면서 **말**이다). 내 경우에는 격리 중인 딸을 안아보지도 못하고, 죽어가는 친척을 대면하여 방문하지도 못했다. 수업이 온라인으로 진행되어 더 이상 학생들을 마주보며 가르치지도 못했고, 동료나 친구들과 악수도 못했다. 문고리를 만질 때에는 전에는 전혀 몰랐지만 얼마나 많은 사람들이 나보다 먼저 같은 문고리를 돌렸는지 깨닫게 되었다. COVID-19가 분리와 고립을 강제하면서, 우리 모두는 사실 매일 서로와 함께 얼마나 많은 촉지성의 공간을 실제로 공유해왔는지 새삼 깨닫게 되었다. 그리고 작별 인사를 하려고 할 때는 우리가 얼마나 자주 "계속 연락[접촉]하자"let's keep in touch라고 말하는지도 말이다.

　터치가 불가능할수록, 사람들은 더욱 더 터치를 갈망하고, 터치가 우리 존재에 얼마나 필수적인지를 깨닫게 된다. 만져지는 몸이 멈추는 지점인 죽음이 우리 삶의 실제 의미를 일깨워주는 것과 같은 방식으로 말이다. 망치가 부러졌을 때 망치에게 고마움을 느끼게 되고, 엔진이 고장나면 엔진이 눈에 들어온다. 누군가가 죽게 되면 그 사람이 그리워지고, 그 사람이 당신에게 어떤 의미였는지 비로소 깨닫게 되는 것이다. 죽음으로 인해 우리가 삶을 소중히 여기는 것처럼, 터치가 우리에게서 사라지면 우리는 그것이 얼마나 소중한지를 깨닫게 된다.

　봉쇄 조치 이후 고립된 생활을 하면서 터치에 관한 여러 가지 기억이 떠올랐다. 아일랜드 해the Irish Sea에서 수영을 하고 나면, 나의 다섯 살 어깨에 불어와 내 몸을 녹여주던 어머니의 따스한 숨결. 열이 나면 내 이마에 얹어진 할머니의 시원한 손바닥. 함께 천천히 춤을 추다가 내게 스친 첫 번째 여자 친구의 입술. 막 태어난 내 아이의 매끈한 피부. 나와 세상을 지속적으로 연결해 주는 비자발적인 기억에서 솟아오르는 느낌들. 다른 사람들도 이와 비슷한 경험들을 이야기해 주었다. 물리적인 여행과 촉각적인 접촉이 갑자기 중단된 상황에서, 오랜 친구와 옛 연인이 "다시 연결"되고 싶다며 보낸 예상치 못한 메시지. 로맨스, 동물, 자연에 관한 온라인 영화에 대한 열망. 식당과 술집이 폐쇄되고, 식료품점 방문도 제한되고, 요리의 풍미가 귀중해진 시점에 자기가 가장 좋아하는 음식을 먹고 싶은 원초적인 갈망. 촉각적 경험이 희귀해질수록 그 가치는 더욱 높아져 갔다.

하지만 촉각만이 COVID-19의 영향을 받은 것은 아니다. 널리 알려진 바와 같이, 미각과 후각 상실은 초기 감염 증상이다. 나는 이점을 흥미롭게 보았는데, 호모 사피엔스*Homo sapiens*가 호모 에렉투스*Homo erectus*가 되어 네 발로 땅을 디디며 일어설 때, 이와 같은 감각들은 상당 부분 상실되었다.[2] 다른 동물들과 함께 네 발로 걸으며 공존하던 법을 잊어버린 인간은 하늘을 향해 고개를 들고 "위를 바라보는 이"*anthropoi*가 되었다. 제1장에서 언급했듯이, 그 후로 시각은 "인간이 소유한 모든 것을 검열"하고 인간이 아닌 존재들과 밀접하게 거주하지 못하도록 하는 지배적인 감각이 되었다. 인류세를 향한 첫걸음은 우리의 원초적인 몸으로부터 멀어지면서 시작되었다. 손은 더 이상 땅을 만지지 않게 되었고 하늘의 별들을 향해 뻗어졌다. 그리고 우리는 우리 피부에 대해 다시는 진정한 편안함을 느끼지 못하게 되었다. 도살된 동물의 가죽으로 만든 옷이 우리의 알몸을 보호하는 수단이 되어 털을 대체했다. 성경에 나오는 인류가 자연으로부터 타락한 이야기, 즉 우리의 "첫 부모"가 그들을 유혹한 뱀의 가죽으로 자신들의 살을 덮었듯이 말이다.

COVID-19가 촉각, 미각, 후각 등 우리의 "동물적" 감각을 손상시키면서 우리는 역사상 그 어느 때보다도 시각을 통해 살아야 했다. 팬데믹이 발생하면서 전 세계는 온라인 상태가 되었다. 만지고, 맛보고, 들이마

시는 것에 대해 보호조치가 취해졌지만, 우리의 눈은 질병에 대한 뉴스를 찾아 오랜 시간 동안 스크린을 샅샅이 뒤지고 다녔다. 붉은 꽃이 피어나는 작은 구 형태로 현미경으로밖에 볼 수 없는 "적"enemy의 거대한 이미지가 전 세계 방송을 통해 모니터로 송출되었다. 이 보이지 않는 바이러스는 과도하게 이미지화되어 전파를 탔다. 그리고 데이터나 정보가 인터넷 등 온라인상에서 이동하는 현상이 전반적으로 확산되었다. 직장, 특히 코로나 기간 동안 아직 직장을 갖고 있던 사람들에게 직장이란 집에서 가상으로 연결될 무언가가 되었다. 대부분 사회관계도 마찬가지였다. 우정 파티, 지지 집회, 합창단, 독서 모임, 요가원, 함께-떨어져 영화 프로젝트 together-apart theater projects*, 종교 모임, 인터넷 미사, 피트니스 클럽, 가족 모임 등이 모두 웹상에서 급속도로 늘어났다. 줌Zoom 결혼식과 장례식도 일상화되었다. 원격 교육은 당연히 온라인으로만 진행되는 수업으로 여겨졌다. 인터넷 쇼핑과 택배를 통해 더 이상 상점에 갈 필요가 없어졌고, 원격 진료 덕분에 꼭 필요한 경우가 아니라면 병원에 갈 필요도 없어졌다. 봉쇄기간 동안 "필수적인" 이유를 제외하고는 아무도 움직이지 않았다. 2020년 상반기에 바이러스virus는 확산viral되었다. 호모 사피엔스Homo sapiens는 호모 사이버넨스Homo cybernens가 되어 웹상에 머무르며 팬데믹 이후의 삶을 부지런히 준비해왔다.

하지만 장단점을 계산해 보면 서로 균형은 맞는다. COVID-19가 동에서 서로 은밀히 이동하면서 인류는 이에 대처할 온갖 지혜가 필요했

---

* 팬데믹 기간 중 세계 다른 지역에서 각각의 영상을 촬영하여 하나의 온라인 플랫폼에서 공유하는 프로젝트로 팬데믹으로 고립된 일상을 넘어 온라인으로 각 지역의 일상을 공유하면서 새로운 연대를 추구했다. https://projects.farmont-stiftung.de/together-apart/

다. 만약 이 기간 동안의 예외 상태state of exception가 탈육화의 상태였다면, 이는 다른 면에서는 "연결"을 요청하는 상태라 할 수 있겠다. 인터넷 상에서 슬픔과 기쁨을 담은 동영상이 넘쳐났다. 사랑하는 이가 죽어가는 비통한 이야기의 다른 한편에서는 유머 동영상들이 유행했다. 페이스타임FaceTime에서 작별 인사를 하고, 아마존 알렉사에게 마지막 인사를 건네는 영상 다음으로 과한 위트로 상처를 주는 밈들도 등장했다.[3] (가장 인기 있었던 것 중 하나는 곰돌이 푸Winnie-the-Pooh가 질척거리며 따라다니는 피글렛Piglet에게 "뒤로 좀 떨어져!"라고 소리치는 장면이었다). 이처럼 대중적 상상력이 확산되는 것과 더불어, 많은 기발한 사람들이 인터넷상으로 몰려들었다. 순식간에 주요 언론 매체들은 과학자, 의학자, 철학자, 시인 등 우리 시대 가장 출중한 사상가들의 의견을 온라인에 게시하여 수백만 명이 읽을 수 있도록 했다. 그리고 이들 중 얼마나 많은 이들이 터치에 대해 이야기했는지는 놀라울 정도였다. 『뉴욕 리뷰 오브 북스』*The New York Review of Books*에서는 팬데믹 저널Pandemic Journal이라는 제목으로 훌륭한 에세이 시리즈를 소개했다.[4] 『르 몽드』는 피부가 가진 힘을 극찬하는 소설가 레일라 슬리마니Leïla Sliman의 글을 포함해 매우 감동적인 증언들을 담은 칼럼을 매주 게재했다. "'엄마의 젖가슴 위에 놓인 갓난아기의 벌거벗은 피부. 연인의 시선 앞 태양의 애무에 노출된 피부. 스치는 손길에 떨리는 피부. 아이들은 터치가 가진 치유의 힘을 알고 있다. 밤이 오면 괴물과 어둠이 무서워 아이들은 어른의 손을 잡아 자신의 맨살, 떨리는 몸 위로 올려놓는다.'"[5] 팬데믹으로 인한 터치 금기에서 촉발된 이러한 피부에 관한 상상력으로 슬리마니는 우리 시대에 촉감이 얼마나 위기상태에 처해 있는지를 생각했다(그녀는 우리 시대에 우리가 가장 많이 만지는 것이 아이폰이라고 말한다). 그녀는 터치를 우리의 가장 중요한 감각이라고 호소하며 글을 마무리한다. 한편, 줄리아 크리스테바Julia Kristeva는 이탈리아 일간지 『코리에르 델 세라』Corriere del Serra에서 팬데믹이 디지털 시대에 "세계화된 인간"의 세 가지 핵심 문제를 드러내며, 어떻게 우리가 기본적인 취약성에 직면하게 되었는지를 분석한다. 이 세 가지 핵심 문제는 바로 외로움으로 경험되는 고독, 경계에 대한 불관용, 그리고 우리의 죽음에 대한 억압이다. 그녀는 다음과 같이 기술한다.

> 나는 혼자가 될 수 없는 현대인의 무능력에 충격을 받았다. 초연결성이 높아졌음에도 우리는 스크린 앞에서 고립된 채로 살고 있다. 이 높아진 초연결성은 외로움을 없애는 것이 아니라, 소셜 미디어 속에 외로움을 감추고, 외로움을 메시지와 데이터로 압축해 버렸다. 이미 외로움에 지친 사람들은 오늘날 더욱 혼자가 되는 자신을 발견하게 되는데, 그 이유는 사람들이 언어, 기호, 아이콘은 있지만, 언어의 살, 감각, 나눔, 부드러움, 타자에 대한 의무, 상대방에 대한 보살핌을 잃어버렸기 때문이다. 우리는 바이러스와 질병 앞에 언어의 살이라는 희생제물을 바쳤지만, 이미 우리는 공통된 열정인 인간성을 상실한 고아가 되어버린 것이다. 갑자기 우리는 우리가 혼자이고 우리 내면의 본질과의 접점을 상실했음을 깨닫게 된다. 우리는 외로움을 전혀 없애지 못한 채 외로움을 흡수해 버리기만 한 스크린의 노예인 것이다. 이것이 바로 최근 우리가 겪는 불안과 분노가 비롯된 곳이다.[6]

그럼에도 크리스테바는 상황을 좀 더 긍정적으로 기술하면서, 바이러스 위기가 "쾌락과 성에 대해 모든 이들이 가지고 있는 취약성을 깨닫게 하면서 우리 삶 전체에 대한 계시"를 주었고, 이 위기는 "우리가 복잡하고도 담대한 삶의 새로운 기술을 준비"하도록 한다고 예견한다.[7]

나는 이 "새로운 기술"에는 터치에 관한 참신한 계획들이 포함될 것이라 생각한다. 만약 COVID-19가 지금까지 예상치 못했던 방식으로 탈육화 체제를 강화해 왔다면, 감각에 대한 디지털 실험이 확산되는 모습 또한 발견되었다.[8] 흥미롭지만 아이러니하게도, 직접 접촉의 자유를 상실하면서도 우리는 다른 방법으로는 기발한 대안을 모색해 왔다. "사회적 거리두기가 단절을 의미할 필요는 없다"는 기치 아래, VR과 AR 텔레햅틱스를 활용한 혁신적인 프로젝트가 넘쳐났다. 주목할 만한 사례 중 하나로 알트스페이스Altspace는 팬데믹으로 인해 물리적으로 떨어진 가족들과 친구들의 만남을 위해 설계된 프로그램이었다.[9] 이 프로그램은 진입 장벽을 낮춘 VR 헤드셋과 간단한 웹 브라우저를 사용하여 다양한 종류의 사회적 상호작용, 촉각 여행, 원격 치유, 종교 의식, 공감각적 이벤트 등 다양한 종류의 창의적인 모임을 만들어 냈다. 이처럼 다양한 감각을 통한 이벤트는 공간적으로 떨어져 있는 참가자들이 공동의 공간에서 서로 만날 수 있도록 도와주었다(1990년대 채팅방에서 일어난 상호작용이 업데이트된 버전으로 말이다).[10] 가족들은 시간과 장소의 불가능한 거리를 넘어 텔레햅틱 포옹으로 서로를 맞이해 주었다.[11] 멀리 떨어진 사랑하는 이들이 친구들과 촉각으로 공감을 "느낄" 수 있도록 합성 피부 실험도 개발되었다.[12] 사람들이 알트스페이스와 여타 텔레햅틱 프로젝트들을 집중적으로 사용하면서 소셜 VR은 멀리 있는 이들을 가깝게, 낯선 이들을 더욱 친근하게 하여, 거리를 넘어 연결되는 새로운 가능성들을 탐구하는 일종의 실험실이 되었다. 특히 기술을 통해 대체 공중 보건 요법이 개방되면서, 원격 의료에 새로운 차원을 더해 주었고, 이는 COVID-19에 대한 또 다른 창의적인 대응이 되었다.

이 텔레햅틱 실험에서 가장 인상적인 점은 터치가 사라질 위기에 처하자 발명가들이 가상 신체와 촉각 신체의 힘을 결합하는 독창적인 방법을 고안해 냈다는 점이다. 이들은 희소성을 발명의 어머니로 삼아, 기존의 심신 이원론에 문제를 제기하고, 기술과 생명 사이의 이분법을 거부하는 햅틱 커뮤니케이션의 하이브리드 방식을 탐구했다. 이들은 무슨 일이 있어도 만지고, 만져지고 싶은 인간의 절박한 욕구를 표현했다. 촉지성 접촉에 관한 지울 수 없는 인간의 욕망을 말이다.[13] 물론 이처럼 촉각이라는 미지의 영역으로 뛰어드는 것이 팬데믹 이후 우리 미래의 일부로 이어질지, 또는 그렇게 하는 것이 삶을 개선하는 방식으로 이루어질지는 아직 지켜봐야 할 것이다. 시간이 지나면 알 수 있을 것이다. 내가 보기에 중요한 점은 신체접촉이 상실되었을 때에도 인간의 상상력은 촉각적 교감에 관한 새로운 가능성을 고안해 내면서 대응했다는 것이다. 한 종류의 터치가 곤경에 처했을 때, 다른 종류의 터치가 그것을 구하러 나타난다.

COVID-19가 주는 가장 중요한 교훈 중 하나는 바로 "연결"의 문제라고 생각한다. 제3장에서 살펴본 것처럼, 역사 초기부터 터치는 누군가와 함께 함으로써 치유하는 힘으로 여겨졌다. 터치는 "공통체"에 있어 없어서는 안 될 선물로 여겨진 것이다. 안목과 촉감, 육감과 통찰력의 매개체로써 말이다. 야곱과 예수, 케이론과 아스클레피오스에 이르기까지 지혜 전통의 가장 오래된 이야기에서 치료자와 치료받는 자의 이중 감각은 만지고 만져지는 이중 감각을 담고 있었다. 디지털 커뮤니케이션과 촉각 접촉이 인간의 행복을 위해 논의되는 오늘날 우리에게 이보다 더 절실한 교훈은 아마도 없을 것이다. 우리가 계속 터치를 유지하기만 한다면, 그리고 우리가 오직 연결되기만 한다면 말이다.

깊이 읽기

머리말. 우리는 감각을 잃어가고 있는가?

1 내가 **탈육화**(excarnation)라는 용어를 처음 들은 것은 1976-1977년 몬트리올(Montreal) 맥길 대학교(McGill University)에서 내 대학원 연구를 지도했던 캐나다인 교수 찰스 테일러(Charles Taylor)로부터였다.

2 2020년 4월 16일 데일리 비스트(*Daily Beast*)에 수록된 「코로나바이러스가 터치의 힘을 소멸시켰다: 우리는 어떻게 다시 연결할 것인가?」("Coronavirus Has Killed the Power of Touch: How Do We Reconnect?")라는 제목의 연구 보고서에서, 팀 티먼(Tim Teeman)은 "터치 격리"(touch isolation)와 "터치 박탈"(touch deprivation) 경험에 대한 여러 터치 학자들의 견해를 소개했다. 이들 중에는 질병과 전염병에 대한 공포가 역사적으로 어떻게 터치에 대한 불신으로 이어졌는지를 분석하는 『가장 깊은 감각: 터치의 문화사』(*The Deepest Sense: A Cultural History of Touch*)의 저자 콘스탄스 클라센(Constance Classen)과 마이애미 밀러 의과대학(Miami Miller School of Medicine) 터치 연구소(Touch Research Institute)의 티파니 필드(Tiffany Field) 박사 ("코로나19 봉쇄 활동 조사" 책임자), 리버풀 존 무어스 대학(Liverpool John Moores University)의 뇌과학 교수 프랜시스 맥글론(Francis McGlone), 그리고 럿거스 대학(Rutgers University)의 터치 몸감각체계(the somatosensory framework of touch) 연구 전문가 빅토리아 아브라리아(Victoria Abraria) 박사가 포함되어 있다. 이들 중 몇몇 저자들은 제4장과 결론에서 다시 언급될 것이다.

3 레드몬드 오핸론(Redmond O'Hanlon), 「양극성 장애 치료에서 터치의 가능성」("The Potential of Touch in Borderline Personality Disorder Therapy"), 2014년 영국 및 아일랜드 인격 장애 연구 그룹 연례 학회 발표 논문과 제시카 스미스(Jessica Smith)의 랭커스터 대학교(University of Lancaster) 2019년 미술사 석사 논문 「터치 결핍」("Touch Hunger") 참고.

4 빅토리아 아브라리아(Victoria Abraria)의 연구 참고. 그녀는 지금까지 터치 연구 한 편당 시각 연구가 열 편 발표되었다고 지적하며, 이 불균형을 바로잡아야 한다고 주장한다. "터치는 너무나도 중요하고, 피부는 너무나도 거대한 기관이다. 그 복잡성 때문에 사람들은 이를 연구하지 않지만, 터치는 뇌 건강과 관련하여 가장 중요하기에 모든 감각 중에서 가장 중요한 감각이다. 터치가 정당한 과학으로 연구되어야 할 강력한 감각임을 사람들이 깨닫기를 바란다." 그녀는 이어서 이렇게 말한다. "다른 인간을 만지는 것은 매우 복잡한 경험이다. 피부

는... 수천, 수만 번의 촉각적 상호작용, 온도, 움직임을 받아들이는 수용체이다. 우리의 뇌와 피부 사이의 연결은 매우 복잡하며, 수많은 뉴런이 수많은 미묘한 차이를 전달하고 있다"(티먼의 「코로나바이러스가 터치의 힘을 소멸시켰다」에서 인용).

5   팀 티먼의 「코로나바이러스가 터치의 힘을 소멸시켰다」에서 프랜시스 맥글론(Francis McGlone)은 다음과 같이 밝힌다. "부드러운 터치는 우리의 정신 건강과 행복에 필수적이다. 인간을 포함한 모든 사회적 포유류는 피부에 닿는 부드러운 터치에 민감한 신경 집단인 C-촉각 신경(C-tactile afferents)을 가지고 있으며, 이 신경은 특히 어루만짐(caress)에 최적의 반응을 보인다.... 이 신경이 자극되면 몇 초 후 뇌로 전달되며, '감정'이 표현되는 감정 처리 영역으로 옮겨 간다."

6   에어비앤비(Airbnb)와 같은 숙박 앱을 통한 e-호스팅은 누군가를 집에 초대한 다기보다는 온라인으로 세부 사항을 사전에 조정하여 손님이 도착할 때 호스트가 집에 있을 필요가 없도록 하는 것이라 할 수 있다. 그리고 e-스포츠는 미국 대학에서 점점 더 중요해지고 있으며, 재능 있는 학생 "게이머들"에게 특별 장학금이 제공된다. 이러한 온라인 게임은 종종 라이브 공연보다 더 많은 관객을 끌어모은다. 원격 의료도 특히 COVID-19 이후 성장하고 있는 또 다른 산업이다.

7   심리 작전(psy-ops, 전쟁 지역에서의 심리 작전)이라는 용어는 9/11 이후 중동에서 전개된 군사 작전에서 미국 국무장관 도널드 럼스펠드(Donald Rumsfeld)가 흔히 사용했다. 자세한 내용은 리차드 카니(Richard Kearney)『이방인, 신, 괴물』(Strangers, Gods and Monsters)에서 「테러 이후의 사유」("Thinking After Terror")(New York: Routledge, 2002)를 참고.

8   Pornhub.com은 인터넷에서 방문자가 가장 많은 사이트 중 하나이며, "라이브 자스민"(Live Jasmine)에서 고객들은 라이브 캠 출연자들이 성적인 구경거리를 보여주도록 이들을 지시하고 지배할 수 있게 된다. 고속 인터넷과 비디오 스트리밍의 등장으로 무료 온라인 포르노그래피는 즉시 접근 가능해졌고, 현재 많은 젊은이들이 이를 통해 성을 배운다. 이 문화에 대한 비평적 분석으로는 낸시 바우어(Nancy Bauer)의『포르노그래피 사용법』(How to Do Things with Pornography)(Cambridge, MA: Harvard University Press, 2015)을 참고. 또한 페기 오렌스타인(Peggy Orenstein)의『소녀들 그리고 섹스: 복잡한 새로운 지형 항해하기』(Girls and Sex: Navigating the Complicated New Landscape)(New York: Harper, 2016)를 참고.

9   예를 들어, 일부 아이폰/아이포토 사용자가 인터넷 데이팅 앱에서 얼굴 사진을 보내기 전에 성기 사진을 먼저 보내는 경우가 있다는 점은 흥미롭다. 한때 공개적이었던 얼굴이 사적 영역으로 변하는 반면, 사적 부위는 공개된다. 아이폰과 함께 자란 밀레니엄 세대는 인류 역사상 최초로 신체의 모든 사적 부위와 성생

활의 모든 사적 행위를 끊임없이 사진과 비디오 시리즈로 기록할 수 있게 된 세대다. 이것이 성관계를 맺기도 전에 성관계에 대해 따분함을 느끼도록 만들지는 않을까? 데이트하기 전에 이미 다른 사람들의 몸을 디지털로 많이 보았다면 데이트를 하는 의미는 무엇일까? 많은 사람이 여전히 가수와 밴드가 참여하는 "라이브 공연"을 통해 다운로드 된 음악의 부족함을 채우기 좋아하듯이, 아마도 데이트는 실제 터치를 통해 디지털 영상의 부족함을 채우는 것일지 모른다.

10 리사 에디치코(Lisa Eadicicco), 「미국인은 하루에 10억 번씩 휴대전화를 확인한다」("Americans Check Their Phones a Billion Times per Day")(*Time*, Dec. 15, 2015) 참고. 또한 www.nimh.nih.gov/health/statistics/mental-illness.shtm와 Realitysandwich.com을 참고.

11 『가장 깊은 감각』의 저자 콘스탄스 클라센(Constance Classen)은 다음과 같이 지적한다. 현대에 "터치의 사회적 중요성이 감소함에 따라 시각의 사회적 중요성이 증가했다. 여기서 중요한 요소는 시각적 세계를 탐험하고 이전에는 흘러가던 이미지를 기록하는 새로운 기술의 발전이었다. . . . 소셜 미디어 시대에는 때로 시각적 재현이 물리적 경험보다 더 중요한 것처럼 보이기도 한다" (클라센, 티먼의 「코로나바이러스가 터치의 힘을 소멸시켰다」에서).

12 토마스 핼릭(Tomas Halik)의 2020년 3월 보스턴 칼리지 더피(Duffy) 강연. 극단적인 사례를 인용하자면, 한국인 부부가 온라인 게임에서 가상의 아이를 돌보느라 실제 자녀를 굶어 죽게 한 사례가 있다. 마크 트란(Mark Tran), 「부모가 온라인 게임에서 가상의 아이를 키우는 동안 실제 딸은 굶어 죽다」("Girl Starved to Death While Parents Raised Virtual Child in Online Game") (*Guardian*, Mar. 5, 2010) 참고.

13 리차드 루브(Richard Louv), 『야생적 소명: 동물과의 연결이 어떻게 우리의 삶과 그들의 생명을 구할 수 있는가』(*Our Wild Calling: How Connecting with Animals Can Save Our Lives and Save Theirs*)(Chapel Hill, NC: Algonquin, 2019).

14 루브, 16페이지.

15 루브는 생태 철학자 글렌 알브레히트(Glenn Albrecht)의 저서 18-19페이지를 인용한다. 이와 유사한 생태 철학자들의 강력한 호소에 대해서는 다음을 참고. 데이비드 우드(David Wood), 『지구 재점령: 또 다른 시작을 향한 기록』(*Reoccupy the Earth: Notes Toward Another Beginning*)(New York: Fordham University Press, 2019). 브라이언 트리너(Brian Treanor), 『우울한 기쁨: 살 가치 있는 삶에 대하여』(*Melancholic Joy: On Life Worth Living*)(New York: Bloomsbury, 2021). 션 맥그라스(Sean McGrath), 『자연 사유』(*Thinking Nature*)(Edinburgh: Edinburgh University Press, 2019). 캐서린 켈러(Catherine Keller), 『지구의 정치 신학: 지구 비상사태와 새로운 대중을 위한 투쟁』(*Political Theology of the Earth: Our Planetary Emergency and the Struggle for a New Public*)(New

York: Columbia University Press, 2018).

제1장. 감각 회복하기

1   심문하는 이들은 누구나 감각 박탈과 방향감각 상실 사이의 연관성을 알고 있다. 이는 특히 독방 감금 상태에서 더욱 심각해진다. "죄수는 더 순응적이고, 더 복종적으로 되며, 지시를 더 잘 따르게 된다. 독방에 감금되면 사람이 무장 해제되어 감각 박탈의 구덩이에 빠지게 된다. 사람을 광기로 몰아넣을 수도 있다. 모든 군대가 알고 있듯이, 독방에 가두는 것은 효과적인 기술이다. . . . 단순해 보일 수 있지만, 불이 꺼지면 우리는 방향감각을 상실한다. 어둠의 밀도로 인해 우리는 더 이상 우리 위치를 고정할 수 없게 된다. 우리는 아무런 준비도 없이 방황하며 우주에 홀로 남겨져 있는 자신을 발견하게 된다. . . . 빛이 없으면 우리는 발걸음을 추적하거나 설정할 내부 나침반을 갖지 못한다." 조안 치티스터(Joan Chittister), 『어둠과 빛 사이: 삶의 모순 포용하기』(*Between the Dark and the Daylight: Embracing the Contradictions of Life*)(New York: Image, 2015) 17–19페이지.

2   예를 들어, 멜리사 피츠패트릭(Melissa Fitzpatrick)과 리차드 카니(Richard Kearney)의 『환대의 윤리』(*The Ethics of Hospitality*)(New York: Fordham University Press, 2020)에서 인용된 우르와 하미드(Urwa Hameed)의 파키스탄 내 다양한 이슬람 공동체에서 악수의 사회적, 문화적 변형에 대한 연구를 보라. 사회적 상호주관의 상황에서 촉감은 신체적, 문화적, 사회적으로 당신과는 다른 존재가 가진 몸의 온전함을 존중하고 받아들이는 것에서 비롯된다. 여기에는 각자의 자리에서 서로를 대면하고 있는 사람들 사이의 적절한 공간에 관한 섬세한 직관과 분별력이 요구된다.

3   제임스 햄블린(James Hamblin)의 「우리는 터치해도 되는가?」("Can We Touch?")(*Atlantic*, Apr. 10, 2019) 참고. 이 중요한 질문에 대해서는 제5장에서 다시 다룬다. 에로틱한 터치와 어루만짐의 해석학에 대해서는 매튜 클레멘테(Matthew Clemente)의 『십자가에 못 박힌 에로스』(*Eros Crucified*)(New York: Routledge, 2020)에 담긴 통찰력 있는 분석을 참고. 특히 「육화: 터치, 어루만짐, 키스로서의 에로스」("Incarnation: Eros as Touch, Caress, Kiss")라는 제목의 제3장을 참고. 또한 조 바이든(Joseph Biden)의 정치 경력과 2020년 대통령 선거 운동에서의 "터치 논란"에 대한 핀탄 오툴(Fintan O'Toole)의 논평도 참고. "바이든과 함께라면 말 그대로 동료라는 느낌을 받을 수 있다. 그는 당신을 느낀다. 그는 놀라울 정도로 스킨십을 사용한다. 그는 노년의 아일랜드계 정치인으로서 상대의 등을 두드려주는 모습에서 더 나아가, 포옹, 껴안기, 쓰다듬기 같은 몸의 전혀 새로운 영역으로 확장해 나아갔다." 오툴은 바이든이 아이오

와주 카운슬 블러프(Council Bluff) 선거 운동 중 한 노부인의 어깨에 손을 얹은 사건을 인용하며 덧붙인다. "그는 그녀의 어깨에 두 손을 올리고, 그녀의 머리 위로 군중에게 이야기했다. 마치 두 사람만의 특별한 순간을 공유하는 것처럼 행동했다. 이는 복종이나 지배의 제스처가 아니라, 연결하고자 하는, 터치하고 터치되고자 하는, 위로하고 위로받고자 하는 절실한 갈망이었을 것이다." 오툴은 다음과 같이 결론 내린다. "손을 얹는 행위에는 종교적인 무언가가 있다. 그것은 일종의 성찬 행위이다. 그러나 그것은 또한 #미투(Me Too) 시대에는 심각한 문제이기도 하다. . . . 이 시대에 터치하는 행위는 너무도 쉽게 젠더, 권력, 그리고 동의에 관한 문제 등을 제기한다. 이러한 문제들은 카운슬 블러프나 그 밖에 어떤 곳에서도 바이든에게는 일어나지 않았던 문제들이다." 핀탄 오툴(Fintan O'Toole), 「지명된 애도자」("The Designated Mourner")(*New York Review of Books* 60.1 (2020)) 6페이지.

4 일부 심리학자들은 이러한 반복적인 "이중 감각" 모델을 상호적인 파트너 간 좋은 성관계 그리고 자위행위로 확장한다. 여기서 자위행위는 성기를 스스로 터치하는 행위가 다른 사람에 대한 "환상"을 통해 매개될 때 더 큰 쾌감으로 경험된다. 제임스 몰리(James Morley)의 「현상학적 심리학 에세이」("Essays in Phenomenological Psychology")(진행 중인 연구)를 참고.

5 프란스 드 발(Frans de Waal)은 느낌(feelings)과 감정(emotions)이 완전히 동일한 것은 아니라고 지적한다. 프란스 드 발, 『엄마의 마지막 포옹: 동물의 감정과 그것이 우리에 대해 알려주는 것』(*Mama's Last Hug: Animal Emotions and What They Tell Us About Ourselves*)(New York: Norton, 2019) 4페이지 참고. 건강한 사람들은 주로 자신의 느낌과 연결되어 있는데, 느낌은 개인의 내적 상태로, 느낌을 가지고 있는 사람들에게는 익숙한 내적 상태이다. 반면 감정은 외부로 나타나는 행동으로, 원칙적으로 사적으로 경험된다기보다 공적으로 관찰될 수 있다. 누구나 나의 감정을 볼 수 있지만, 내면의 느낌에 대해서는 나만이 확신할 수 있다. 따라서 **느낌**은 일반적으로 사적인 방식으로 표현되지만, 두려움, 분노 또는 기쁨과 같은 **감정**은 우리의 사회적 환경에서 외부 자극에 의해 촉발되며, 우리의 행동을 눈에 보이는 방식으로 이끈다. 얼굴 표정, 목소리, 피부색, 냄새를 공감적으로 읽음으로써 우리가 다른 사람의 외적 감정을 내적으로 인식하게 될 때, 그것들은 경험되고 표현될 수 있는 느낌이 된다. 우리는 터치를 받는다. 신체화된 감각을 통해 감정에 연결되면 신생아를 돌보는 상황에서 신뢰와 공동체성을 이루게 되고, 이는 동물과 사회집단을 형성하는 상황에서도 그러하다. 드 발은 다음과 같이 말한다. "감정은 우리를 홀로 두지 않는다. 우리의 심장을 더 빨리 뛰게 하고, 혈색을 좋게 하며, 얼굴을 떨리게 하고, 가슴을 조이고, 목소리를 높이며, 눈물이 흐르게 하고, 위장을 뒤틀리게 한다. . . . 장 신경계가 가진 자율성 때문에 그것은 우리의 '두 번째 뇌'라고도 불린다." 84페이지.

6 드 발, 84-85페이지.

7 피츠패트릭과 카니의 『환대의 윤리』를 참고.

8 리차드 카니의 「육체 해석학의 도박」("The Wager of Carnal Hermeneutics")(in Richard Kearney and Brian Treanor, eds., *Carnal Hermeneutics*, New York: Fordham University Press, 2015) 15‒56페이지 참고.

9 모리스 메를로-퐁티(Maurice Merleau-Ponty)의 『지각의 현상학』(*Phenomenology of Perception*)(New York: Routledge, 1962)을 참고.

10 예를 들어, 장 폴 사르트르(Jean-Paul Sartre)의 『존재와 무』(*Being and Nothingness*)와 시몬 드 보부아르(Simone de Beauvoir)의 『제2의 성』(*The Second Sex*)에서 성관계에 대한 자세한 실존적 묘사, 그리고 메를로-퐁티의 『지각의 현상학』에 있는 「성적 존재로서의 몸」("The Body in Its Sexual Being") 154‒171페이지를 참고. 또한 장 뤽 마리옹(Jean-Luc Marion)의 『에로틱 현상』(*The Erotic Phenomenon*)(Chicago: University of Chicago, 2007)의 마지막 장 그리고 데이비드 우드(David Wood)의 「터치 함으로써 터치되기」("Touched by Touching")(in *Carnal Hermeneutics*) 173‒81페이지 참고.

11 레이첼 라우던(Rachel Laudan)의 「요리 윤리로 나아가며」("Toward a Culinary Ethos")(*Hedgehog Review* 21.3 (2019))를 참고.

12 멜라니 클라인(Melanie Klein)과 장 베르트랑 폰탈리스(Jean-Bertrand Pontalis)의 정신분석학 연구를 참고.

13 클로드 레비-스트로스(Claude Lévi-Strauss), 『익힌 것과 날것』(*The Cooked and The Raw*), 1964년 갈리마르(Gallimard) 출판사 프랑스어 초판 발행.

14 앤 듀포르망텔(Anne Dufourmantelle), 『부드러움의 힘: 삶의 위험에 대한 명상』(*Power of Gentleness: Meditations on the Risk of Living*)(New York: Fordham University Press, 2019) 67‒68페이지.

15 존 마누사키스(John Manoussakis)의 「말씀의 육신에 관하여: 육화 해석학」("On the Flesh of the Word: Incarnational Hermeneutics")(in *Carnal Hermeneutics*) 306‒15페이지 참고. 예를 들어, "받아 먹어라, 이것은 내 몸이다. 말씀이 육신이 된 그분이 이 말을 하셨는데, 이는 곧 텍스트[성서]가 되었다. 그리고 나는 우리가 기억했으면 하는 것이 있는데, 최초의 신학 방법론은 사도 요한(Saint John the Theologian)이 한 방법으로, 텍스트를 읽는 것이 아니라 먹는 것이라는 점이다"(307). 또한 존 마누사키스의 「미친 듯이 욕망하다: 몸, 영혼, 육체, 섹스」("Dying to Desire: Soma, Sema, Sarx, and Sex")(in Sarah Horton, Stephen Mendelsohn, Christine Rojcewicz, and Richard Kearney, eds., *Somatic Desire: Recovering Corporeality in Contemporary Thought*, Lanham, MD: Lexington, 2019) 참고. 맛보고 먹는 것으로서 육화에 대한 더 많은 내용은 제3장을 참고하라.

16 조셉 누겐트(Joseph Nugent), 「인간의 코: 거실의 돼지, 사제, 그리고 농민」("The Human Snout: Pigs, Priests, and Peasants in the Parlor")(*Senses and*

Society 4.3 (2009)). 19세기 내내, 영국 문학에서 아일랜드는 악취를 풍기는 곳으로 묘사된다고 누젠트는 주장한다. 아일랜드의 오두막, 오물통, 퇴비 더미에서 나는 악취는 국가적 후진성을 나타내는 수치스러운 지표이자 아일랜드 후각 정체성을 결정하는 본질적인 상징이 되었다. 아일랜드인들에게 들러붙은 원시성의 냄새에 대한 반응으로, 아일랜드의 성장하는 중산층은 국가적 오염 제거 프로그램을 시작했다. 빅토리아 시대의 단정함을 상징하는 인물인 가톨릭 사제가 이끄는 이 근대화 계층은 문명과 위생 이라는 주문을 시골과 농가에 전파하며, 구식의 냄새를 용인하지 않으며 새로운 "계몽된" 후각 체계를 저항적인 농민들에게 강요했다. 이러한 변화는 아일랜드 농가에 대한 영국인들의 혹평에서 비롯되었으며, 특히 농민들이 키우던 돼지를 아일랜드 민족성에 대한 환유로 치환한 데서 두드러졌다. 담론적으로 재정립된 이러한 사상은 전통적인 게일식(Gaelic) 감각 가치 질서를 지키려는 농민들의 저항에 직면했지만, 근대적이고 통제된 주체를 만들어내려는 가톨릭교회의 노력으로 완성되고 심지어 신성시되었다. 그 결과 일상의 냄새는 새로운 의미를 갖게 되었다. 누젠트는 20세기 전환기 아일랜드와 영국의 사료를 연구하여 그 의미를 밝혀내고, 최근까지 아일랜드 농촌을 지배했던 독특한 게일–가톨릭 가정 이데올로기가 형성되는 과정에서 후각이 어떤 역할을 했는지 드러낸다. 1886년에 조지 무어(George Moore)는 대기근 이후 시대에 썩어가는 아일랜드 오두막에 대해 이렇게 썼다. "아일랜드가 어떤 곳인지 알고 싶습니까? 이 나라는 습하고 축 늘어진 빈곤의 사악한 냄새를 내뿜습니다. . . . 이 냄새는 모든 오두막에 스며들어 있고, 토탄의 연기와 함께 굴뚝에서 피어오르며, 퇴비 더미에 드리워져 있고, 깊고 검은 늪지 구멍을 따라 퍼집니다. . . 그것은 가난에 시달려 죽어가는 무언가의 냄새입니다" (누젠트, 286페이지에서 인용). 보다 희극적인 톤으로, 누젠트는 플랜 오브라이언(Flann O'Brien)의 소설 『가난한 입』(*The Poor Mouth*)에서 다음과 같은 대화를 인용한다. "'냄새는 세상에서 가장 복잡한 현상이야'라고 그가 말했다. '인간의 후각으로는 풀어낼 수 없으며 제대로 이해할 수도 없어. 개가 우리보다 냄새를 더 잘 다루지.' '하지만 개는 자전거를 못 타잖아.' 다른 차이점을 들며 맥크루이킨(MacCruiskeen)이 말했다." 후각에 관한 또 다른 문화적 예시는 로버트 메셈블드(Robert Mechembled)의 『냄새: 근대 초기의 냄새 역사』 (*Smells: A History of Odor in Early Modern Times*)(Oxford: Polity, 2020)를 참고.

17 알베르 카뮈(Albert Camus), 『최초의 인간』(*The First Man*)(New York: Vintage, 1996). 이와 유사한 다감각(multisensorial) 경험에 대한 원초적인 묘사에 대해서는 미셸 세르(Michel Serres)의 『오감』(*The Five Senses*)(London: Continuum, 2008)과 『몸의 변주곡』(*Variations on the Body*)(New York: Continuum, 2008)을 참고. 또한 브라이언 트리너(Brian Treanor)의 『우울한 기쁨』(*Melancholic Joy*)(New York: Bloomsbury, 2021)에서 특히 제3장 육체의 활력에 관

한 부분을 참고.

18 대조적으로 대부분의 악한 충동은 전통적으로 아우구스티누스(Augustine)가 "눈의 욕망"(*concupiscentia oculorum*)이라고 부른 것에서 비롯된다고 여겨졌다. 이는 정복하고 소멸시키며, 유혹하고 복종시키는 일방적 충동으로, 타인에 대해 공감적으로 반응하기를 거부한다.

19 순간(*Augenblick*) 개념을 철저한 "카이로스적"(kairological) 또는 "메시아적"(Messianic) 시간에 대한 진정한 비전으로 보는 사상가들로는 쇠렌 키르케고르(Søren Kierkegaard), 마르틴 하이데거(Martin Heidegger), 발터 벤야민(Walter Benjamin)이 있다.

20 리차드 로어(Richard Rohr)는 두 번째 시각을 미적-명상적 시각과 연관시킨다. "명상은 '두 번째 시각'으로, 이를 통해 우리는 특정한 것을 그 자체로 보면서도 훨씬 더 큰 틀에서 바라볼 수 있다. 우리는 그것이 주는 기쁨으로 그것을 알게 되며, 그 기쁨은 돈, 권력, 성공 등과는 비교할 수 없는 더 큰 기쁨을 준다. 예술은 다양한 형태로 이러한 현현적(incarnational)이고 명상적인 통찰을 제공한다"(Center for Action and Contemplation, November 13, 2019). 로어는 다음과 같이 덧붙인다. "영성은 토머스 머튼(Thomas Merton)이 사물의 '그림자와 변장'(the shadow and the disguise)이라고 부른 것 너머를 볼 수 있도록 우리가 사물들의 연결됨과 온전함을 깨달을 수 있을 때까지 우리를 이끌어 준다. 비이원적(non-dual)인 마음은 유한한 일상적인 것들을 완전히 경험하고 사랑하는 법을 배우며, 무한하고 겉으로는 보이지 않는 것들을 구름 사이로 엿본다." 신시아 부조(Cynthia Bourgeault)는 이러한 두 번째 시각을 "마음의 눈"이라는 영적-현현적 전통에 비유한다. 그녀의 저서 『막달라 마리아의 의미: 기독교 정수에서 발견하는 여성』(*The Meaning of Mary Magdalene: Discovering the Woman at the Heart of Christianity*)(Boulder: Shambhala, 2010) 60페이지 참고. 마지막으로, 존 프렌더가스트(John Prendergast)는 그의 책 『터치: 몸의 내적 지침에 귀 기울이는 법』(*In Touch: How to Tune In to the Inner Guidance of Your Body*)(Boulder: Sounds True, 2015)에서 육화된 영적 비전을 "느껴지는 감각"(felt sense)으로 다루며, '육체의 내적 깨달음'을 듣기 위한 네 가지 단계를 제시한다. 이 단계들은 안정성(groundedness), 정렬(alignment), 열린 마음(openheartedness), 그리고 넓음(spaciousness)이다.

21 모리스 메를로-퐁티, 「눈과 마음」("Eye and Mind") (in *The Primacy of Perception*, Evanston: Northwestern University Press, 1964).

22 『옥타비오 파스 시선집』(*The Collected Poems of Octavio Paz*)(New York: New Directions, 1991). 또한 파스의 시 「터치」("Touch")를 참고. 이 시는 손이 연인의 살 속에서 비밀스럽고 친밀한 몸을 발견하는 방법을 묘사한다. "나의 손은 / 그대라는 존재의 커튼을 열고 / 더욱 벌거벗은 상태로 그대를 감싸며 / 그대 몸 안의 몸들을 드러낸다 / 나의 손은 / 그대의 몸을 위해 또 다른 몸을 창조한다."

번역가 엘리엇 와인버거(Eliot Weinberger)는 다음과 같이 논평한다. "그의 손길에 깃든 마법은 그녀의 존재를 변형시켜, 그녀의 몸 안의 여러 몸들을 드러낸다. 그녀의 몸은 단일한 존재가 아니라 여러 겹의 존재로, 내부에 수많은 알려지지 않은 몸들이 담겨 있다. 그의 손이 탐험하며 커튼을 걷어내자 우아한 빛과 함께 그녀의 내면이 흘러넘치며 그녀의 육체적 존재가 드러난다. 새로운 몸이 창조되고, 새로운 생명이 탄생한다." 공감각의 미학에는 또한 영화 매체를 통해 펼쳐지는 강화된 "섬세한" 지각의 가능성들도 들어있다. 비비안 솝책(Vivian Sobchack)의 「나의 손가락이 알았던 것: 영화적 주체, 또는 육체 속의 비전」("What My Fingers Knew: The Cinesthetic Subject, or Vision in the Flesh")(in *Carnal Thoughts: Embodiment and Moving Image Culture*, Berkeley: University of California Press, 2004)를 참고.

23 메를로-퐁티가 『보이는 것과 보이지 않는 것』(*The Visible and Invisible*)(Evanston, IL: Northwestern University Press, 1979)에서 이러한 이중 비전을 공감각적 "촉지성의 보기 행위"로 논의한 부분(130페이지)을 참고하라. 상호적 "시각"은 사물을 전체적으로, 즉 상호연결된 통합된 패턴으로 보는 방식이다. 이는 시인과 예술가들이 흔히 겪는 "미적" 경험으로 상호성이 드러나는 신비주의적 비전에서도 발견된다. 마이스터 에크하르트(Meister Eckhart)가 "내가 신을 보는 눈은 신이 나를 보는 눈과 같다"고 기록했을 때, 또는 틱낫한(Thich Nhát Hạnh)과 같은 대승 불교도들이 "상호의존하는 존재"(interbeing)의 순환적인 비전을 언급했을 때, 아마도 이것을 염두에 두었을 것이다. 사물의 본질을 꿰뚫어 보는 것은 인간의 지각에만 국한되지 않고 생명 있는 모든 지각하는 존재와의 상호작용으로 확장된다. 많은 동양 및 원주민 전통은 이를 무생물 세계로 확장한다. 힌두교의 산과 강에 대한 숭배와 아메리카 원주민들이 "모든 관계"를 불러내는 기도(과거와 미래의 인간관계뿐 아니라 동물, 나무, 불, 흙, 물, 공기와 같은 네 가지 요소를 포함한 비인간적 관계까지 포함)를 들 수 있다. 『성스러움을 다시 상상하기』(*Reimagining the Sacred*)(New York: Columbia University Press, 2015)에서 나바호(Navajo) 스웻롯지(sweat lodge) 의식에 대해 내가 논의한 것을 참고하라. 원주민 전통은 부엉이의 눈으로 보고, 사슴의 귀로 듣고, 너구리의 손가락으로 느끼며 자연과 깊이 연결된 "내적" 그리고 "외적" 시각 모두를 갖도록 우리를 장려한다. 셰이머스 히니(Seamus Heaney)의 간단한 표현인 "사물 보기"(seeing things)는 이 모든 것을 말해준다.

24 레드몬드 오핸론이 「양극성 장애 치료에서 터치의 가능성」("The Potential of Touch in Borderline Personality Disorder Therapy")에서 인용한 심리학자 사이먼 배런 코헨(Simon Baron-Cohen)을 참고. 이 논문은 2014년 영국 링컨(Lincoln)에서 열린 영국과 아일랜드 성격장애 연구 그룹 연례 회의에서 발표되었다. 그는 또한 여성이 남성보다 공감각을 경험할 가능성이 여섯 배 더 높아 더 나은 기호학자가 될 수 있다고 언급했다. 또한 모튼 헬러(Morton Heller)와

윌리엄 쉬프(William Schiff)의 『터치의 심리학』(The Psychology of Touch)(New York: Psychology, 1991)도 참고. 저자들은 특히 시각 장애인의 촉각에 관심을 가지고 있다.

25 폴 리쾨르(Paul Ricoeur)가 『악의 상징』(The Symbolism of Evil)(Boston: Beacon, 1992)에서 구별한 제1차 순수성과 제2차 순수성에 관한 유명한 대목을 참고.

26 누가복음(Luke) 24장 15-16절, 30-31절. "예수께서 가까이 오셨으나 그들의 눈은 그를 알아보지 못하였다. . . . 그가 떡을 떼어 그들에게 주시니 그들의 눈이 열렸다."

27 엔테오젠(Entheogen)이라는 용어는 1950년대와 1960년대 서구에서 실로시빈 균류(psilocybe fungi)에 대한 초기 연구자들에 의해 차용되었다. 『마음을 바꾸는 법』(How to Change Your Mind)(New York: Penguin, 2018)에서 마이클 폴란(Michael Pollan)은 실로시빈 환각이 가진 치유력을 다루며, 실로시베 큐벤시스 하티아(psilocybe cubensis hatia)가 서양에 도입되기 훨씬 이전부터 멕시코 남부의 마자텍(Mazatec) 치유사들은 이를 종교적으로 사용했음을 인정한다. 2019년 FDA는 PTSD 치료를 위한 MDMA 보조 심리치료의 임상 시험을 승인했으며, 최근에는 불안, 우울증, 중독, 말기 호스피스 치료에서 환각성 약물 사용에 대한 연구가 많이 진행되었다. 리차드 로어가 2019년 11월 9일 자 활동과 명상 센터(Center for Action and Contemplation)에 기고한 보는 것과 보여지는 것(seeing-being seen)에 대한 영적 훈련에 관한 성찰도 참고. 이러한 상호적 시각은 현재 우리가 기후 위기를 겪게 되면서 근본적인 의미를 담고 있다. 이 시대에는 시장 자본주의와 화석 연료 산업의 일방적인 파괴행위에 대한 강력한 해독제로서 지구와의 새로운 공명이 요구된다.

28 올더스 헉슬리(Aldous Huxley)의 『지각의 문』(The Doors of Perception)(New York: Vintage, 2004), 앨런 와츠(Alan Watts)의 『기쁨의 우주론』(The Joyous Cosmology)(Novato, CA: New World Library, 2013). 또한 특정 독해 방식들, 특히 신성한 텍스트나 시적 텍스트 독해 방식들은 보는 행위를 맛보는 행위로 표현하는 공감각과 연결되어 왔음에 주목하라. 신시아 부조의 『앎이라는 지혜로운 길』(The Wisdom Way of Knowing)(San Francisco: Jossey-Bass, 2003) 110페이지, 고대 수도원에서 텍스트를 깊이 읽으며 "섭취"하고 "체화"하는 관습에 대해 참고하라. 이는 성경의 신성한 두루마리를 먹는 모티프와 일맥상통하는 관습이다. 창세기 21:31, 시편 37:19, 이사야 9:20 및 25:28, 에스겔 3:3을 참고하라. "그가 내게 이르시되, '사람의 아들아, 내가 네게 주는 이 두루마리를 먹고 네 배를 채우라' 하시니, 내가 그것을 먹으니 꿀처럼 달았다." 시각적 읽기를 촉각으로 보는 흥미로운 연구도 참고(touchthispage.com).

29 제라드 맨리 홉킨스(Gerard Manley Hopkins), 「자연은 헤라클레이토스의 불」("That Nature Is a Heraclitean Fire"). 홉킨스의 전형적인 공감각적 구절로, 시

각, 미각, 운동 감각을 결합한 시 「알록달록한 아름다움」("Pied Beauty")에서 다음의 구절을 참고. "빠름, 느림; 달콤함, 신맛; 반짝임, 어두움"(*The Collected Works of Gerard Manley Hopkins*)(Oxford: Oxford University Press, 2019). 자연에 내재한 신성한 평범함에 대한 인간의 "통찰"을 심도 있게 연구한 브라이언 트리너의 『우울한 기쁨: 가치 있는 삶에 대하여』를 참고. 특히 애니 딜라드(Annie Dillard)와 니코스 카잔차키스(Nikos Kazantzakis) 작품에 대한 그의 해석을 보라.

30 아리스토텔레스(Aristotle), 『영혼론』(*De Anima*) 220b. 다음 장에서 이 주제에 대해 아리스토텔레스를 다시 다룰 것이다.

31 하르트무트 로사(Hartmut Rosa)의 『공명: 세계와의 관계에 대한 사회학』(*Resonance: A Sociology of Our Relationship to the World*)(Cambridge: Polity, 2016) 및 「듣는 사회: 공동선의 본질로서의 반응성」("The Listening Society: Responsivity as the Essence of the Common Good")(The University of Humanistic Studies, Utrecht 강의, Jan. 2019)을 참고. 사회적 경청과 응답이라는 새로운 민주주의에 대한 탐구에 관심갖게 해준 마이클 D. 히긴스(Michael D. Higgins)에게 감사한다. 공동선을 위해 타인에게 "섬세한 경청-반응"을 하는 것은 "경청하는 공통체"(commons of the listening body)로 나아가는 중요한 단계이다.

32 이탈리아어 용어 "토카타"(*toccata*)는 "만지다"(to touch)를 의미하는 "토카레"(*toccare*)에서 유래되었으며, 이는 "연주자의 터치와 테크닉을 보여주기 위한 건반 악기용 작곡으로, 즉흥 연주의 느낌이 난다"(*OED*). 블라디미르 장켈레비치(Vladimir Jankelevitch)의 연구를 참고. 그는 이성적 사고나 계산이 아닌, 유희적인 방식으로 피아노 건반을 만지면서 드뷔시(Debussy) 음악의 영혼을 발견하는 방법을 논의한다. 프랑스어로 "투쉬"(*toucher*)는 또한 유혹적이고 에로틱한 행위라는 의미가 있다.

33 리차드 로어, 「내면의 고요」("Inner Silence")(Center for Action and Contemplation, Jan. 8, 2020) 참고. "침묵은 일종의 생각하지 않는 생각이다. 침묵은 진정으로 보는 생각의 한 종류이다("보다"라는 의미의 라틴어 *contemplata*의 관점에서). 그래서 침묵은 진정 대안적인 의식이다. 침묵은 지능의 한 형태요, 반응을 넘어서는 앎의 한 형태로 우리가 보통 감정이라 부르는 것이다. 침묵은 정신 분석, 즉 우리가 대개 생각이라 부르는 것을 넘어서는 앎의 한 형태이다." 또한, 존 프렌더가스트가 제시한 몸에 귀 기울이는 개념을 참고하라. 이는 우리 자신과 타인의 "내적 공명"(inner resonance)에 "기초 다지기"(grounding), "조율"(attuning), "정렬"(aligning)하는 방법으로 제시되고 있다(『터치: 몸의 내적 지침에 귀 기울이는 법』 머리말 xi페이지).

34 아일랜드 음악가 노린 니 리안(Noirin Ni Riain)의 『테오소니: 경청의 신학을 향하여』(*Theosony: Towards a Theology of Listening*)(Dublin: Columba, 2011)에서 "순수한 침묵의 소리"에 대한 음악적 경청과 반응에 관한 훌륭한 사상을 참

깊이 읽기 **177**

고.
35 부조, 『앎이라는 지혜로운 길』 50페이지와 110페이지를 참고. 이 점은 조나단 윌슨 하트그로브(Jonathan Wilson-Hartgrove)가 다시 강조한다. "좋은 가르침은 마음을 깨우칠 수 있고, 강력한 설교는 마음을 움직일 수 있지만, 노래는 우리의 몸을 움직이는 독특한 힘을 가지고 있어, 우리보다 앞서 흘렀고 우리가 사라진 후에도 계속될 강으로 우리를 끌어들인다. 복음 실천은 . . . 노래로 둘러싸인 생활 방식이다." 조나단 윌슨 하트그로브, 『복음의 재구성』(*Reconstructing the Gospel*)(Downers Grove, IL: Intervarsity, 2018) 146페이지. 즉, "노래"는 노래하는 동시에 듣는 이중 감각으로 이해된다.
36 레드몬드 오핸론, 「몸에 집중하는 아침」("Embodied Morning,") (in part of "The Art of Mourning") (진행 중인 연구) 참조.
37 콜윈 트레바던(Colwyn Trevarthern), 『유아 연구와 정신분석』(*Infant Research and Psychoanalysis*)(Lecce: Frenis Zero, 2018).
38 보다 자세한 논의는 제4장을 참고하라.
39 "청각적 상상력"(auditory imagination)은 T.S. 엘리엇(T.S. Elliot)의 용어이다.
40 제임스 조이스(James Joyce), 『피네간의 경야』(*Finnegans Wake*)(London: Faber, 1975) 18페이지. 제임스 조이스에 나타난 육체 언어 및 청각의 시학에 관해 패트릭 헤더먼(Patrick Hederman)의 『오팔과 진주』(*The Opal and the Pearl*)(Dublin: Columba, 2017) 55페이지, 73-74페이지 참고. 또한 애니 딜라드의 『팅커 크릭의 순례자』(*Pilgrim at Tinker Creek*)(New York: Harper Perennial, 2007)에서 애니가 보기의 두 번째 방식을 원초적인 공감각적 반응으로 설명한 부분도 참고하라. 이러한 보기 방식에서 그녀는 "울리는" 또는 현실과 공명하는 자신을 발견한다. "나는 평생 동안 종(bell)이었는데, 내 자신이 들어 올려 쳐지기 전까지는 그것을 전혀 몰랐다."
41 헬렌 뱀버(Helen Bamber), 『귀담아듣는 사람』(*The Good Listener*)과 동일 제목의 BBC 인터뷰. 뱀버의 작업에 대한 논의는 제4장에서 다시 다룬다.
42 리차드 루브(Richard Louv), 『야생적 소명: 동물과의 연결이 어떻게 우리의 삶과 그들의 생명을 구할 수 있는가』(*Our Wild Calling: How Connecting with Animals Can Save Our Lives and Save Theirs*)(Chapel Hill, NC: Algonquin, 2019).

제2장. 터치의 철학

1 플라톤(Plato), 『크라틸로스』(*Cratylus*) 229c. 또한 프란 오루크(Fran O'Rourke)의 『초월의 암호』(*Cyphers of Transcendence*)(Dublin: Irish Academic, 2019)에서 「서문」 참고.
2 플라톤, 『파이돈』(*Phaedo*) 67페이지.

3   물론 아리스토텔레스와 20세기 현상학 사이의 서양 철학사에서 촉각이 일반적으로 경시되었지만 눈에 띄는 예외들도 있다. 가장 분명한 예로, 중세에 아리스토텔레스의 철학을 회복하려는 아퀴나스(Aquinas)의 노력을 들 수 있다. 아퀴나스는 『신학대전』(*Summa Theologiae*)에서 이슬람 철학자 아비센나(Avicenna)와 아베로에스(Averroes)를 통해 아리스토텔레스를 재해석하려 했다. 아퀴나스는 만약 플라톤주의적인 몸과 정신의 분리를 고수한다면, 어떻게 살을 가진 물질로서 몸이 부활하는 문제를 해결할 수 있겠냐고 물었다. 아퀴나스는 플라톤주의에 반대하며, 구원받은 사람의 고유한 물질적 육체가 죽음 후에 회복된다고 주장했다. 그러나 기독교적 부활을 설명하기 위해 아리스토텔레스의 사상을 부분적으로 복구하려 했음에도 불구하고, 아퀴나스와 스콜라 철학자들은 여전히 정신과 물질의 이원론적 형이상학에 크게 사로잡혀 있었다. (아우구스티누스-토마스-스콜라 신학에 잔존하는 "플라톤주의"가 기독교의 성육신론 그 자체는 물론 아리스토텔레스 사상이 가진 최초 현상학에서의 육체성을 약화시켰다는 것은 커다란 아이러니이다). 많은 기독교 신비주의자들이 철저히 "성육신적"(incarnational) 태도를 취했다는 것은 사실이다(성경적 치유에 대해서는 제3장을 참고하라). 특히 아시시의 프란치스코(Francis of Assisi)와 이후의 프란치스코회 신비주의자들, 그리고 에리우게나(Eriugena), 펠라기우스(Pelagius), 스코투스(Scotus) 같은 켈트 신비주의자들이 그러한 예이다. 이 세 명의 게일족 학자들은 자연을 신성한 "육화"(enfleshment, *ensarkosis*)로 여기는 범신론적 신학을 펼쳤는데, 이 신학은 말씀이 육신이 되었다는 계시를 붙들었다. 이후로는 루크레티우스(Lucretio)의 『사물의 본질에 관하여』(*De Rerum Natura*)에 대한 주석을 남긴 초기 피치노(Ficino)나 에로틱한 접촉의 영적-육체적 힘을 다룬 『사랑의 본성에 대하여』(*Di natura d'amore*)를 쓴 마리오 에퀴콜라(Mario Equicola)와 같은 16세기 이탈리아 르네상스 사상가들의 작업을 예로 들 수 있다. 그러나 이들 모두는 플라톤주의 이원론의 지배적인 형이상학에 비해 결국 상대적으로 중요성이 미미했다. 하지만 다시 말하지만, 나는 여기서 플라톤 자신이 아닌 형이상학적 "플라톤주의"에 대해 이야기하고 있다. 플라톤의 대화편들은 너무나 복잡하여 어떤 스콜라 철학 체계로도 축소될 수 없다. 물론 여러 유물론적이고 경험론적인 철학들(예를 들어, 버클리는 촉각과 시각이 밀접하게 연결되어 있다고 보았다)이 여러 시기에 걸쳐 이원론을 극복하려 했으나, 이들은 대부분 육체의 복잡한 "매개"와 "통합"의 변증법을 부정하는 환원주의적 방식으로 접근했다. 마지막으로, 영혼과 육체의 관계에 대해 전혀 다른 관점을 가지고 있는 많은 중요한 비서구권 전통들이 존재했지만, 이는 다른 책에서 다뤄야 할 주제이다.

4   아리스토텔레스, 『영혼론』(*De Anima*) 제2권, 11장. 동물과 식물을 포함한 모든 생명체가 촉각을 지니고 있다는 점에서 아리스토텔레스에게 촉각은 보편적이다. 장 루이 크레티엥(Jean-Louis Chretien)의 「육체와 터치」("Body and

깊이 읽기   **179**

Touch")(in *The Call and the Response*, New York: Fordham University Press, 2004) 92-94페이지 참고. 나는 크레티엥의 현상학적 해석학(phenomenological hermeneutic)식 독법에 큰 영향을 받았다.
5 아리스토텔레스, 『영혼론』 제2권, 418페이지.
6 제3장에서 살펴보겠지만 대부분의 지혜 전통은 이와 같은 사실을 언급한다. 심지어 부처도 마라(Mara)가 그의 권위를 증명하라고 도전했을 때, 단지 손가락으로 땅을 터치했을 뿐이었다.
7 『형이상학』(*Metaphysics*) 제1권에서 아리스토텔레스가 여전히 일정 부분 플라톤의 영향 아래 있었을 가능성이 있으며, 이로 인해 형이상학적 의미에서 시각에 우위를 부여했음을 주목할 필요가 있다.
8 아리스토텔레스, 『영혼론』 제2권, 421-23페이지.
9 아리스토텔레스, 『영혼론』 제2권, 418페이지.
10 아리스토텔레스, 『영혼론』 제2권, 428페이지.
11 에마뉘엘 알로아(Emmanuel Alloa)의 「터치 시작하기: 아리스토텔레스식 진단」("Getting Into Touch: Aristotelian Diagnostics")(in Richard Kearney and Brian Treanor, eds., *Carnal Hermeneutics*, New York: Fordham University Press, 2015) 참고. 다음에 등장하는 몇 가지 소견은 내가 위 책에 쓴 서론 「육체 해석학의 도박」("The Wager of Carnal Hermeneutics")에서 처음으로 구상되었다.
12 아리스토텔레스, 『영혼론』 제2권 11장. 아리스토텔레스는 터치의 매개체가 "우리를 벗어난다"(*De Anima*, 2, 11, 423b)고 언급하면서, 살에 대한 은유적 해석을 불러일으킨다. 이에 대한 해설은 크레티엥의 「육체와 터치」("Body and Touch") 95-96페이지를 참고.
13 크레티엥, 85쪽. 또한 『형이상학』 제9권 10장, 1051b 23-25행에서 아리스토텔레스가 어떤 것의 진리를 파악하는 것을 "터치"(*thigein*)와 관련지어 말하고 있으며, 무지를 "터치"의 부족, 또는 우리가 흔히 말하는 "감각이 없다"(being out of touch)로 표현하고 있음을 주목할 필요가 있다. 이 구절을 알려준 토마스 시헌(Thomas Sheehan)과 에린 스택클(Erin Stackle)에게 감사를 전한다.
14 크레티엥, 87-90페이지. 아리스토텔레스가 "살은 기관이 아니라 터치의 매개체다"(*De Anima*, 11, 423b), 그리고 모든 감각이 상하를 막론하고 "매개된다"는 획기적인 주장을 고려해 볼 때, 우리는 인간의 모든 감각 행위가 아무리 기본적이라 하더라도 이미 해석학적 "이해"(하이데거의 『존재와 시간』에서의 이해-처해있음, *Verstehen-Befindlichkeit*)로서 작용하고 있다고 말할 근거를 확보하게 된다. 해석학적 구조는 육체에서 분리되지 않는다. 하이데거가 아리스토텔레스의 신체 해석학을 평가한 것에 대한 아이리스 머독(Iris Murdoch)의 논의는 다음을 참고. 「존재와 시간: 존재 추구」("Sein und Zeit: Pursuit of Being")(in Justin Broackes, ed., *Iris Murdoch, Philosopher: A Collection of Essays*, New

York: Oxford University Press, 2012) 95페이지. "하이데거는 감정적인 삶에 대한 기본적인 존재론적 해석이 아리스토텔레스 이후 주목할 만한 진전을 거의 이루지 못했다고 논리적으로 주장한다."

15 존 마누사키스(John Manoussakis)를 참고. 그는 「터칭」("Touching")(in part 3 of *God After Metaphysics: A Theological Aesthetic*, Bloomington: Indiana University Press, 2007)에서 세 가지 행위인 "붙잡기"(grasp), "어루만짐"(caress), "키스"(kiss) 사이 해석학적 차이의 관점에서 터치에 관한 아리스토텔레스의 통찰을 발전시켰다.

16 장 라플랑슈(Jean Laplanche)와 장 베르트랑 퐁탈리스(Jean-Bertrand Pontalis)의 연구 참고.

17 유아의 입이 처음으로 접촉하고 맛보는 제스처를 통해 **기능적 발화 기관**(*os*)과 **원초적으로 맛보는 공간**(*bucca*)으로 구분된다는 매우 통찰력 있는 내용을 담은 장 뤽 낭시(Jean-Luc Nancy)의 『신체』(*Corpus*)를 참고(trans. Richard Rand, New York: Fordham University Press, 2008) 122페이지. 낭시는 우리가 출생 순간부터 타자에게 몸을 급진적으로 노출시키는 모습을 현상학적으로 설명하며, 이를 피부에 대한 피부의 노출이라는 의미의 멋진 신조어 **엑스포지션**(*expeausition*)으로 표현한다(14ff). 또한 그의 에세이 「운동과 감정」("Motion and Emotion")과 「본질적 피부」("Essential Skin")(in *Carnal Hermeneutics*) 참조. 이 에세이에서 그는 피부의 기본적인 표피 반응이 처음부터 심리적이면서도 동시에 생리적이라는, 즉 동일한 살의 두 가지 측면이라고 언급한다. 낭시의 터치 해석학을 캐서린 말라부(Catherine Malabou)와 에반 톰슨(Evan Thompson) 같은 경험적-인지적 연구를 하는 철학자들이나, 매튜 풀커슨(Matthew Fulkerson)의 『첫 번째 터치: 인간의 터치에 대한 철학적 연구』(*The First Touch: A Philosophical Study of Human Touch*)(Cambridge, MA: MIT Press, 2014) 같은 경험적 심리학자들의 최근 연구에 적용해 보는 것도 흥미로울 것이다. 그러나 아리스토텔레스는 "맛의 대상은 일종의 터치의 대상이다"라고 처음으로 인식한 인물이다(*De Anima*, 2, 10).

18 언어학과 정신분석학은 원초적 언어 감각과 문자 그대로 의미의 언어 사이의 본래적 관계에 대한 흥미로운 통찰을 제공해 줄 수 있다. 특히 로만 야콥슨(Roman Jakobson)이 유아의 "옹알이"가 말하기로 전환되는 것을 분석한 점을 참고하라. 이 분석은 메를로-퐁티와 알로아의 현상학에 영향을 미쳤다. 그리고 아이가 실타래를 당겼다 밀었다 하며 "갔다, 다시 돌아왔다"라는 단어를 발음하는 공감각적 놀이를 통해 아이가 처음으로 언어를 습득하는 과정을 설명한 프로이트의 유명한 설명을 참고하라. 이에 대한 논의는 프로이트의 『쾌락 원칙을 넘어서』(*Beyond the Pleasure Principle*)(New York: Dover, 1920)와 이 책의 제4장에서 논의된 내용을 참고하라. 아리스토텔레스가 이미 『영혼론』에서 목소리에 내재된 원초적으로 해석학적인 힘을 언급했다는 점을 떠올릴 수 있다. "모든 동

물의 소리가 목소리는 아니다. . . . [들여 마신 숨이 기관지에] 충돌하게 만드는 것은 목소리 안에 영혼이 있다는 것이고, 상상하는 행위가 동반되어야 한다. 왜냐하면 목소리는 의미를 가진 소리이며, 단순히 기침할 때처럼 숨소리가 충돌하여 생겨나는 것이 아니기 때문이다"(220b, 30).

19 크레티엥, 「육체와 터치」 98페이지.
20 크레티엥, 98페이지. 상처와 흉터(traumata)에 대한 해석학적 읽기에 대해서는 「트라우마 쓰기: 조이스, 셰익스피어, 호머의 서사적 카타르시스」("Writing Trauma: Narrative Catharsis in Joyce, Shakespeare, and Homer")(*Giornale di metafisca* 1, Fall 2013)에서 에우리클레이아(Eurycleia)가 오디세우스의 상처를 만지고/읽는 장면을 분석한 것을 참고.
21 인류 초기에 적대감이 환대로 변하는데 있어 악수의 중요성에 대해서는 「낯선 이에게 환영을」("Welcoming the Stranger")(in Andrew O'Shea ed., *All Changed? Culture and Identity in Contemporary Ireland*, Dublin: Duras, 2011) 참고. 이 에세이는 호머의 『일리아드』에서 디오메데스(Diomedes)와 글라우쿠스(Glaucus) 사이의 손과 손의 첫 만남, 그리고 아브라함(Abraham)이 마므레(Mamre)에서 낯선 이들을 맞이하는 장면을 분석한다. 또한 「이중 환대」("Double Hospitality")(in Murray Littlejohn ed., *Imagination Now: The Richard Kearney Reader*, London: Rowman and Littlefield, 2020) 참고.
22 크레티엥이 「육체와 터치」에서 인용하고 논평한 내용, 101–105페이지. "터치의 섬세함은 영혼이 가진 분별력의 범위를 벗어나지 못하고, 영혼은 언제나 생명이 노출된 살아있는 존재의 것이기에 자신의 근본으로부터 스스로를 단 한 순간도 뿌리 뽑을 수 없다. 우리는 감수성을 통해 세상의 중심에 있는 차이들을 우리 삶과 연관시켜 분석하며, [차이에 내재된] 위험이 얼마나 명확한지에 따라 다르게 반응한다. 이처럼 우리 삶에 연관시키는 작업이 일어나는 근원적이고 고유한 영역이 터치이고, 바로 이것이 아리스토텔레스가 터치를 제1순위에 놓은 이유를 설명해 준다. . . . 영향을 받은 존재는 여기서 분별력의 장애물이 아니라 더 큰 분별력의 조건으로 여겨진다"(105페이지). 또한 아리스토텔레스의 매개성 개념에 대한 에마뉘엘 알로아의 재해석 「메타쿠: 아리스토텔레스의 매개성의 형상들」("Metaxu: Figures de la medialite chez Aristote")(*Revue de Métaphysique et de Morale* 62 (2009))도 참고. 그리고 『키아스미 국제 저널』(*Chiasmi International*) 「육체적 분절로서의 살」("La chair comme diacritique incarné")(in *Chiasmi International*, Paris: Vrin, 2010) 참고. 그러나 피부가 얇은 인간이 된다는 것은 특권을 부여받았다거나 나약하다는 것을 의미하지 않는다. 블루칼라 노동자, 농부, 또는 광부도 그들의 수작업과 육체노동을 통해 촉각적 세계가 지닌 차이에 대한 식별과 뉘앙스에 적어도 동등하게 반응한다. 그래서 다음에서 예로 제시한 셰이머스 히니(Seamus Heaney)의 평범한 수맥 탐지자(diviner)는 땅속에 있는 기운에 매우 민감하게 반응한다. 자연의 신사가 가

진 소중한 재능이다.
23 크레티엥, 「육체와 터치」 108페이지.
24 크레티엥, 110-113페이지.
25 에드문트 후설(Edmund Husserl), 『순수현상학과 현상학적 철학의 이념들 제2권』(*Ideas Pertaining to a Pure Phenomenology*, Book 2)(Dordrecht: Kluwer, 1989), 155 ff.
26 후설, 155 ff.
27 후설, 155 ff.
28 후설의 현상학은 어떻게 공감각이 진정한 경험의 표식이 되는지를 보여준다. 이 경험에서 쌍방향의 촉지성은 시각을 통찰로(sight into insight), 미각을 음미로(taste into savor), 후각을 육감으로(smell into flair), 청각을 공명으로(sound into resonance) 전환한다.
29 후설, 155 ff. 후설의 이 초기 통찰은 암스테르담의 공감 프로젝트 소셜 브레인 연구소(Empathy Project's Social Brain Laboratory)에서 진행된 "동감통각증"(mirror touch synesthesia)에 대한 최근 실험 연구로 입증되고 있다.
30 후설, 33페이지. 여기서 주목할 만한 점은, 이중 감각으로서의 터치는 부름과 응답이 본질인 언어의 원형(prototype)일 뿐 아니라, 투사와 수용이라는 이중적 상호 지향성으로서 의식 그 자체의 원형이 된다는 것이다. 접촉, 만짐, 그리고 만져짐의 상호성은 그 자체로 "상호적"인 의식의 "모델"이 된다. 어떠한 문제를 숙고하는 동시에 숙고의 대상이 되면서 말이다. 또한 터치는 언어의 경우, 말하기/듣기의 이중 행위와도 같다. 다른 모든 감각이 단일 지향성의 패러다임을 따르는 경향이 있는 반면, 터치의 상호 지향성이 바로 육체와 정신 사이 비이원론적 연속성을 확신시켜주면서 의식 그 자체를 만들어 내는 것이라 주장할 수 있겠다. 상호성 명제(reversibility thesis)에 대해서는, 더멋 모란(Dermot Moran)의 「시각과 촉각: 후설과 메를로-퐁티 사이」("Vision and Touch: Between Husserl and Merleau-Ponty")(in *Carnal Hermeneutics*) 214-234페이지 참고.
31 예를 들어, 레비나스가 『전체성과 무한』(*Totality and Infinity*)(Pittsburgh: Duquesne University Press, 1969)에서 묘사한 "어루만짐"과 『후설과 함께 존재 발견하기』(*Discovering Existence with Husserl*)(Evanston, IL: Northwestern University Press, 1998)에서 묘사한 "감수성"을 참고. "감수성에 대한 새로운 접근 방식은 감수성이 가진 바로 그 무덤과 불명확함 자체에 대해 특별한 의미와 지혜, 즉 일종의 지향성을 부여하는 것이다. 감각은 의미를 가진다"(91페이지). 또한 폴 리쾨르(Paul Ricoeur)가 『타자로서 자기 자신』(*Oneself as Another*)(Chicago: Chicago University Press, 1992)에서 인공지능 기술이 가진 과학적 허구와 관련하여 (행동하고 고통받는 존재로서) 우리의 "현세적-육체적" 존재를 강력하게 옹호하는 부분도 참고(149-152페이지). 이러한 현상학자들에

대한 더 자세한 논의는 나의 연구 「육체 해석학의 도박」("The Wager of Carnal Hermeneutics")(in *Carnal Hermeneutics*)과 매튜 클레멘테(Matthew Clemente)의 「터치, 어루만짐, 키스로서의 에로스」("Eros as Touch, Caress, Kiss") (in *Eros Crucified*, New York: Routledge, 2020) 참고. 또한 케빈 아호(Kevin Aho)가 『고통의 맥락: 하이데거식 정신병리학 접근』(*Contexts of Suffering: A Heideggerean Approach to Psychopathology*)(London: Rowman and Littlefield, 2019)에서 실존적 육화와 조율에 대해 분석한 부분도 참고하라, 특히 제2장, 「우울: 몸, 기분, 자아의 붕괴」("Depression: Disruptions of Body, Mood, and Self")를 참고(23-36페이지).

32 모리스 메를로-퐁티(Maurice Merleau-Ponty), 『보이는 것과 보이지 않는 것』 (*The Visible and the Invisible*)(Trans. Alphonso Lingis, Evanston, IL: Northwestern University Press, 1968) 134페이지. 메를로-퐁티에게 있어 모든 감각은 신체도식(body schema)에 의해 결합되어, 객관 이전의 경험 안에서 세상을 직접적으로 인지할 때 통합된다. 시각은 터치와 얽혀 있다. 왜냐하면 어떤 것을 본다는 것은 "이미 그것을 어떤 방식으로든 가지고, 소유하는 것"이기 때문이다. 『지각의 현상학』(*Phenomenology of Perception*)(London: Routledge: 2002), 308페이지. 감각들은 조정될 필요가 없는데, 이는 감각의 통합이 신체 자체에 이미 전제되어 있기 때문이다. 메를로-퐁티는 이렇게 기록한다. "나는 '터치의 데이터'를 '시각의 언어'로 변환하지 않으며, 그 반대로도 하지 않는다. 나는 내 몸의 부분들을 하나씩 결합하지 않는다. 이 변환과 이 통합 작업은 내 안에서 단 한 번에 이루어진다. 몸의 각 부분들은 나의 몸 자체이다"(308페이지). 메를로-퐁티에게 있어 예술 작품에 견줄 수 있는 우리의 몸은 독특한 일관성, 즉 모든 감각, 움직임, 그리고 행위와 결을 같이 하는 어떤 표현에 관한 "스타일"을 가지고 있다. "손에서 '촉지성 감각'을 결합시키고, 이를 같은 손에서 시각적 인식과 연동시키는 것은 . . . 나의 손동작에 정보를 제공해 주고, 손가락 움직임에 어떠한 스타일을 부여하며, 마지막으로는 어떠한 몸의 자세를 이루는 특정 스타일이다"(174페이지).

33 메를로-퐁티, 133페이지. 자크 데리다(Jacques Derrida)가 『터치에 대하여』(*On Touching*)(Stanford: Stanford University Press, 2005)에서 메를로-퐁티의 "촉각 중심주의"(haptocentrism)라고 부르는 것에 대해 비판한 부분을 참고하라.

34 메를로-퐁티, 134페이지. 우리가 거주지에서 습관화된 행동을 하며 살아가듯이, 우리는 대부분의 삶을 "손으로" 그리고 "다리로" 살아간다. "내가 집 안에서 돌아다닐 때, 나는 즉각적으로 그리고 어떠한 추가 설명 없이도 화장실로 걸어가려면 침실을 가까이 지나서 가야 한다는 것을, 또는 창밖을 내다보려면 왼쪽에 벽난로가 있다는 것을 안다. . . . 나에게 내 아파트는 견고하게 연결된 이미지들의 연속체가 아니다. 그것이 내 주변에 익숙한 영역으로 남아 있는 것은, 내가 여전히 '손에' 또는 '다리에' 그 주요한 거리와 방향을 지니고 있을 때이며,

내 몸에서부터 아파트라는 공간을 향해 수많은 의도의 맥락들이 뻗어 나올 때에야만이 나에게 익숙한 영역으로 남게 되는 것이다." 메를로-퐁티, 『지각의 현상학』, 150페이지. 메를로-퐁티에게 행동은 거의 항상 살아 있는 공간과 시간 속에서 다른 사람, 사물들과의 **육화된 상호작용**이다.

35 메를로-퐁티, 『지각의 현상학』, 40-41페이지. 여기서 언급된 의사는 독일의 실존주의 정신과 의사 루드비히 빈스반거(Ludwig Binswanger)였다. 메를로-퐁티가 언급했듯이, 일종의 육화된 "진정한 제스처"가 필요해 보인다(41페이지). 또한 레드먼드 오핸론(Redmond O'Hanlon)의 말을 참고하라. "우리의 근육은 만성적인 학대를 기억한다. 비록 의식과 서사 능력은 보통 그러한 폭력으로부터 완전히 벗어나게 되면서 불수의근 자체가 극단적인 해리나 반복된 행동화(acting-out)를 통해 말할 수 없는 것[고통]을 처리하지만 말이다. 이것이 바로 환자에게 이야기를 건네 성적 트라우마에 접근하려는 시도가 효과 없는 이유이다"(「애도의 기술」("The Art of Mourning") 연구 중).

36 이리가레는 이 "미래의 탄생"(birth of the future)을 "아이 이전의 아이"(child before the child)라고 언급한다. 루스 이리가레의 「어루만짐의 다산성」("The Fecundity of the Caress")(in *An Ethics of Sexual Difference*, Ithaca: Cornell University Press, 1993) 232페이지 참고. 또한 「레비나스에게 묻는 열 가지 질문」("Ten Questions to Levinas")의 결론에서 이리가레가 성적-영적 어루만짐의 가부장제 이전의 원형으로서 아가서(Song of Songs)를 상기해 내는 점도 참고하기 바란다. 육체 감각에 대한 또 다른 강력한 현상학적 해석에 대해서는 앤 듀포르망텔(Anne Dufourmantelle)의 『부드러움의 힘: 삶의 위험에 대한 명상』 (*Power of Gentleness: Meditations on the Risk of Living*)(New York: Fordham University Press, 2019)도 참고. 특히 「감각의 축제」("The Sensory Celebration")라는 제목의 제1, 2, 3, 4 장을 참고.

37 이리가레, 232페이지.

38 줄리아 크리스테바(Julia Kristeva), 「새로운 휴머니즘과 믿음의 필요성」("New Humanism and the Need to Believe")(in Richard Kearney and Jens Zimmerman, eds., *Reimagining the Sacred*, New York: Columbia University Press, 2016) 115페이지. 또한 진정한 치유가 일어나기 위해 언급되어야 할 심리적-신체적 "기호학"의 간과된 면에 대한 줄리아 크리스테바의 선구적인 연구도 참고할 수 있다. 그녀는 최근 인터뷰에서 육체적 "외미화"(significance)에 대해 다음과 같이 언급한다. "분석은 방어 기제와 트라우마를 해체함으로써 진행되며, 이러한 조건에서만 재탄생이 일어날 수 있다. 감각에 대한 이러한 접근법, 즉 '감각을 통한 의미화' 과정은 주체성을 구성할 수 있게 하며, 이를 통해 우리의 '전서술적'(ante-predicative) 경험(후설이 이해한 바와 같이)과 '실체 변화[가톨릭에서의 화체설]'(transubstantiation)(프루스트가 이해한 바와 같이)를 회복하게 되는데, 이는 자신의 육체를 통해 세상의 육체와 다시 연결되기 위함이

다"(http://www.kristeva.fr/ philosophie_magazine_135.html).
39 앤 오번(Anne O'Byrne), 「배꼽: 세대 차이의 해석학을 향하여」("Umbilicus: Towards a Hermeneutics of Generational Difference")(in *Carnal Hermeneutics*) 182f.
40 몸을 책으로 보는 개념에 대해서는 카멘 맥켄드릭(Karmen McKendrick)의 『피부가 된 말씀』(*Word Made Skin*)(New York: Fordham University Press, 2004)과 존 마누사키스의 「미친 듯이 욕망하다: 몸, 영혼, 육체, 섹스」("Dying to Desire: Soma, Sema, Sarx, and Sex")(in *Somatic Desire: Recovering Corporeality in Contemporary Thought*)에서 참고할 수 있다. 읽기를 섭취하는 행위로 보는 몸-책 개념에 대해 더 알고 싶다면, 제1장의 40번 주석을 참고.
41 이곳에서 언급된 후설과 현상학자들 및 페미니스트들 외에도, 디디에 프랑크(Didier Frank), 장 뤽 마리옹(Jean-Luc Marion), 에마뉘엘 팔크(Emmanuel Falque), 장-뤽 낭시(Jean-Luc Nancy)와 같은 사상가들의 현상학적 육화에 대한 분석을 참고. 또한 인지 과학과 신경 과학과의 접목을 시도하는 다음의 전혀 새로운 세대의 현상학자들도 참고. 특히 에반 톰슨(Evan Thompson)의 『삶 속의 정신: 생물학, 현상학, 그리고 정신의 과학들』(*Mind in Life: Biology, Phenomenology, and the Sciences of Mind*)(Cambridge: Harvard University Press, 2010), 단 자하비(Dan Zahavi)의 『자아와 타자: 주체성, 공감, 그리고 수치심에 대한 설명』(*Self and Other: Explaining Subjectivity, Empathy, and Shame*)(Oxford: Oxford University Press, 2014), 그리고 숀 갤러거(Shaun Gallagher)와 단 자하비(Dan Zahavi)의 『현상학적 정신』(*The Phenomenological Mind*)(London: Routledge, 2007)을 참고. 또한 조지 레이코프(George Lakoff)와 마크 존슨(Mark Johnson)이 『몸 철학』(*Philosophy in the Flesh*)(New York: Basic Books, 1999)에서 현상학과 인지 과학 간의 논의에 중요한 기여를 한 점을 간과해서는 안 된다. 이 책에서 저자들은 "우리의 육체, 즉 살, 피, 힘줄, 세포와 시냅스와 우리가 일상에서 마주하는 모든 것들이 어떻게 우리를 우리로 만드는지"를 설명한다. 몸을 통한 육화에 대해 전면적인 철학적 재해석을 위해서 우리는 현상학적 접근과 인지과학적 접근 모두가 필요하다.
42 레스마 메나켐(Resmaa Menakem)은 "몸으로 아는 것"과 역사적 관점에서 트라우마의 전이에 대해 이야기한다. "우리의 몸은 우리의 인지적 뇌와는 다른 형태의 지식을 가지고 있다. 이 지식은 보통 수축이나 팽창, 고통이나 편안함, 에너지나 무감각 같은 감각으로 경험된다. 종종 이 지식은 말 없는 이야기로 우리 몸에 저장되며, 무엇이 안전하고 무엇이 위험한지에 대한 정보를 담고 있다." 레스마 메나켐, 『나의 할머니의 손: 인종화된 트라우마와 마음과 몸을 치유하는 길』(*My Grandmother's Hands: Racialized Trauma and the Pathway to Mending Our Hearts and Bodies*)(Las Vegas: Central Recovery, 2017, xvii.)
43 복음서에서 어떻게 예수가 자비나 동정을 느끼며 감정적으로 동요되는지를 묘

사하는 그리스어 동사는 *eusplagchnos*인데, 이는 *splagchnon*에서 파생된 말로, 내장이나 위장를 의미한다. 마태복음 9:36, 14:14, 15:32, 18:27, 베드로전서 3:8, 에베소서 4:32에서 그 용례를 확인할 수 있다. 자비(mercy)는 *merc*에서 유래하며, 이는 교환하고 연결하는 사람인 상인(merchant)과 같은 어원을 공유한다.

44 『어린 왕자』에서 여우의 말을 보라. "나의 비밀은 이거야... 중요한 것은 눈에 보이지 않아." 앙투안 드 생텍쥐페리(Antoine de Saint-Exupéry), 『어린 왕자』(*The Little Prince*)(Trans. Irene Testot-Ferry, Hertfordshire: Wordsworth, 1995) 82페이지.

45 지그문트 프로이트(Sigmund Freud), 「낯익은 두려움」("The Uncanny")(*New Literary History* 7.3 (1976)) 622-30페이지. 리차드 카니(Richard Kearney)의 「히니와 귀향」("Heaney and Homecoming")(in *Navigations: Collected Irish Essays*, 1976-2006, Syracuse, NY: Lilliput/Syracuse University Press, 2006) 228-34페이지 참조.

46 프로이트, 「낯익은 두려움」, 623페이지.

47 줄리아 크리스테바(Julia Kristeva), 『내게 너무 낯선 나』(*Strangers to Ourselves*) (New York: Columbia University Press, 1991), 제8장과 제9장.

48 마르틴 하이데거(Martin Heidegger)의 『존재와 시간』(*Being and TIme*)(Oxford: Blackwell, 1973) 제26-27, 40, 57절을 보라. "현존재(Dasein)가 무너질 때, 불안이 그것을 '세계'에 대한 지나친 몰입에서부터 다시 끌어낸다. 일상의 친숙함은 무너지고... 존재(Being-in)는 '고향을 잃어버림'(not-at-home)의 상태로 들어간다. 우리가 '낯익은 두려움'(*Unheimlichkeit*)에 대해 말할 때 뜻하는 바가 바로 이것이다"(제40절).

49 제임스 조이스가 말하는 "뇌를 초월한"(transcerebral) 무의식의 "본능적 언어"(visceral language) 개념에 대해 패트릭 헤더먼(Patrick Hederman)이 『오팔과 진주』(*The Opal and the Pearl*)(Dublin: Columba, 2017)에서 보여준 육체적 언어의 시학에 관한 연구를 참고. 헤더먼은 조이스가 『피네간의 경야』(*Finnegans Wake*)를 집필할 때 어떻게 무의식의 몸(이를 두고 융은 "뇌를 초월한" 것이라 부름)이라는 비인과적인 원리가 존재한다는 결론에 이르게 되었는지를 기록한다. 여기서 무의식의 몸은 "교감신경계와 같은 신경 기질(基質, substrate)과 연결되는데, 이는 기원과 기능면에서 중추신경계와는 전혀 다르다." 그 자체로 "생각과 인식"을 만들어내면서 말이다(55). 조이스는 이를 "명칭형식"(nameforms)이라는 시적 언어로 담고자 했는데, 그의 표현에 따르면 이는 "지혜를 연마하고, 그 지혜는 감각을 달콤하게 만드는 접촉을 전달하며, 그 감각은 애착에 붙들려 있는 욕망을 일으키고, 그 애착은 탄생을 괴롭히는 죽음의 뒤를 쫓고, 그 탄생은 실존성의 확신을 필요로 한다.... 이는 그의 배꼽에서부터 홀연히 분출되어 라마스바탐의 신성한 장벽에 이르게 된다." 조이스는

이어서 "대명사가 되기 이전 신나는 야생 상태"라는 "위장의 언어"를 찬미하는데, 이 언어는 "새겨지고 다듬어져" 결국 "환상의 나라로 가는 열쇠"를 제공하는 "청각적인 시각"이 된다(헤더먼, 74페이지에서 인용).
50 프로이트, 「낯익은 두려움」, 26페이지.
51 셰이머스 히니(Seamus Heaney)와 데니스 오드리스콜(Dennis O'Driscoll)의 인터뷰 (in *Stepping Stones*, London: Faber, 2008) 475페이지.

제3장. 상처 입은 치유자 이야기

1 아리스토텔레스(Aristotle), 『시학』(*Poetics*)(Montreal: McGill-Queens University Press, 1997), 제1권.
2 리차드 카니의 「트라우마 서사, 트라우마 쓰기: 호머, 셰익스피어, 조이스의 서사적 카타르시스」("Narrating Trauma, Writing Trauma: Narrative Catharsis in Homer, Shakespeare, and Joyce")(in Eric Severson, Brian Becker, and David M. Goodman, eds., *In the Wake of Trauma: Psychology and Philosophy for the Suffering Other*, Pittsburgh: Duquesne University Press, 2016)에서 이 주제에 대한 논의를 전개한 점을 참고. 헨리 나우웬(Henri Nouwen)은 『상처 입은 치유자』(*The Wounded Healer*)(New York: Doubleday, 2010)에서 "상처 입은 치유자"라는 용어를 깊이 있게 다루고 있다.
3 케이론의 상처는 치료할 수 없었고 참을 수 없을 만큼 고통스러웠기에, 그는 자신의 불멸을 포기하고 죽음을 맞이했다. 결국 그는 켄타우루스(Centaurus) 성좌의 별 중 한 자리를 얻게 된다. 필록테테스에 관하여는 셰이머스 히니의 『트로이에서의 치유』(*The Cure at Troy*)(New York: Farrar, Strauss and Giroux, 1990)를 참고. 탈레스에 대해서는 존 마누사키스의 「호텔, 병원, 그리고 수도원」("The Hotel, the Hospital, and the Monastery")(집필중)을 참고. 여기서 그는 탈레스의 치유철학을 그가 대지의 구덩이 아래로 추락하는 것과 연결 짓고, 이를 다시 『파이돈』(*Phaedo*) 마지막 행에서 소크라테스가 최후로 아스클레피오스의 지혜를 간청하는 것과 연결시킨다. "우리는 아스클레피오스에게 수탉 한 마리를 빚지고 있다네. 잊지 말고, 그것을 갚도록 하게"(115a7).
4 내가 케이론과 아스클레피오스에 관해 얻은 많은 영감은 내 형제 마이클 카니로부터 왔다. 그의 『치명적인 상처: 영혼의 고통, 죽음, 그리고 치유에 관한 이야기』(*Mortally Wounded: Stories of Soul Pain, Death, and Healing*)(New Orleans: Spring Journal, 2016) 151-71페이지. 『시냇물 속 둥지: 고통과 함께 하는 것에 관한 자연이 주는 교훈』(*The Nest in the Stream: Lessons from Nature on Being with Pain*)(Berkeley: Parallax, 2018) 46-50페이지. 그리고 아스클레피오스와 엘레우시스 밀교의 치유 의식에 관하여 그의 『치유가 일어나는 곳: 삶과

죽음 가운데 고통과 함께 지내기』(*A Place of Healing: Working with Suffering in Living and Dying*)(New York: Oxford University Press, 2000), 48–45, 53–54페이지를 참고.

5   몸 심리치료의 "통합적-관계적" 모델에 관하여 케이론의 이름에서 영감을 받아 진행된 선구적인 연구에 대해서는 린다 하틀리(Linda Hartley)가 편집한 『현대 몸 심리치료: 케이론식 접근법』(*Contemporary Body Psychotherapy: The Chiron Approach*)(New York: Routledge, 2009)을 참고. 또한 케이론-아스클레피오스식 접근법은 1982년 조엘 사바토프스키(Joel Savatofski)가 개발한 "터치하는 사람-마사지 프로젝트"(Toucher-Massager project)에도 잘 나타나 있는데, 이 프로젝트는 프랑스에서 운동역학 돌봄 분야에서 전문가 양성 프로그램으로 선구적인 역할을 했다("병리현상보다는 사람에 초점을 맞춘 동반자 케어").

6   원문은 엠마(Emma)와 루드윅 에델스타인(Sedelstein)이 공동 편집한 『아스클레피오스: 증언 모음 및 해설집』(*Asclepius: A Collection and Interpretation of the Testimonies*)(Baltimore: John Hopkins University Press, 1945) 참고. 또한 「아스클레피오스와 그의 동물들의 치유 역할」("Asclepius and His Animals's Role in Healing")(2018)도 참고. https://www.ukdiss.com/examples/asclepius-animal-roles-healing.

7   『옥스퍼드 고전 사전』(*Oxford Classical Dictionary*)(New York: Oxford University Press, 1996) 188페이지. "아스클레피오스" 참고.

8   『치유가 일어나는 곳』에서 마이클 카니는 히포크라테스와 아스클레피오스 의학 전통 사이에서 주목할 만한 차이점을 보여준다. "우리는 고통을 함께 겪으면서 치유의 신비에 이른다"라는 아스클레피오스의 핵심 메시지에 찬성하면서도, 저자는 히포크라테스식 접근법이 질병을 치료하고 고통을 감소시키며, 만성 및 불치병 환자들에게 삶의 질을 개선 시키는 효과를 입증해 온점도 이해한다. 히포크라테스식 접근법은 의사들이 가진 고통에 대한 타고난 공포심과 잘 맞아떨어져, 의사들이 고통받고 있는 환자들에게로 가까이 접근하면서도, 하얀 가운, 청진기, 엑스레이, 그리고 진단 차트로 이뤄진 보호막 뒤에서 환자의 고통을 관찰하면서 환자와 "접촉하지 않으면서" 안전한 거리를 유지한다는 점을 마이클 카니는 인정한다. 히포크라테스식으로 설명하자면, 의사와 환자의 만남이 성공적이라는 것은 결과적으로 모든 면에서 고통이 경감되는 것이다. 의사의 고통과 함께 환자의 고통도 경감되는 것이다. 의학에는 히포크라테스식 접근법과 아스클레피오스식 접근법 모두가 필요한 것이다.

9   마이클 카니, 『시냇물 속 둥지』(*The Nest in the Stream*) 48-50페이지 참고. 저자는 13세기 수피교(Sufi) 시인 루미(Rumi)를 인용한다. "고개를 돌리지 마라. 붕대가 감긴 곳을 계속 바라보라. 이곳이 바로 빛이 들어가는 곳이니라." 이 구절은 레오나드 코헨(Leonard Cohen)의 유명한 시구 "모든 것에는 틈이 하나 있다. 그곳이 바로 빛이 들어가는 곳이다"에 영감을 주었다.

깊이 읽기   **189**

10　마이클 카니. 50페이지. 또한 존 J. 프렌더개스트(John J. Prendergast)의 『접촉』(*In Touch*)(San Francisco: Sounds True, 2015) xvii, 99-170페이지에서 몸의 증언을 통해 상호치유가 일어나는 현상을 참고.

11　히기에이아와 텔레스포루스 외에도 아스클레피아데스(Ascelpiades)라는 무리로 알려진 아스클레피오스의 다른 자녀들로는 파나케아(Panakea)와 이아소(Iaso) 두 딸이 있었는데, 이들은 치료를 위한 돌봄과 관련이 있다. 아스클레피오스는 대개 그의 자녀들과 동물들을 데리고 치유를 했는데, 이러한 집단 요법은 주류 서양 의학에서는 거의 사라진 관습이 되었다. 아스클레피오스 사원에 온 사람들은 대개 집단으로 방문해서 봉헌물을 드리고, 식물, 광물, 목욕, 몸 마사지, 주문, 꿈 활동으로 이뤄진 "혼합된" 처방으로 종종 공동체 치료법을 경험했다.

12　COVID-19 기간 동안 임종을 맞이하거나 혹은 가족 및 사랑하는 사람들과의 촉각 접촉이 단절된 환자들을 붙들고 매만져준 간병인들의 이야기는 수없이 많고도 감동적이었다. 이 책의 마지막 장을 참고.

13　성경 애가에 나오는 솔로몬과 술람미 여인에서부터 성경의 정경상(cannonical) 부부인 야곱과 라헬, 다윗과 밧세바, 룻과 보아스에 이르기까지 대표적인 성경 속 연인들 간 육체적인 소통뿐만 아니라, 이삭에게서 야곱에게로 촉각을 통해 축복이 전달된 점을 참고하라. 비록 이 장에서 나는 내게 익숙한 해석학적 전통인 성경과 기독교 전통에 초점을 맞추고 있지만, 상처 입은 치유자라는 개념이 성경 이외의 많은 영적 전통에서도 존재한다는 점을 알고 있다.

14　신시아 부조(Cynthia Bourgearult)의 『앎이라는 지혜로운 길: 마음을 깨우치기 위한 고대 전통 회복』(*The Wisdom Way of Knowing: Reclaiming an Ancient Tradition to Awaken the Heart*)(New York: Jossey-Bass, 2003) 10페이지에서 인용. 또한 부조의 『막달라 마리아의 의미: 기독교 정수에서 발견하는 여성』(*The Meaning of Mary Magdalene: Discovering the Woman at the Heart of Christianity*)(Boulder: Shambala, 2010)에서 기독교를 육체적, 관계적, 통합적, 치유적인 지혜로 이해하고 있음도 참고. 이처럼 성경에서 나오는 체현된 종류로서의 앎은 아브라함의 세 가지 전통[유대교, 기독교, 이슬람교]에서 종종 "심장"(*qalb*) 또는 "자궁"(*rechem*)과 연관된다. 「방어적이지 않은 지식: 리처드 로어와 틸덴 에드워즈의 대화」("Undefended Knowing: A Conversation Between Richard Rohr and Tilden Edwards," *HuffPost*, 2013) 참고. "심장의 영적인 능력은 직관적인 인식을 특징으로 ... 외부에 실제 존재하는 것에 대해 포용적이고, 동정적이며, 방어적이지 않고, 직접적인 **접촉** 상태에 있는 감각이다. 방어적이지 않은 지식은 우리가 사고하는 정신 이면으로 내려가 두려움이나 어려움 없이 에고(ego)의 자아 감각으로부터 자유롭게 실제 경험과 접촉할 수 있게 한다."

15　여기서 나는 성상에 깃든 시각과 터치 사이의 관계를 탁월하게 분석한 스테

파니 럼프자(Stephanie Rumpza)의 「성상의 중재에 관한 현상학」("Phenomenology of Iconic Mediation")(2019년 보스턴 대학 박사논문) 중, 특히 "대체"(Substitution)에 관한 장에서 도움을 받았는데, 이 장에서 성상은 우리가 육체적인 방식으로 관계하는 대체된 몸으로써 논의된다. 스테파니는 "성화를 우리의 터치에 관한 하나의 상징적인 몸으로 변화시킴으로써 [이미지를] 육신으로 대체하는 작업은 성상의 존재감을 강화시킨다"고 기록한다. "따라서 성상이 지닌 시각적 특성은 결국 우리에게 성상이 가진 육체적 존재감을 강화시키고, 스스로를 시각적 유사성과 육체적 확장 차원에서 대체할 동기를 부여한다. 이러한 점에서 성상은 우리를 향한 신의 부르심 또는 우리를 향한 신의 시선을 강화시킬 수 있다." 촉지성 시각에 관한 이러한 비잔틴식 개념은 메를로-퐁티(Merleau-Ponty)가 『보이는 것과 보이지 않는 것』(*The Visible and the Invisible.* Evanston, IL: Northwestern University Press, 1968)의 제4장에서 가시성과 촉지성의 공감각적 "뒤얽힘"을 논의한 것보다 앞선 것이다.

16 나는 여기서 유대, 이슬람, 또는 다른 비 아브라함 계열 전통이 아닌 기독교 전통에 초점을 맞추고 있는데, 이는 기독교가 다른 것보다 더 중요해서 또는 더 진실되다고 생각해서가 아니고, 내가 성장한 영적 전통이기 때문이다. 기독교는 내가 속한 공동체의 해석학적 내러티브가 된다. 대체주의(supercessionism: 현재 기독교 교회가 유대교나 유대주의를 대체한 것이라는 신학)적 의도는 없다.

17 쉘리 램보(Shelly Rambo)의 『상처 되살리기: 트라우마 사후세계에서 살기』(*Resurrecting Wounds: Living in the Afterlife of Trauma*)(Waco, TX: Baylor University Press, 2018) 참고.

18 요한복음 2장에서 예루살렘 성전은 무너진 후 삼 일 만에 다시 세워진다는 점에서 그리스도의 몸(단지 그의 영혼만이 아닌)과 동일시된다. 예수는 바리새인들과 논쟁하며 "너희가 성전을 허물면 내가 삼 일 만에 다시 세우리라"고 말한다. 그러자 그들이 그 성전은 지난 사십육 년 동안이나 지어지고 있다며 예수를 반박할 때, 요한복음은 우리에게 예수가 "그의 몸이라는 성전에 대한 이야기"를 하고 있었다고 전해 준다. 비슷한 맥락에서 바울의 고린도전서 6장 13절에는 육체를 입은 사람들을 "성령의 성전들"로 지칭한다.

19 마가복음 3장도 참고. "예수가 많은 이들을 치유하였고, 그러자 병든 자들이 그를 만지고자 몰려왔다."

20 요한복음 6:51에 나온 파격적인 성육신에 관한 주장을 살펴보자. "나는 천국에서 내려온 살아있는 빵이다. 이 빵을 먹는 자는 누구나 영원히 살 것이다. 그리고 내가 줄 빵은 세상의 생명을 위한 나의 살(flesh)이다"(요한 6:51). 신이 살이 된다는 주장(요한 1:14)에 대해 리차드 로어는 다음과 같이 기록한다. "성육신은 불명예스럽고, 충격적이며, 은밀하면서, 성적이다. 그리스도는 '이것을 생각하라, 논쟁해라, 쳐다보라'고 말하지 않았다. 그는 '이것을 먹으라!'고 말했다.

둘을 하나로 만드는 역동적이고도 쌍방향적 사건이다. 간디(Ghandi)가 말하길, '세상에는 굶주린 사람들이 너무도 많아서 신께서는 음식의 형태로만 이 세상에 오실 수 있었다. 신께서 설교나 성경의 형태뿐만 아니라, 음식의 형태로도 우리 삶 속으로 들어오신다는 것은 정말 놀라운 일이다.' 신은 단지 우리를 가르치기 보다는 우리를 먹이기 위해 오신다. 신을 사랑하는 사람들은 이점을 이해하고 있다"(*Contemplation and Action*, May 16, 2016).

21 조르조 아감벤(Giorgio Agamben)의 「영화로운 몸」("The Glorious Body")(in *Nudities*, Stanford: Stanford University Press, 2009) 참고.

22 리차드 카니, 『재신론: 신 이후 신에게로 되돌아가기』(*Anatheism: Returning to God After God*)(New York: Columbia University Press, 2010). 사도 도마 (Thomas Didymus, 디두모스는 아람어로 쌍둥이라는 의미)는 처음에 믿음에서 시작하여 불신을 거쳐, 다시 두 번째 (재)믿음으로 옮겨간 전형적인 재신론자(anatheist)이다. "네 손을 내 옆구리에 넣어 봐라. 믿지 못하는 자가 되지 말고 믿어라"(요한 20:26). 도마는 그리스도의 쌍둥이인 재신론자로 이해될 수 있다. 도마와 그리스도는 터치하고 터치되는 이중 감각 안에서 서로를 필요로 하기 때문이다.

23 램보의 『상처 되살리기』와 토마스 헬릭(Thomas Halik)의 『상처를 만지라』(*Touch the Wounds*)(Notre Dame University Press, 2020) 참고. 또한 제이콥 마이어링 (Jacob Meiring)은 그의 학제 간 연구 「살로 체화된 지각, 의식, 그리고 몸 지형도」("Theology in the Flesh—Embodied Sensing, Consciousness, and the Mapping of the Body")(*Theological Studies* 72, no. 4 (Summer 2016))에서 분명 우리의 육체 해석학 연구와 맞닿아 있다.

24 니체, 『적그리스도』(*The Anti-Christ*), 앨리스 밀러(Alice Miller)의 『치지 않은 건반』(*The Untouched Key*)(New York: Anchor, 1990) 112페이지에서 인용.

25 리차드 로어가 이탈리아 중부 마을 아시시(Assisi)에 있는 작자 미상의 조형물에 대해 정리한 프란치스코회(Franciscan)의 터치 미학을 참고. "아시시의 성 프란치스코가 묻혀 있는 초대교회 양식인 바실리카 교회 상층부에는 성령을 기다리는 멋진 성 프란치스코의 동상이 있다. 일반적으로 그렇듯이 위를 쳐다보기 보다는, 그는 경건하고 갈망하는 모습으로 **아래를**, 즉 성령이 흙과 뒤엉켜 있는 지상을 내려다본다. 프란치스코는 성령이 실제로 **내려왔음을** 알고 있었다. 성령은 영원히 그리고 무엇보다도 바로 **여기**에 있다! 많은 예술가들은 성육신을 본능적으로 이해하고 있다. 이들은 저 멀리 있는 성스런 장소가 바로 이곳으로 옮겨오는 위대한 위치 이동이 일어나는 것을 이해한다. . . . 아마도 예술가들은 단지 말로만 신학자인 사람들보다 이 신비에 훨씬 쉽게 접근할 것이다"(Center for Action and Contemplation, Nov. 13, 2019).

26 요한과 테레사의 에로틱한 신학적 신비주의 비전에 관한 나의 논의를 참고. 「술람미 여인의 노래: 승천하고 하강하는 에로스」("The Shulamite's Song: Eros

Ascending and Descending")(in Virginia Burrus and Catherine Keller, eds., *Toward a Theology of Eros: Transfiguring the Passions,* New York: Fordham University Press, 2006) 322–40페이지. 또한 미셸 푸코(Michel Foucault)의 『성의 역사』(*The History of Sexuality*) 4권 (New York: Knopf Doubleday, 2021) 참고. 에로틱 신학 신비주의(theoerotic mysticism)는 단지 기독교 전통에만 국한되지 않고, 유대 카발라(Kabbala, 유대교 신비주의) 문학과, 여성 신비론자인 미라바이(Mirabai), 라바이(Rabai), 그리고 루미(Rumi), 또한 하피즈(Hafiz)의 이슬람 신비주의 시학에도 다양하게 나타난다.

27 『테레사 데 헤수스의 삶』(*The Life of St. Teresa of Jesus*)(3rd ed., trans. David Lewis, New York: Benzinger, 1904) 29:16–18페이지에서 인용. 같은 구절에서 테레사는 다음과 같이 덧붙인다. "[역자 원문에서 추가: 그 고통은 육체의 것이 아니라 영혼의 것이었다.] 비록 육체에도 고통이, 심지어 커다란 고통이 있긴 했지만 말이다. 이 고통은 영혼과 하느님 사이에서 일어나는 사랑의 어루만짐인데, 내게는 너무도 달콤하여 누군가 내가 거짓말을 하고 있다고 생각하거든 그 사람도 이것을 경험하게 해달라고 나는 선하신 하느님에게 기도한다. 이런 경험이 계속되던 날 동안, 나는 제정신이 아닌 듯 돌아다녔다. 나는 어느 누구도 만나거나 말하고 싶지도 않았고, 오직 내 고통만을 간직하고 싶었다. 이 고통은 세상의 어떤 피조물들이 줄 수 있는 것보다 더욱 커다란 행복이었다"(16–18). 테레사는 그녀의 유명한 『마음속의 성전』(*The Interior Castle*)에서 신비주의 에로스의 "육체 해석학"을 발전시켰다. 성스러운 연인[신]이 자신의 인장으로 사랑하는 이[인간]의 몸에 자국을 남길 때 등장하는 신의 손길에 관한 성경 아가서의 구절(8:6)을 떠올리며 테레사는 다음과 같이 기록한다. "영혼은 이제 자신을 하느님의 손에 맡겼다. . . . 그분의 뜻은 바로 이러하니라. 영혼은 방법도 모른 채 인장이 눌러 새겨질 때의 밀랍과도 같이 . . . 하느님의 인장과 함께 봉인되리라." 흥미롭게도 여기서 테레사는 직접 손으로 봉인하고 도장찍는 행위를 이중으로 뒤집는 터치 행위로 전환하는데, 이제는 바로 신성한 밀랍이 인간 연인의 손으로 밀봉되고 직인 찍히게 된다! "주께서는 오직 우리의 의지만을 원하시고, 당신의 밀랍이 어떠한 방해도 되지 않기를 바라십니다"(카니의 「술람미 여인의 노래」 328–29페이지에서 인용되고 논의됨).

28 프로이트 이후 일부 비평가들은 가학피학성 성욕(sadomasochism)이 신비주의적 에로티시즘과 비슷한 논리 체계를 따른다고 지적한 바 있다. 비록 형태는 비슷해 보이지만, S-M은 지배하는 주체(사디즘)와 지배당하는 객체(마조키즘) 간 능동-수동이 동시에 일어나는 성관계에 담긴 이중 감각을 포기한다는 점에서 (프로이트 관점에서는) "변태적"이라 할 수 있다. S-M 파트너들은 신비주의적 또는 낭만적인 연인들처럼 서로 만지고 만져지는 행위에 참여하기보다는, 고통에 굴복하거나 고통을 가하는 행위를 교대한다. 그러나 필립 아담스(Philip Adams)가 제시하기를 S-M 변태성욕은 가끔 복종-공격이라는 순전한 권력 역

학에서 유혹과 항복, 주도하기와 주도 당하기라는 에로틱한 무도극으로 변하기도 한다. 여기서 놀이 환상의 역할이 그 핵심이 된다.

29 『영적 찬가』에서 십자가의 요한은 사랑하는 이의 아름다움으로 인해 마음에 눌려 찍힌 흔적이 남은 "상처받은" 수사슴의 관점에서 연인들의 관계를 묘사한다 (여기서도 애가서 8장 6절이 떠오른다. "내 마음을 인장으로 찍다"). 혼인 관계는 시각에 선행하는 이미지인 향, 맛, 그리고 촉각이 가득한 결혼 축하연에서 절정을 이룬다(26-28연). 요한은 신비론자 연인이 "자신이 포도주 저장고 안에서 사랑하는 이를 마실 때" "자신이 침대 안에 있듯이 그녀의 연인이 자기 안에 있음을 느끼고," 그녀의 "마음이 그의 터치로 인해 떨림"을 느낀다고 기록한다 (25-26연). 이 구절에 대해서는 『술람미 여인의 노래』 324-27페이지에서 나의 분석을 참고.

30 『그리스도와 살아가기』(*Living with Christ*, no. 10 (October 2019)) 134페이지에서 인용.

31 *host* (*hospes*)라는 용어에 담긴 멋진 양가성에 주목하라. 이 용어는 먹이는 사람이면서 대접받는 사람을 의미하는데, 이는 주인이면서 동시에 손님이 된다. *Hospes*는 환대(hospitality), 호스피스(hospice), 병원(hospital)의 공통 어원이 된다. 식당 주인을 높여 부르는 용어인 *restaurateurs*에서도 주인은 손님에게 정찬(*table d'hôte, hôte*라고도 불림)을 대접한다. 그리고 이 몸을 통한 환대가 지닌 이중 감각, 즉 주인-손님의 이중 감각은 결코 아브라함과 그리스-로마 전통에만 국한되지는 않는다. 누군가를 먹이고 대접받는 몸을 통한 환대는 많은 비서구권 종교 문화들에서 핵심이기도 하다. 예를 들어, 불교의 특정 교파(일본의 힌주 고칸, *hinju gokan*)에서 평등의 이상적인 모델이 주인과 손님의 상호 순환이다. 선불교 철학자인 우에다 시주테루(Ueda Shizuteru)가 기록하기를 "주인 역할을 자유롭게 주고받는 것은 대화에서 가장 핵심이 된다." 브렛 데이비스(Bret Davis)의 「선종의 비자아중심적 관점」("Zen's Nonegocentric Perspectivism")(in Steven Emmanuel, ed., *Buddhist Philosophy: A Comparative Approach*, London: Blackwell, 2018)에서 인용.

32 장-루크 낭시(Jean-Luc Nancy)의 『나를 만지지 말라』(*Noli Me Tangere*)(New York: Fordham University Press, 2008)를 참고.

33 그리스어 *ekratesan*는 "포옹"을 의미한다. 동사 *kratō*는 "힘을 갖고 있다"라는 뜻의 *Krātos*와 연결되어 "꼭 붙잡다"라는 뜻을 지닌다(demo-*cracy*와 So-*crates*에서처럼). 막달라 마리아의 포옹이 단 한 번의 제스처로 그리스도를 민주적이며 소크라테스적인 존재로 만들었다고 상상할 수 있겠다. 사람들과 하나가 되면서도 철학자처럼 지혜로운 모습으로! 이 해설에 대해 나는 존 마누사키스에게 감사를 전한다. 『형이상학 이후의 신: 신학적 미학』(*God After Metaphysics: A Theological Aesthetic*)(Bloomington: Indiana University Press, 2007) 151-52페이지에서 이 구절들에 대해 그가 논의한 것을 참고.

34 리차드 카니와 제임스 테일러(James Taylor), 『이방인 대접하기: 종교 사이에서』(Hosting the Stranger: Between Religions)(New York: Continuum, 2012)에서 논의된 몸을 통한 환대에 관한 예시를 참고.

제4장. 치유하는 터치

1 죽음충동이라는 사고체계를 디지털 탈육화(제5장 참고)에 대한 논의로 연결시켜 보자. 죽음충동이 육체의 즐거움을 의미하는 것보다 우리가 사용하는 디지털 기기로 반복적으로 돌아가는 현상과 유사한지에 대해 우리는 질문할 수도 있을 것이다. 디지털 집착은 죽음충동의 반복강박인가?
2 요한 하위징아(Johan Huizinga)는 모든 예술과 문화는 놀이와 함께 시작된다고 기록한다. 예를 들어 곡예사가 놀이하고 장난치는 것을 바라보면서 어린아이가 경험하는 최초의 경이감에서처럼 말이다. 『놀이하는 인간』(Homo Ludens)(New York: Random House, 1938).
3 "터치는 프로이트 이후로 혐오 받는 치료법이 되었다. 손을 얻는 행위가 전통적인 치유법에서는 흔한 일이었음에도 말이다." 레드몬드 오핸론(Redmond O'Hanlon)의 「양극성 장애 치료에서 터치의 가능성」("The Potential of Touch in Bi-Polar Disorder Therapy (BPD)")(The British and Irish Group for the Study of Personality Disorder Annual Conference, Belfast, 2014에서 발표된 논문).
4 1893년 프로이트가 브뤼어에 보낸 편지, 『지그문트 프로이트의 편지』(Letters of Sigmund Freud, 1873-1939)(New York: Dover, 1960).
5 논쟁이 되는 이 주제에 관해, 수지 오바흐(Susie Orbach)의 『불가능한 섹스: 치료사와 환자의 친밀한 관계에 관한 이야기』(The Impossibility of Sex: Stories of Intimate Relationship Between Therapist and Patient)(New York: Scribner, 2000)를 참고. 또한 쇼쉬 애쉬리(Shoshi Asheri)의 「터치하거나 터치하지 않기: 관계적 몸 심리치료요법」("To Touch or Not to Touch: A Relational Body Psychotherapy Perspective")(in Linda Hartley, ed., Contemporary Body Psychotherapy: The Chiron Approach, New York: Routledge, 2009) 106-20페이지 참고. 바벳 로스차일드(Barbette Rothschild)(『몸이 기억한다』(The Body Remembers))와 몸에 집중하는 트라우마 치료사들처럼, 애쉬리는 "가벼운 터치" 또는 "붙들어 주기"에 대해 매우 조심스런 접근을 취한다. 그녀는 환자가 치유 과정에서 특정 순간 확고한 [자아의] 경계를 세우는데 도움이 되도록 가벼운 터치나 붙들기 요법을 신중하게 사용한다. 치료자와 환자 사이에서 공간적 관계를 섬세하게 협의하는 문제는 몸 치료에서 핵심 요소가 된다. 특히 빌헬름 레이히의 초기 직업적 범죄 [치유사와 환자의 성적 관계] 이후 정신분석에서의 성적 금기와 트라우마 치료에 깊이 내재된 터치의 본질을 깊이 이해하며 애쉬리

는 다음과 같이 기록한다. "어떤 터치는 환자를 보듬어 줄 수 있다. 그러면 트라우마가 고찰될 수 있다. 하지만 같은 터치가 또 하나의 트라우마를 일으킬 수도 있고, 상처 입은 치료자를 그 순간 상처 주는 치료자로 만들 수도 있다. 그렇다고 해서 이 때문에 모든 터치를 반드시 회피해야 하는 것은 아니다. 지속적인 협의가 필요한 생동감 있고 창조적인 변증법적 과정으로서 터치를 적용하는 방법과 그것의 딜레마를 인식해야 하는 또 하나의 이유가 되는 것이다"(111). 내가 어느 훌륭한 프랑스 트라우마 치료사를 경험한 바로는, 관례적으로 하는 악수나 전형적인 프랑스식 포옹으로 치료 차시를 시작하고 끝맺으면서 환자들이 상호주관적인 관계에 참여하고, 신뢰를 쌓으며, 받아들여짐에 대한 긍정적인 신호를 보였다. 이는 환자나 치료사가 육체를 가진 주체이며, 단지 입만 가진 존재가 아님을 기억하게 해 준다. 어린 시절 장기적인 학대를 겪었던 누군가에게 말을 걸려고 하는 것은 뇌종양 환자에게 솔파딘(Solpadine [두통약])을, 또는 괴저(gangrene) 환자에게 엘라스토플라스트(Elastoplast [스포츠 붕대])를 처방하는 것과 유사하다고 오핸론(O'Hanlon)은 기록한다(「터치의 가능성」).

6   헬렌 뱀버, 「사적인 터치」("Personal Touch")(BBC interview, Oct. 6, 2002). 고통을 "듣고" "간직하는" 카타르시스의 이중적 특성에 대해 이 책의 제1장 "공명"(Resonance) 파트에 있는 뱀버에 관한 논의와 리차드 카니의 연구 『이야기에 관하여』(*On Stories*)(New York: Routledge, 2002) 65-66, 140-41페이지를 참고.

7   헬렌 뱀버, 『귀담아듣는 사람』(*The Good Listener*)(London: Wiedenfeld and Nicolson, 1998) 88-89페이지.

8   뱀버, 228페이지.

9   제임스 햄블린(James Hamblin), 『몸이 말을 할 수 있다면: 인간의 몸을 움직이고 유지하는 가이드』(*If Bodies Could Talk: A Guide to Operating and Maintaining a Human Body*)(New York: Doubleday, 2016).

10 오 핸론은 「터치의 가능성」("The Potential of Touch")에서 다음과 같이 기록한다. "터치는 대화 요법이 다다를 수 없는 어둡고 억압된 기억들을 해방시키면서 인지적인 저항을 뛰어넘을 수 있다. 이는 훨씬 더 많은 기억들이 뇌보다는 몸에 저장되어 있기 때문이다." 터치는 환자의 부모나 1차 보호자와의 "애착" 경험에서 고통스럽게도 부재해 왔던 감각, 즉 환자가 양육되고 안전하게 보호된다는 온전한 감각을 다시금 회복할 수 있다. 하지만 올바른 치료 환경에서 터치가 기본적인 신뢰와 받아들여짐의 감정을 증대시키고, 이후 카타르시스적 해방이 일어날 수 있는 반면, 잘못된 환경에서 터치는 파괴적인 재트라우마화를 일으키면서 커다란 해를 불러올 수 있음을 인식하는 것 또한 중요하다. 이 작업에는 몸과 마음 두 수준 모두에서 치유사와 환자에 대한 전문적으로 숙련된 통찰력이 필요하다. 다시 말하자면, 우리는 상당히 섬세한 육체 해석학이 필요하다는 점을 알게 된다.

11 베셀 반 데어 콜크의 『몸은 기억한다』(*The Body Keeps the Score*) 27쪽, 246-47쪽 참고. 이 연구에서 저자는 트라우마 피해자들이 말로는 다 설명을 못할 때 몸 내부에서 일종의 안전지대나 피난처가 필요하다고 논의한다. 본 저서의 제4장 전체적으로 나는 콜크의 이 훌륭한 연구에 실로 많은 빚을 졌다. 또한 소니아 고메즈 실바(Sonia Gomes Silva)의 최근 연구『터치와 움직임으로 신체 경험에 참여하기: 트라우마 해소 접근법』(*Engaging Touch and Movement in Somatic Experiencing: A Trauma Resolution Approach*)(New York: IUGS, 2014)을 참고. 뒤에서 진실과 화해 운동에 대해 논의할 때 신체적 공존을 통해 치유하는 문제로 되돌아 가겠다.
12 2008년 한 해만 하더라도 거의 2만 명의 5세 이하의 어린이가 향정신성 약을 처방받았다(『몸은 기억한다』 37페이지에서 인용).
13 『몸은 기억한다』 38페이지.
14 하틀리(Hartley)의 『현대 몸 심리치료』(*Contemporary Body Psychotherapy*)에 포함된 훌륭한 연구들을 참고. 특히 마이클 소스(Michael Soth)의 「인간주의적 전체론에서 '통합적 프로젝트'를 경유하여 통합 관계적 몸 심리치료로 나아가기」("From Humanistic Holism via the 'Integrative Project' Towards Integral-Relational Body Psychotherapy") 64-88페이지 참고.
15 이 인용문이 수록된 『우울의 이해와 극복』(*Understanding and Overcoming Depression*)(New York: Random House, 2001)의 저자인 아일랜드 정신과 의사 토니 베이츠(Tony Bates)에게 감사를 표한다.
16 여기서 오핸론이 신뢰를 치료적으로 회복하는데 있어 "터치의 드라마"를 옹호한 점을 참고(「터치의 가능성」). 그는 우리 피부가 시상하부-뇌하수체-아드레날린 축과 더불어 음색과 템포를 통해 경험을 리드미컬하게 이해하는 능력을 가진 원초적인 "두 번째 귀" 역할을 한다고 기록한다. 우리의 "태초 연극적 감각"(archaic histrionic sensibility)에 대해 그는 다음과 같이 기록한다. "초기 애착 결핍은 유아와 제1보호자 사이 몸을 통한 관계가 제대로 조율되지 않기 때문인데, 이는 궁극적으로 신뢰의 결핍, 일련의 불안한 관계 형성, 그리고 문제 행동을 끊임없이 야기하는 정서적 조절 장애에 이르게 한다." 크리스토퍼 볼라스(Christopher Bollas)와 데이비드 보아델라(David Boadella)를 인용하면서 오핸론은 대인관계에서 신뢰 수립을 위한 "신체적 대화"(켈레만(Kelleman)와 로스차일드(Rothschild)가 추천하듯이)를 실천할 것을 제안한다. 이는 성공적인 치료 요법을 위한 필수 요소이다.
17 『몸은 기억한다』 46페이지.
18 얼 그레이(Earl Grey), 『당신의 마음을 통합하라: 느끼는 뇌, 사고하는 뇌, 행동하는 뇌』(*Unify Your Mind: Connecting the Feelers, Thinkers, and Doers of Your Brain*)(Pittsburgh: CMHW, 2010)
19 『몸은 기억한다』 56-68페이지 참고. 또한 마리아나 반 모어(Mariana Van

깊이 읽기 **197**

Mohr)의 「정서적인 터치로 고통을 사회적으로 완화하기」("The Social Buffering of Pain by Affective Touch")(*Social Cognitive and Affective Neuroscience* (2018)) 1-10페이지 참고.

20 『몸은 기억한다』 274, 276 페이지 참고. 또한 오핸론의 「터치의 가능성」을 참고. "[치료사가] 신체를 가진 주체, 터치와 몸을 통해 움직이는 주체로서의 환자를 대하면 . . . 환자의 콜티솔과 아드레날린 수치를 낮추어 면역체계를 강화시킨다. 조울증 환자들에게 터치는 실로 삶을 긍정하고 신뢰감을 높여 줄 수 있는데, 이는 상당한 무의식의 고통, 상실, 부재 또는 학대가 불수의근에 암호화되어 있기 때문이다. 터치는 옥시토신 생성을 촉진시키고, 다양한 경계와 자아에 대한 견고한 감각을 세우는데 있어 올바른 상황에서는 대단히 중요한 역할을 할 수 있다. 그래서 적은 애착 경험이 운동 근육과 불수의 근육에 깊이 내재해 있는 문제 행동아(BPs)들에게는 경계와 자아에 대한 견고한 감각이 희박하다."

21 유진 젠들린(Eugene Gendlin)과 피터 레빈(Peter Levine) 같은 사상가들의 선구적인 연구들을 참고. 『집중하기』(*Focusing*)와 『몸이 꿈을 해석하게 하라』(*Let Your Body Interpret Your Dreams*)에서 "몸의 감각"과 "경험 심리치료"에 관한 젠들린의 연구는 지금까지도 상당한 영향력이 있고, 레빈의 『호랑이 깨우기』(*Waking the Tiger*)와 『들리지 않는 목소리』(*The Unspoken Voice*)에 나타난 "몸으로 경험하기"에 관한 연구는 새로운 몸 치료에 지대한 영향을 주었다. 앨리스 밀러(Alice Miller)의 다음 연구도 참고. "유년 시절에 관한 진실은 우리 몸 속에 저장되어 있다. 비록 그것을 억누를 수는 있지만, 우리는 결코 그것을 바꿀 수는 없다. 우리의 지적 능력은 현혹되기도 하고, 감정은 조종당하기도 하며, 생각은 혼동되며, 우리 몸은 약물로 속임을 당하기도 한다. 하지만 언젠가 우리 몸은 우리에게 계산서를 들이밀 텐데, 이는 아직 영혼이 건강한 어린아이처럼 우리 몸이 어떠한 타협이나 변명을 받아들이지 않을 정도로 순수하기 때문이고, 우리가 진실을 회피하는 한 우리 몸이 우리를 괴롭게 할 것이기 때문이다"(오핸론 「터치의 가능성」에서 인용).

22 『몸은 기억한다』 22페이지. 반 데어 콜크는 감정 뇌와 몸에 나타나는 외상후스트레스장애 반응에 대해 통찰력 있게 분석한다. "이 지점에서는 의식 활동에 지배되지 않고 언어로 소통하지 않는 감정 뇌가 우세해진다. 감정 뇌(대뇌변연계 영역과 뇌간)는 감정 자극, 신체 생리학, 그리고 근육 활동의 변화를 통해 스스로 활성상태를 표현한다. 보통 상황에서 이성과 감정이라는 두 가지 기억 체계는 협력해서 통합된 반응을 보인다. 하지만 고도로 각성 상태가 되면 이 둘 사이 균형은 변화할 뿐만 아니라, 해마회(hippocampus)와 간뇌 시상(thalamus)과 같이 유입되는 정보를 올바로 저장하고 통합하는데 필수적인 다른 뇌의 영역들을 분리시킨다. 결과적으로 트라우마 경험의 흔적들은 일관된 논리적인 내러티브로서가 아닌, 파편화된 감각과 감정의 흔적으로 조직된다. 이미지, 소리, 그리고 신체 감각으로 말이다"(178). 또한 트라우마를 연상 활동, 즉 흩어진 파편

에서부터 과거 및 현재에 관한 일관된 내러티브 시간개념으로 이행하는 연상 활동이 결여된 해리 작용으로서 논의한 자네(Janet)와 프로이트에 대해 훌륭하게 분석한 콜크의 논의를 참고(183-84).

23 안구운동 민감소실 재처리 요법(Eye Movement Densitization and Reprocessing, EMDR)은 보스턴 대학(Boston University)에서 반 데어 콜크와 그의 동료들이 성공적으로 수행한 치료 요법이다.

24 로버트 보스낵(Robert Bosnak)의 『체현: 의학, 예술, 여행에 관한 창의적인 상상력』(*Embodiment: Creative Imagination in Medicine, Art and Travel*)(New York: Routledge, 2007) 참고. 라둘레 바이닝거(Radhule Weineger)가 『마음작용』(*Heartwork*)(Boulder: Shambala, 2017)에서 "몸을 통한 치료"를 "장기 재발성 고통 패턴"(long standing recurrent painful patterns [LRPPS: 트라우마와 같이 어떠한 고통이 장기적으로 재발하는 패턴]) 현상에 적용한 점도 참고. 또한 케이론식 접근법과 유사한 작업들도 참고. 이 작업들은 하틀리의 『현대 몸 심리치료』(*Contemporary Body Psychotherapy*)에 포함된 임상 연구들에 잘 나타나 있다. 마리안 던리(Marian Dunlea)의 저서 『발달적 트라우마 치료에서 몸으로 꿈꾸기: 몸을 통한 치유적 접근법』(*Bodydreaming in the Treatment of Developmental Trauma: An Embodied Therapeutic Approach*)(New York: Routledge, 2018) 참고.

25 리차드 카니의 「리쾨르와 메를로-퐁티에서 살의 회복」("The Recovery of the Flesh in Ricoeur and Merleau-Ponty")(in Sarah Horton, Stephen Mendelsohn, Christine Rojcewicz, and Richard Kearney, eds., *Somatic Desire: Recovering Corporeality in Contemporary Thought*, Lanham, MD: Lexington, 2019)에서 논의된 메를로-퐁티의 "하부 감각" 개념 참고.

26 조안 위커샴(Joan Wickersham), 『자살 색인』(*The Suicide Index*)(New York: Harcourt, 2008).

27 이 내용에 대해 쉐일라 갤러허(Sheila Gallagher)에게 감사를 표한다. 기억 치유에 관한 그녀의 멀티미디어 공연 『쌍둥이 같은 마음』(*Twinsome Minds*)(Hamden, CT: Quinnipiac University Press, 2018)과 「상처와 흉터」("Wounds and Scars")(2019)를 참고. 심리 치유의 발달 단계는 다음과 같은 신체 치유의 4단계 과정에 비유될 수 있다. 1. 지혈(hemostasis): 분해되지 않는 덩어리로 응고하고 섬유소 망상조직을 형성하여 출혈을 멈춤. 2. 염증(inflammation): 백혈구가 불순물을 제거하고, 감염 매체와 싸우며, 치유하는 조직을 준비하도록 하는 방어적 증상으로, 이 단계에는 멍, 부종, 열감, 통증을 동반하는 경우가 많음. 3. 증식(proliferation): 상처가 아물 때 육아(granulation) 형성의 수단으로 상처가 채워지고 덮이는 것으로, 상처 가장자리부터 줄어드는 과립성 백혈구로 결합 세포와 새로운 혈구를 만들어 냄(혈관화, vascularization). 여기서 멍은 상피 세포로 만들어진 섬유성 딱지가 형성되어 나타남. 4. 성숙(maturation): 이 마지

막 단계에서는 몸이 스스로를 치유할 수 있도록 올바른 치유 환경이 조성된 조건에서 새로운 딱지 조직이 흉터(21일에서 2년까지 지속)로 성숙기를 거침. 몸은 올바른 방향과 환경에서 상처를 멍과 흉터로 바꾸는 법을 아는 자가 치유의 육체 해석학을 지니고 있음. 좋은 치료자란 살이 스스로를 치유하도록 하는 사람이다. 시인 패니 호우(Fanny Howe)는 이 4단계를 출생에서 자아 형성까지 유아의 성장에 비유한 바 있다.

28 패트릭 헤더만(Patrick Hederman), 『신비로 살아가기』(Living the Mystery)(Dublin: Columba, 2019). 또한 『몸은 기억한다』 236-37 페이지 참고. "온전히 소통한다는 것은 트라우마가 생기는 것과 정반대이다."
29 헤더만 237페이지에서 인용
30 『랭스턴 휴즈 시 선집』(The Collected Poems of Langston Hughes)(New York: Knopf, 1994) 146페이지.
31 『몸은 기억한다』 240페이지.
32 『몸은 기억한다』 60페이지.
33 『몸은 기억한다』 62-63페이지.
34 『몸은 기억한다』 65페이지. 제임스 프레스콧(James Prescott)은 『사랑과 폭력의 기원』(Origins of Love and Violence (audio CD, 2008))에서 모성 박탈로 인해 생기는 터치에 대한 과민반응과 비정상적 사회행동을 신체 접촉 결핍에 의한 뇌 손상에 따른 부작용이라고 주장한다. 그는 이러한 증상들을 변연계-전두엽-소뇌 체계로 추적하는데, 이 체계를 통해 우리는 타인에 대한 건강한 애착을 유지하는데 있어 매우 필수적인 요소인 기본적 신뢰, 애정, 그리고 친밀감을 발달시킨다. 감각 자극이 결핍되어 유아가 신뢰감이 부족할 때, 감정의 성숙은 지체되고, 분노와 폭력이 뒤따르게 된다. 「터치의 가능성」에서 오핸론은 터치에 가치를 부여하지 않은 사회는 공격성과 사회적 폭력의 비율이 높다는 문화 간 비교연구를 인용한다. 타마 스와디(Tamar Swade)의 『심리치료와 일상에서 터치 금기』(The Touch Taboo in Psychotherapy and Everyday Life)(New York, Routledge, 2020)도 참고.
35 『몸은 기억한다』 66-73페이지. 또한 마리나 본 모어(Marina Von Mohr)의 「터치의 진정 효과: 정서적인 터치가 사회적 배제감을 누그러뜨린다」("The Soothing Function of Touch: Affective Touch Reduces Feelings of Social Exclusion")(Scientific Reports, Oct. 18, 2017) 참고. 신경과학에서는 지속적인 터치 치료가 어떻게 신경 경로에 영향을 미쳐 우리 뇌를 새로운 회선으로 재배치하여 우리가 중독적인 사고와 느낌의 패턴으로부터 거리를 둘 수 있게 하는지를 보여준다. "많은 신경과학자들이 매우 실제적인 변화를 확인하면서 이를 신경 가소성(neuroplasticity)이라 부른다. 우리가 선택한 신경 경로들은 점진적으로 강화되고, 사용되지 않은 신경 경로들은 퇴화되어 간다"(리차드 로어, Center for Action and Contemplation, Dec. 18, 2019). 하지만 톰 워넥(Tom War-

necke)이 지적하듯이, 경계성 인격 장애, 조울증, 또는 정신이상의 경우에는 아주 신중한 치료가 필요한데, 이러한 상황에서는 보통의 포로/유기의 양자관계가 꼼꼼히 관찰될 필요가 있다. 경계성 장애를 가진 환자 새라(Sara)를 치료할 때, 워넥은 자신의 몸 운동감각을 사용했는데, 처음에 그녀가 받아들이기에는 너무 과한 접촉이어서 접촉을 그에 맞게 조절했다. 결국 새라는 침범의 공포에서 벗어나 워넥과의 "신체적으로 공명하는 만남"을 통해 자신이 성장하고 보호받는다는 깊은 신뢰감을 형성하여 변화될 수 있었다. 이는 "신체적인 대화"와 "긍정적 상호 미러링"으로 여겨지는 전인적 치유의 좋은 예가 된다. 중요한 점은 누군가가 자신을 붙들어 주길 바라는 강한 마음과 함께 타인의 붙듦에 대한 공포감을 환자가 다시 품어 헤쳐 나가도록 돕는 것이 치유사의 능력이라는 것이다. 바로 이러한 뿌리 깊은 **양가성**에 주목하는 것이 공감적 전이와 카타르시스의 핵심이 된다. 이러한 이중 공감은 서로의 공통된 연약함과 서로를 신체적으로 붙들어 주는 것으로 이해될 수 있는데, 여기서 치료자는 보호자를 대신하여 환자들이 스스로의 감정이 어디서, 어떻게 그들의 몸 안에서 공명하는지 알 수 있도록 돕는다. 그러면서도 치료자는 가끔 환자가 몸 반쪽이 치료자에게로 향한다면, 다른 한쪽은 고통으로 수축되는 것을 발견하게 된다고 워넥은 결론 내린다. 톰 워넥의 「경계선상 관계」("The Borderline Relationship")(in Hartley, *Contemporary Body Psychotherapy*) 205-6페이지 참고. 여기서 우리는 어떻게 "이중 감각"과 "상호 조율"로서의 터치라는 본질적인 현상들이 핵심이 되는지를 다시 한번 발견하게 된다.

36 『몸은 기억한다』 206-7페이지. 여기서 파리심신학파의 중요한 과업인 정골치료(osteotherapy)와 감각처리장애 운동들을 참고. 이 운동들은 인간 자아가 하나의 고립된 육체에서 벗어난 모나드(*monad*)라는 전통적인 주장에 대해 설득력 있게 반론을 제시한다. 바바라 파이저(Barbara Pizer)와 같은 관계정신분석학자들은 치유에서 신체 접촉이 완전히 배제된다면 실제로 해리 현상이 증가될 위험이 있다고 주장한다. 이는 애니 로저스(Annie Rogers)가 『빛나는 고통: 손상과 치유 이야기』(*A Shining Affliction: A Story of Harm and Healing*)(New York: Penguin, 1996)에서 강력히 뒷받침된 내용으로, 여기서 그녀는 치료사가 만짐 금지라는 금기를 깨고 그녀를 "붙드는" 자세로 그의 팔로 부드럽게 그녀를 안았던 결정적인 치유의 순간에 대해 기록한다. 이 접촉 행위로 로저스는 그녀의 실어증을 극복하게 되었고, 그녀이 말할 수 없는(*in-fans*: 말할 능력이 없는) 고통을 이에 상응하는 몸짓, 이미지, 그리고 이야기로 전환 시키며 "대약진"을 만들어 냈다.

37 『몸은 기억한다』 76페이지. 주디스 허만(Judith Herman)의 선구적인 연구 『트라우마와 회복』(*Trauma and Recovery*)(London: Blackwell, 1996)도 참고. 올리버 색스(Oliver Sacks)와 프랑스 쇼트-빌만(France Schott-Billmann)이 『춤으로 치유될 때』(*Quand la danse guérit*)(Paris: Recherche en Danse, 1992)에

서 인용되었듯이, 신경 정신적 결함을 치유하기 위한 춤과 운동이 가진 치유의 잠재력뿐만 아니라, 지압, 요가, 태극권, 합기도와 같은 동양의 신체 수련에 내재한 변화시키는 힘에 대해 언급할 수도 있겠다. 문학 작품 『그리스인 조르바』(Zorba the Greek)에서 어떻게 춤이 슬픔을 신체화된 애도로 변화시키는지 생생한 예시를 보여준다. 이는 연극에서 리듬과 춤이 지닌 카타르시스적인 힘에 대해 니체가 반복하여 주장한 지점으로, 이 힘은 예이츠가 시를 통해 칭송한 것과 그 맥을 같이한다. "오 음악에 흔들리는 육체여 / 오 빛나는 눈빛이여 / 우리가 어떻게 무희와 춤을 구분할 수 있으리."

38 『몸은 기억한다』 207-8페이지.
39 아담 루더포드(Adam Rutherford), 『인간-동물』(Humanimal)(New York: Experiment, 2019).
40 윌리엄 제임스(William James), 『몸은 기억한다』 91페이지에서 인용. 또한 모리트 하이쯜러(Morit Heitzler)의 「심리치료의 통합 모델을 향하여」("Towards an Integrative Model of Psychotherapy")(in Hartley, Contemporary Body Psychotherapy) 177-93페이지 참고.
41 『몸은 기억한다』 88페이지. 반 데어 콜크는 이론적 이해와 설명에 초점을 둔 자신의 전문 교육과정이 "살아 있고, 숨 쉬는 몸인 우리 자신의 토대와의 관련성을 크게 간과해 왔다"(『몸은 기억한다』 91)고 스스로 고백한다. 트라우마에 반응하면서 던지는 기본적인 질문은 다음과 같다. "트라우마를 겪은 이들이 어떻게 일상의 감각 경험들을 통합시켜 자연스러운 느낌의 흐름을 지니며 살고, 자신들의 몸에 안정감과 온전함을 느낄 수 있도록 하는가."
42 『몸은 기억한다』 92페이지에서 인용. 또한 윌리엄 제임스(William James)가 『종교 경험의 다양성』(Varieties of Religious Experience)(New York: Longmans, 1902)에서 긍정적이든 부정적이든 우리의 기본적인 종교 행위에 있어 감정과 정동의 역할을 강조한 것을 참고.
43 사회학자 하트뮤트 로사(Hartmut Rosa)의 연구 『감응』(Resonance)(Oxford: Polity, 2019)을 참고. 여기서 그는 사회적, 공동체적 체화에 대해 우리의 가진 모든 질문에 관한 연구를 한다.
44 『몸은 기억한다』 112페이지에서 인용. 또한 파벨 골드스타인(Pavel Goldstein)이 「손을 잡고 있는 동안 뇌와 뇌의 연결은 고통 경감과 연관된다」("Brain-to-Brain Coupling During Handholding is Associated with Pain Reduction")(in the Proceedings of National Academy of Science, Mar. 13, 2018)에서 손을 잡고 행하는 터치 치료가 어떻게 뇌파를 동기화시키고, 고통을 경감시키는지에 대한 연구를 참고.
45 개인적으로 나는 편도선 제거술을 받고 나서 나흘 동안 어머니와 떨어져 있을 때 극심한 소아 불안을 경험했다. 1950년대 당시 아일랜드 의학에서는 어머니와 떨어져 있는 것이 최선의 치료법이라 믿었다. 오늘날까지도 나는 이 순간이

기억난다.
46 『몸은 기억한다』 115페이지에서 인용. 도널드 위니콧(Donald Winnicott)의 『놀이와 현실』(Playing and Reality)(London: Tavistock, 1971)과 하틀리의 『현대 몸 심리치료』(Contemporary Body Psychotherapy) 1-9, 64-88페이지 참고. 위니코트는 생애 초기에 어머니가 몸으로 "안아주기"가 중요하다고 강조한다. 분석적 해석에는 제한을 두면서, 그는 치료 차시가 몸의 직관, 신뢰감, 놀라움, 자발성에 대한 감각과 함께 거듭 발전해 가도록 한다. 그러면서 환자가 초기 어린 시절 환경으로부터 안도감을 느끼고, 육체를 가진 주체로 재구성되도록 돕는다. 위니코트에 대해 오한론은 「터치의 가능성」에서 다음과 같이 기록한다. "만약 몸을 대하면서 충분한 존중, 섬세함, 그리고 돌봄이 전달된다면, 환자는 진정 삶을 긍정하게 되고 신뢰감이 향상되는 치료를 경험하게 될 것인데, 이는 아주 커다란 무의식의 고통이 몸에 암호화되어 있기 때문이다." 또한 춤이 가진 신체적인 신비와 수수께끼에 관하여 흥미로운 연구를 진행한 클래어 윌리스(Clair Wills)의 「바깥으로 나가기」("Stepping Out")(New York Review of Books, Aug. 20, 2020)를 참고.
47 『몸은 기억한다』 122페이지.
48 『몸은 기억한다』 122페이지.
49 『몸은 기억한다』 116페이지.
50 『몸은 기억한다』 95-97페이지에서 인용.
51 티파니 필드, 『터치』(Touch)(Cambridge, MA: MIT Press, 2014) 참고.
52 필드의 임상 연구는 어떻게 어린이들 사이에서 터치 결핍이 신체적, 인지적 손상과 사회적 위축 현상을 일으킬 수 있는지를 보여준다. 캐런 호건 설리번(Karen Hogan Sullivan)의 『터치의 치유하는 힘: 신체 접촉이 치유하는 다양한 방식들』(The Healing Power of Touch: The Many Ways Physical Contact Can Cure)(New York: Signet, 1988)과 필리스 K. 데이비스(Phyllis K. Davis)의 『터치의 힘』(The Power of Touch)(New York: Hay House, 1990)을 참고. 이 저서들은 터치를 유아 건강, 성적 만족, 그리고 일반적인 행복과 관련된 소통의 한 형태로 논의하고, 어떻게 터치가 관계를 개선하고 몸을 치유할 수 있는지를 탐구한다. J. 코언(J. Coan) 외 「손 내밀어 주기: 위험에 대한 신경 반응의 사회적 규제」("Lending a Hand: Social Regulation of the Neural Response to Threat")(Psychological Science 17 (2006): 1032-39) 참고.
53 제임스 햄블린 박사의 「우리는 터치해도 되는가?」("Can We Touch?")(Atlantic, Apr. 10, 2019.) 참고. 햄블린은 신체 접촉이 디지털 시대에 줄어들고 있음에도, 건강에는 여전히 매우 중요하다고 주장한다. 그는 관계 수칙(the rules of engagement [기존 교전 수칙 또는 관여 수칙으로 통용되는 이 용어는 특수한 상황에서 타인과 맺는 관계의 규범을 의미한다. 카니는 이 용어를 코로]라는 비상시국에서 사람들이 타인과 맺는 방식에 근본적인 변화가 생긴 것에 대해

논의하기 위해 이 용어를 사용한다])이 바뀔 필요는 없고, 사람들이 그 수칙들에 대해 이제 막 언급하기 시작했다고 말한다. 사람들이 고립될수록, 터치는 그 어느 때보다 더욱 소중해진다. 햄블린은 특히 포옹이 건강 및 면역체계와 어떻게 반복적으로 연관되어 왔는지를 연구하는데, 그는 심리학자 쉘던 코헨(Sheldon Cohen)이 주도한 카네기 멜런 대학(Carnegie Mellon University)의 최근 연구를 인용한다. 코헨은 400명을 한 호텔에 묵게 하고 감기 바이러스에 노출시켰다. 이 중 서로 도우면서 사회적 협력관계와 건강한 신체관계를 유지하는 이들에게는 부정적인 증상들이 덜 나타났다. 신체 접촉(특히 포옹)은 이 효과를 잘 설명해 주는 것 같다. 코헨과 동료들은 2018년 『PLOS』 저널에 「포옹은 대인관계 갈등으로 인한 부정적인 감정을 완화시키는 것과 관련된다」("Receiving a Hug Is Associated with the Attenuation of Negative Mood That Occurs on Days with Interpersonal Conflicts")라는 제목으로 투고하며 신체 접촉이 지닌 여타 건강상 이점들에 대해 지속적으로 연구했다.

54 『몸은 기억한다』 217페이지. 이처럼 몸으로 붙들어 주는 행위는 이 책의 제3장에서 논의된 마사지를 통한 카이론-아스클레피오스식 치유법 그리고 손을 얹는 행위와도 일맥상통한다.

55 『몸은 기억한다』 217페이지.

56 도미니크 메이니엘(Dominique Meyniel)의 『비상 복도』(*Le Couloir des urgences*)(Paris: Cherche Midi, 2015) 157페이지 참고. 의료수칙 코드 10-1993. "간호사, 의과 인턴과 학생들이 노령의 환자들을 만지지 않는 것은 금지된다. 환자들을 의료적으로 검사하는 것 이외에도, 이들은 최소한 환자들의 손을 주기적으로 붙들어야 한다"(157). 메이니엘의 친한 동료인 버트란트 루카스(Bertrand Lukacs) 박사가 나에게 다음과 같이 일러주었다. "메이니엘 교수는 어떻게 나이 듦과 고독이 타인과의 접촉 상실과 관련되어 있는지 언급한 바 있습니다. 나이 든 환자에게는 말을 건넬 필요도 없이 잠시라도 손을 잡아 주는 것만으로도 접촉과 온기의 감각을 전달하면서 이들의 고통을 경감시키고, 기운을 북돋우며, 마음을 안정시키고, 삶에 확신을 준다고 그가 설명해 주었습니다"(2020년 1월, 개인 대화). "터치 갈망"이라는 현대사회 현상에 관한 최근 연구는 특히 매우 어리거나 노령의 환자들에게 접촉을 통한 치유적 관계가 필요함을 증명해 준다. 터치 치료사인 앨러그라 테일러(Allegra Taylor) 박사는 런던의 성 크리스토퍼 말기 치료 호스피스(St. Christopher's Terminal Care Hospice)에서 늙어가거나 죽어가는 환자들에게 터치가 주는 긍정적인 효과를 설명하며 이를 더욱 확증해 준다. 하지만 우리의 탈육화된 디지털 문화에서는 모든 세대가 몸 치료의 대상이 된다. 디지털의 초연결성이 개인을 고립시킨다면, 의학이나 심리학적 요법이 병행된 터치는 우리를 재통합으로 이끌 수 있기 때문이다.

57 이러한 치료적인 의료행위에는 우리가 몸을 책처럼 읽을 수 있고, 책을 몸처럼 읽을 수 있도록 하는 새로운 육체 해석학이 필요하다. 캐이티 캐논(Katie Can-

non)은 다음과 같이 말한다. "우리의 몸들은 기억을 간직하는 텍스트들이어서, 기억한다는 것은 재육화와도 같다"(『몸은 기억한다』 186에서 인용). 존 마누사키스(John Manoussakis)의 「미친 듯이 욕망하다: 몸, 영혼, 육체, 섹스」("Dying to Desire: Soma, Sema, Sarx, and Sex")(in *Somatic Desire: Recovering Corporeality in Contemporary Thought*) 참고. 그리고 몸을 책으로, 책을 몸으로 읽는 것에 관한 치유적 의미에 대해 쓴 카르멘 맥켄드릭(Karmen McKendrick)의 『피부가 된 말씀』(*Word Made Skin*)(New York: Fordham University Press, 2004)도 참고.

58 『몸은 기억한다』 351페이지. 사실 필요 이상으로 처방되었거나 부정거래 된 중독성 마약에 대한 남용으로 인한 사망자 수가 현재 미국에서 총기나 자동차 사고로 인한 연간 사망자 수보다 더 많다.

59 『몸은 기억한다』 351페이지. "사람들은 자신의 행동을 제어하고 변화시키는 법을 배울 수 있는데, 이는 그들이 새로운 방법으로 실험하는데 있어 안전하다고 느낄 때만 가능하다. 몸은 기억한다. 만약 가슴이 찢어지고, 창자가 뒤틀리는 듯한 느낌으로 트라우마가 암호화되었다면, 우리의 최우선 순위는 사람들이 투쟁 혹은 도피 상황에서 빠져나오게 하고, 위험에 관한 그들의 인식을 재조정하며, 관계를 관리할 수 있도록 돕는 것이다. 트라우마가 있는 어린이들에 대해 우리가 마지막까지 유지해야 할 학교 시간표는 바로 합창, 체육, 휴식, 그리고 활동, 놀이, 그리고 어떤 다른 형태의 참여 활동에 관한 것들이다."

60 품라 고보도-매디키젤라(Pumla Gobodo-Madikizela)의 『리차드 카니와 타자성 토론하기』(*Debating Otherness with Richard Kearney: Perspectives from South Africa* Danie Veldsman and Yolande Steenksamp ed., Johannesburg: Oasis, 2019)의 서문 참고. 그리고 「이중 환대」("Double Hospitality")(in *Imagination Now: A Richard Kearney Reader*, London: Rowman and Littlefield, 2020)에서 "악수"에 관한 나의 해설을 참고.

61 『몸은 기억한다』 350페이지. 여기서 다시 우리는 "터치"를 오감 중 하나의 것으로 국한시키거나 문자 그대로 해석하지 않도록 주의해야 한다. 사실 모든 감각이 잠재적으로는 접촉적이고 촉지성이라는 것과, 언어가 우리를 터치할 때 가장 치유적일 수 있음을 인식해야 한다. 언어가 "터치하는" 것처럼 터치는 "말을 한다." 이러한 맥락에서 에마뉘엘 레비나스(Emmanuel Levinas)에게 "얼굴"은 단순히 생김새 그 자체가 아닌, 우리이 간가를 표현하고, 소통히머, 명령을 내리는 타자성이다. 레비나스의 『전체성과 무한』(*Totality and Infinity*)(Pittsburgh: Duquesne University Press, 1979)을 참고.

62 "당신에게 무슨 일이 일어났는지를 표현할 단어를 찾게 된다면 삶에 변화를 불러올 수 있다. 그러나 그것이 항상 플래쉬백(flashbacks)을 없애주거나 . . . 활기찬 모습으로 삶을 살도록 유도해 주는 것은 아니다"(『몸은 기억한다』 196페이지). 촉지성의 몸에 "활기찬 모습으로" 참여하는 치유 방식에는 산책, 춤, 연극,

스포츠, 수영, 요가, 정원 가꾸기, 심부 근육 마사지, 진흙, 돌, 모래, 물감, 종이, 잉크, 셀룰로이드 등과 같은 재료를 통한 다양한 형태의 수작업 미술 활동이 있다. 몸과 자연으로 돌아가 거주하는 이러한 방법들은 환자들이 심리적 해리와 부인이라는 마비증상을 극복하고, 과거로 되돌아가 그들의 상처를 마주하도록하여 치유를 향해 나아갈 수 있도록 한다. 이러한 점에서 반 데어 콜크는 많은 학교 교육과정에서 예술과 신체 활동이 줄어드는 현상(『몸은 기억한다』 341페이지)을 그리고 정신의학계의 많은 영역에서 이러한 점이 간과되는 현상을 탄식한다. 그리고 유대교에서 기도문 외우기, 기독교에서 전례 행렬, 성체성사, 십자가나 성상에 입맞춤 하기, 불교에서 호흡하기와 찬가 부르기, 힌두교에서 절하기, 호흡 제어(pranayama), 성지 순례, 그리고 유교에서 다도 등과 같은 의례가 종교인들에게 정화적 측면에서 중요하다는 점도 언급할 필요가 있겠다. 전 세계적으로도 대부분의 고유한 문화권에서 몸을 통한 치유 의식들이 적어도 동일하게 뚜렷이 나타난다. 치유에 도움을 주는 연극 활동과 그 활동의 중요성에 대해 『몸은 기억한다』 246-47, 335-37페이지를 참고. 또한 하틀리의 『현대 몸 심리치료』 64-88, 177-93페이지에서 이 주제를 다루는 훌륭한 글들을 참고. 요가와 같이 몸을 통한 요법이 지닌 치유의 힘에 대해 린다 스패로우(Linda Sparrowe)의 「트라우마 넘어서기: 요가 치유법」("Transcending Trauma: How Yoga Heals")(*Yoga International*, 2019)을 참고. 베다(Vedic) 의례에 나타난 터치가 지닌 치유의 힘에 대해서는 인도 케랄라(Kerala)의 "보듬어 주는 성모"(Amma the Hugging Saint)라 알려진 마타 아므리타난다 마이(Mata Amritananda Mayi)의 활동을 참고.

63 예를 들어 집단학살 트라우마를 겪은 아르메니아 후손들과 터키 후손들 간의 "교류"를 위한 게스트북 프로젝트(Guestbook project)를 참고(guestbookproject.org). 말로는 충분하지 않았다. 젊은 참여자들에게는 아르메니아 집단학살 추모 캠페인에 참여하는 것보다 직접 음식과 와인을 식탁에서 함께 나누고, 악수를 하며, 실질적인 활동을 하는 일이 핵심이었다.

64 말(horse)의 도움을 받아 치료하는 것을 연구하는 남아프리카 스톨른보쉬(Stollenbosch) 대학의 헬레나 레이트건(Helena Lategan) 박사의 통찰력에 감사를 전한다. 비슷한 치료로 유인원과 함께한 작업도 있는데, 오드리 슐만(Audrey Schulman)은 『불량배 이론』(*Theory of Bastards*)(New York: Europa, 2018)에서 이에 관한 생생한 소설 이야기를 전달해 준다. 이 소설에서는 과학자 프랜신 버크(Francine Burk)가 자신의 미래주의 연구소에서 연구 중인 보노보 원숭이로부터 치유의 효험이 있는 터치를 다시금 배우게 된다. 또한 인간과 유인원 사이의 정서적인 관계에 대해 네덜란드 영장류 동물학자 프란스 드 발(Frans de Waal)의 훌륭한 연구 『공감의 시대: 더 친절한 사회를 위한 자연의 가르침』(*The Age of Empathy: Nature's Lessons for a Kinder Society*)(Atlanta: Emory University Press, 2009), 『인류는 동물들이 얼마나 영리한지 알만큼 영리한가?』

(*Are We Smart Enough to Know How Smart Animals Are?*)(New York: Norton, 2016, 2016), 그리고 『엄마의 마지막 포옹: 동물 감정이 우리에게 주는 교훈』(*Mama's Last Hug: Animal Emotions and What They Tell Us About Ourselves*)(New York: Norton, 2019)을 참고. 드 발은 공감과 친절함의 힘이 인지만큼이나 많은 부분에서 정서적이고, 이 힘이 인간계를 넘어 다른 동물들에게로 확장될 수 있다는 점을 명쾌하게 논증한다.

65 개의 치유 역할은 잘 알려진 바와 같이 태초 인간 역사로까지 거슬러 간다. 4만 년 된 동굴 화석에 인간과 개의 발자국이 나란히 발견되었고, 고대와 중세 전설에는 개를 데리고 다니는 치유사에 관한 이야기가 많이 있다. 예를 들어, 제3장에 나온 케이론 삽화와, 자신의 상처를 핥아주는 개의 도움으로 목숨을 구한 성 로크(Saint Roch 또는 Rocco)에 관한 유명한 중세 기록을 참고하라. 성 로크는 개의 수호성인이 되었으며, 사람들은 질병과 전염병을 막도록 기도할 때 종종 그의 이름을 불렀다. 아스클레피오스는 개의 모습으로 꿈에 등장한다고도 알려져 있는데, 꿈에서 환자들은 개의 혀를 통해 상처가 나음을 느낀다고 한다. 동물 행동 과학에 관한 최근 연구에서는 개와 사람이 서로를 돌봐주는 접촉 관계(엄마와 아이 사이의 유대감과 비슷)에 이르게 되면, 개와 사람 모두에게서 유대감을 형성하는 호르몬인 옥시토신이 분비된다고 한다. 학술지 『행동 과정』(*Behavioral Processes*)에 게재된 2015년 한 연구에 따르면, 개는 특별한 냄새와 소리를 이용하여 치료적인 반응을 보인다고 한다. 소위 돌봄견들은 촉각 접촉이 핵심 역할을 하는 현대 보건 문화에서는 이제 흔히 볼 수 있다. 반 데어 콜크는 트라우마 환자 집단을 치료하면서 개와 말을 성공적으로 활용한 연구를 인용한다(『몸은 기억한다』 82페이지). 그는 또한 한 젊은 여성이 자신과 일하던 말과 함께 참여한 치료를 통해 심각한 자살 우울증을 치유할 수 있었던 사례를 인용한다. "그녀는 다른 동물과 몸속 깊이 연결됨을 느끼기 시작했고, 그 말에게 친구처럼 말을 건네기 시작했다. 점점 그녀는 그 프로그램에 참여한 다른 아이들과도 이야기하기 시작했고, 결국에 그녀의 상담가와도 이야기를 시작했다"(『몸은 기억한다』 153페이지).

66 나탈리 찰팩은 1990년대 연구의 대부분을 콜롬비아 보고타의 어머니-유아 연구소(Instituto Materno-Infantil)에서 수행했다. 1993년 그녀와 신생아 전문의인 지타 피구에라(Zita Figuera)는 보고타 사회 보장 센터에 캥거루 엄마 돌봄(Kangaroo Mother Care, KMC) 프로그램을 공동으로 창설했는데, 이 프로그램은 세계 35개국 이상에서 온 의료 전문인들에게 체계화된 국제 KMC 훈련을 제공해 왔다. 국제보건기구는 2002년 KMC 재단의 국제적인 중요성을 인정했으며, 세계 오대륙에서 현재 실시되고 있는 KMC 시행에 관한 국제 가이드라인 제정을 위탁하고 있다. 나탈리 찰팩의 『아기 캥거루: 돌봄의 다른 방식』(*Kangaroo Babies: A Different Way of Mothering*)(London: Souvenir, 2006)을 참고.

67 리차드 루브. 『야생적 소명: 동물과의 연결이 어떻게 우리의 삶과 그들의 생명

을 구할 수 있는가」 273페이지.
68 루브, 272페이지.
69 루브, 272-73페이지. 루브는 자신의 상호호혜원칙을 마틴 부버(Martin Buber)의 "나와 너"의 철학으로 연결시킨다.

제5장. 탈육화 시대에서 터치 회복하기

1 이러한 극단적인 장단점 사이에도 중간적인 지점이 있다. 예를 들어 인상학(physiognomy)에 기반한 생물통계학과 터치-신원 확인/승인 기능들은 디지털 기술을 사용하여 몸을 읽어 낸다. 나의 동료 린새이 밸포어(Lindsay Balfour)의 최신 연구 『테러 시대의 환대』(*Hospitality in a Time of Terror*)(Lanham, MD: Bucknell University Press, 2018)를 참고. 그리고 조셉 퓨글리즈(Joseph Pugliese)의 『생체인식: 몸, 기술, 생명 정치』(*Biometrics: Bodies, Technologies, Biopolitics*)(London: Taylor and Francis, 2012)도 참고.
2 가이 드보드(Guy Debord)의 『스펙타클 사회』(*Society of the Spectacle*)(New York: Zone, 1994) 참고. 리차드 카니의 『상상력 발현』(*The Wake of Imagination*)(London: Routledge, 1987)의 서문과 제3장을 참고.
3 롤랑 바르트(Roland Barthes)의 『이미지, 음악, 텍스트』(*Image, Music, Text*)(New York: Fontana, 1977) 참고. 이런 생각들은 이미 2014년 8월 30일자 『뉴욕 타임즈』에서 사이먼 크리츨리(Simon Critchley)가 시리즈 기획을 맡은 기고란(Opinionator)에서 카니의 「터치를 상실하다」("Losing Our Touch")에 논의되어 있다.
4 내가 이 장에서 소개하는 세미나는 보스턴 칼리지에서 최근 몇 년 동안 매년 진행된 것이다. 나는 학생들이 질문하고 발표한 것들에 대해 정말 고마움을 느낀다. 학생들은 우리 디지털 문화에 대한 예시를 찾는데 있어 나에게 정말 필요한 선생님이 돼 주었다. 아이폰과 아이패드를 쓰는 우리의 디지털 문화에서 서로에 대한 촉각 접촉이 현저히 줄어들면서 개인의 "고립" 경험이 늘어나는지에 대해 얼마나 많은 학생들이 논의를 했는지 나는 특히나 놀랐다.
5 돈 드릴로(Don DeLillo)의 『화이트 노이즈』(*White Noise*)(New York: Viking, 1985) 51페이지.
6 「모바일 팩트 시트」("Mobile Fact Sheet")(*Pew Research Center: Internet Science and Technology*, Feb. 5, 2018)
7 리사 애디치코(Lisa Eadicicco)의 「미국인들은 하루에 10억 번씩 휴대전화를 확인한다」("Americans Check Their Phones a Billion Times per Day")(*Time*, Dec. 15, 2015) 참고.

8   여기서 다시 한번 나는 연구 데이터의 많은 부분에 있어 보스턴 칼리지 학생들에게 감사를 표한다. 특히 피터 클랩스(Peter Klapes), 토마스 홀(Thomas Hall), 글로리아나 인(Glorianna In), 애럼 바마키언(Aram Barmakian), 저스틴 그레지어스(Justin Gregious), 그리고 라이언 리어리(Ryan Leary)에게 감사를 표한다.

9   마르틴 하이데거(Martin Heidegger)의 「기술에 관한 질문」("The Question Concerning Technology"), 토마스 핼릭(Tomas Halik)에서 인용(『상처를 만져보라: 고통, 신뢰, 변화의 기술에 대하여』(Beruhre die Wunden: Über Leid, Vertrauen und die Kunst der Verwandlung)(Freiburg-Wien: Herder, 2013).

10 예를 들어, 2019년 미국 여성 하원의원 케이티 힐(Katie Hill)의 은밀한 문자와 사진이 온라인에 게시되면서 그녀가 사임한 일을 생각해 보라.

11 리차드 카니의 『상상력 일깨우기』 결론에서 타인의 고통을 다루는 대중 매체를 윤리적으로 사용하는 방식에 관한 논의를 참고.

12 이 장의 "결론"과 이 책의 「맺음말」 장에 담긴 이러한 실험에 관한 논의를 참고.

13 프로이트의 『성에 관한 세 가지 에세이』(Three Essays on Sexuality)(New York: Basic Books, 2000)와 슬라보예 지젝(Slavoj Žižek)의 『삐딱하게 보기』(Looking Awry)(Cambridge, MA: MIT Press, 1992) 참고.

14 마로우시아 두브릴(Maroussia Dubreuil)의 「우리가 접촉하는 일이 점점 줄어드는 이유」("Pourquoi on se touche de moins en moins")(Le Monde, Dec. 13, 2019) 참고. 2019년 3월 23일 『뉴욕 타임즈』에서 넬리 보울스(Nellie Bowles)의 터치와 새로운 기술에 관한 분석을 참고. 이전 시대가 성애적으로 이상적이었다는 뜻은 아니다. 50년 전 내가 사춘기 소년으로 사랑에 빠졌을 때, 동네 극장에서 여성 안내원이 어두운 관객석 열을 따라 불빛을 비추면서 "애정 행위는 금지입니다"라고 경고하곤 했다. 그리고 1990년대 청교도적인 미국 뉴잉글랜드(New England) 지역으로 이사왔을 때, 애정 표현을 너무 많이 하면 그때까지만 해도 법적으로 처벌받을 만한 "점잖지 못한 노출"로 여겨졌다. 이런 청교도식 태도는 옛날 일이지만, 사람들이 주장하기를 오늘날 새로운 "규범의 위기"는 언어, 사상, 그리고 행동에 대한 또 다른 새로운 "순결 경찰"(purity police)이 되살아날 위험을 초래할 수 있다고 한다.

15 여기서 성관계 문화의 성적 코드에 관한 케리 크로닌(Kerry Cronin)의 시의적절한 연구인 「친밀감은 복잡하다」("Intimacy—It's Complicated")(C21 Resources, Boston College, Jan. 2018)를 참고. 또한 2018년 1월 18일 『뉴욕 타임즈』에시 긍정적인 터치와 부정적인 터치를 구분할 필요가 있음을 언급한 데이비드 브룩스(David Brooks)의 「이제 터치에 대해 이야기할 때」("It Is Time We Talked about Touch") 기사도 참고. "애정어린 터치의 힘이 경이롭다면, 침해하는 터치의 힘은 끔찍하다. 뉴욕대학(NYU)의 크리스티 킴(Christie Kim)은 아동 성학대 희생자를 다룬 연구를 개관했다. 이 희생자들은 평생 높은 수준의 불안감을 경험한다. 이들은 수십 년에 걸쳐 높은 수준의 우울감과 자기 비난을 보였다.

그들은 다시 성적인 희생자가 될 가능성이 두 배 이상이나 높았다. 해마다 사람들은 다양한 종류의 상호작용을 갖고, 또 다양한 종류의 학대를 경험한다. 하지만 긍정적이거나 혹은 부정적인 터치에는 어떤 특이한 점이 있다. 감정적인 터치는 마음과 영혼을 대부분 무의식적인 방식으로 변화시킨다. 이를 넌지시라도 이해하려면 평생 동안의 분석이 필요하다." 브룩스는 "우리가 기술에 대해 기민해질수록, 관계에 대해서는 둔감해진다"고 주장하면서 이러한 현상을 최근 성희롱과 관련된 #미투 논쟁에 적용한다. 우리는 성적인 면에서 혁명적인 시대에 살고 있을 뿐만 아니라, 성이 종종 소비 상품처럼 취급되는, 이제 성이 신비롭지 않은 시대에 살고 있다는 것이다. 디지털 접속이 즉각적으로 가능한 우리 시대에 성은 "마음과 영혼을 변화시키는 것이 아닌, 피상적인 육체적, 사회적 현상"으로 여겨진다. 심지어 성폭력, 강간 또는 성희롱의 사례가 아닌 경우에도, 부주의하게 벌어지는 비인간적인 성행위가 더욱 "일상적"으로 일어나는 사례들에서 심각한 감정의 상처가 일어난다. 불법이라는 레이다 망을 피해가는 상처이지만, 그럼에도 한 개인의 주체성에 해를 가하는 상처가 일어나는 것이다. "친밀함을 가장한 성적 학대는 건물에 비유하자면 한 주체의 벽돌과 같은 요소들을 침식시키는 행위이다. 자존심, 회복 능력, 그리고 자기효능감, 즉 자신이 상황을 스스로 통제할 수 있다는 믿음과 같은 요소들을 말이다. 이러한 사람들은 아마 성적으로 피상적인 만남의 문화 속에 살면서 불편함을 느낄지라도, 거의 어떠한 행동도 취할 수 없을 것 같은 이들이다. 이런 현상에 대해 민감하게 반응하는 것은 파트너의 책임이다." 결국 내가 언급한 "이중 감각"이 필요한 이유이다. 이러한 맥락에서 브룩스는 다음과 같이 결론 맺는다. "좋은 감각의 시작은 터치의 권력을 진지하게 받아들이는 것이다. 터치를 매우 선하며 동시에 악한 영향을 가진 어떤 것처럼 여기면서 말이다."

16 앞서 언급된 터치 요법 분야의 전문의인 티파니 필드와 제임스 햄블린은 이 곤란한 문제에 대해 시의적절하게 언급한다. 이들은 우리가 제1장에서 터치에는 항상 *의미*가 내포되어 있다는 주장을 뒷받침할 임상적인 증거를 보여준다. 사람들은 그들의 젠더, 역사, 문화, 언어, 그리고 종교에 따라 터치의 경험에 대해 서로 매우 다른 태도와 반응을 보인다. 사회는 저마다 특정한 방식으로 특정 분류의 사람들을 터치하는데 있어 언제가 적절한지 그리고 부적절한지를 결정하는 서로 다양한 해석학적 코드가 있기 마련이다. 터치가 모든 상황에서 같지는 않다. 지지해 주고, 치유하고, 온정이 담긴, 격려하는 터치와 그와 반대되는 터치 사이를 구분하는 것이 핵심이다. 사람들이 악수하고, 어깨를 부딪치며, 포옹하고, 섹스하는 방식에는 특정한 위계적인 권력관계가 작동할 수 있다. 누가 결정하는가? 누가 허락하는가? 누가 이득을 얻고, 누가 고통을 당하는가? 누가 좋아요, 싫어요를 자유롭게 말할 수 있는가? 햄블린은 다음과 같이 기록한다. "손이 어깨에 올려지면 사람들은 그 요구에 동의할 가능성이 높다. 바로 그 똑같은 터치가 미소를 짓는 사람과 악의적으로 비웃고 있는 사람들 사이

에서 다르게 받아들여질 수 있다"(*The Atlantic*, Apr. 10, 2019). 좀 더 밀접한 접촉에 대해 그는 다음과 같이 기록한다. "누군가 포옹을 공격이라고 받아들이면, 포옹의 장점들은 사라져 버린다. 감정을 악화시킬 가능성이 없는 관계에서나, 또는 이전 관계의 의미가 영향을 끼치지 않는 통제된 시나리오에 동의한 지원자들과 전문 연구자들이 참여한 연구에서는 터치에 대해 우호적인 결과가 도출된다. 우호적이지 않은 실제 상황에서 동일한 포옹은 혈압과 심박수를 증가시키고, 스트레스 호르몬을 급상승시킬 수 있다. 만약 터치가 여느 약물처럼 치료 효과가 있다고 하더라도, 터치가 모든 상황에서 모든 이에게 좋은 것은 아니다." 즉, 터치는 상황에 따라 달려 있다는 것이다. 의미 있는 터치는 양측 상대 모두에게 있어 서로의 가치를 끌어 올려주는 행위가 된다는 햄블린과 필드의 주장에 세미나에 참여한 학생들 대부분이 동의했다. 즉, 이중 감각 또는 상호호혜원칙에 대해 우리는 의견을 같이 했다. 그리고 오늘날 매우 민감한 성 정치 상황에서 많은 학생들이 다음과 같은 필드의 의견을 지지했다. "남성은 더욱 조심해야 한다. 정말이지 애정 표현을 많이 하는 사람들은 불행해질 수 있다. 그리고 여성들이 터치를 받고 싶다면, 여성들이 먼저 터치를 시작해야 할지도 모른다." 바로 이러한 점들이 터치에 관한 합리적인 새로운 교육법이 필요한 민감한 이슈들이다. 오늘날 육체 해석학에 대한 긴급한 작업이 필요하다. 쇼쉬 애쉐리(Shoshi Asheri)의 통찰력 있는 사상을 참고하길 바란다. 「터치하거나 터치하지 않기: 관계적 몸 심리치료요법」("To Touch or Not to Touch: A Relational Body Psychotherapy Perspective")(in Linda Hartley, ed., *Contemporary Body Psychotheraphy: The Chiron Approach*, New York: Routledge, 2009) 106–20페이지.

17 「맺음말」장에서 기록했듯이, COVID-19는 근본적인 문제를 함의하고 있다.
18 내 형제 피터(Peter) 카니는 아일랜드에서 심장 전문 외과의사로, 이것에 대해 내게 개인적으로 말해줬는데, 그가 보여준 의학적 증거는 설득력이 있다. 햄블린은 "신체적인 터치가 대뇌 피질 영역을 활성화시키고, 심박수와 혈압, 그리고 스트레스와 관련된 호르몬인 콜티솔을 낮추는" 수많은 연구들을 인용했다. 그는 "마사지 요법이 우울증에 효과적이라는 것이 증명되었고, 고통을 조절하는 신경전달물질이 터치로 인해 촉진된다는 점"을 기록했다(햄블린 『몸이 말을 할 수 있다면』(*If Bodies Could Talk*)(New York: Doubleday, 2016)). 「맺음말」장에 기록된 바와 같이, 분명 COVID-19 위기 이후 원격 진료의 중요성은 이 문제에 대해 새로운 질문들을 던져준다.
19 장 보들리야르, 『걸프전은 일어나지 않았다』(*The Gulf War Did Not Take Place*)(Bloomington: Indiana University Press, 1996). 또한 콜럼 맥캔(Colum McCann)이 『아페이로곤』(*Apeirogon*)(New York: Random House, 2020) 74–75페이지에서 생생하게 묘사한 퍼드릭스(Perdrix) 드론 폭탄을 참고. "퍼드릭스 드론은 신화 속 자고새(partridge)의 이름을 땄다. 이 드론들은 손바닥에 앉을 만

큼 작다. 전투기 날개 아래 장착되어 마치 한 무리의 찌르레기가 공중에서 씨를 뿌리는 것처럼 한꺼번에 쏟아져 나온다. 이 드론들은 마하 0.6, 즉 거의 시속 500마일의 속도에서 투하될 정도로 견고하다. 인간이 원격으로 최초 명령들을 프로그램화하면, 드론들은 자동적으로 이동하게 되어 있다. 스무 대 혹은 그 이상으로 한 무리를 이뤄 공중에 퍼져 나가, 서로에게 신호를 보내고 이동하면서 스스로 정보를 수집한다. 이들은 결국 디지털로 소통한다. 수학과 컴퓨터적 직관의 완벽한 표본인 디지털 소통으로 무엇을 언제 해야 할지 스스로에게 말할 수 있다. 좌로 돌아, 우로 돌아, 좌표 재정렬, 이동 중인 자동차에 대해 사격, 지금 사격 개시! 사격 개시! 사격 개시! 무기 해제, 정찰, 임무 종료, 복귀, 복귀, 복귀. 드론들은 바로 당신의 집 창문 안으로 폭탄을 투하할 결정을 내릴 수 있다. 드론은 원격에서 3-D 프린터로 만들어질 수 있고, 아래서부터 위로 플라스틱 조형으로 만들어져, 한 면, 한 면, 마이크로칩을 장착하고, 완전한 형체가 나올 때까지 식혀진다. 그래서 누구나, 어디서나 적당한 칩만 있으면 드론 무리를 웬만큼 만들어 낼 수 있다."

20 이점에 대해 내가 「공포에 관하여」("On Terror")(in *Strangers, Gods and Monsters*, New York: Routledge, 2002)에서 논의한 점을 참고.

21 결론에서 논의하겠지만, 이 문제는 디지털 미로에서 다양한 입구와 출구를 만들어 내는 것인데, 호환 가능한 감각과 컴퓨터 처리를 위한 살아있는 실험의 장이 될지도 모른다.

22 이것은 신경가소성과 기계 학습 간 관계에 대해 기술적인 것만큼이나 존재론적으로 중요한 질문을 제기한다.

23 우리가 살펴본 예들로는 다음과 같은 작품들이 있었다. 네덜란드 예술가 마이클 포트노이(Michael Portnoy)의 「진보적인 터치」("Progressive Touch")는 2019-2020년 네덜란드 블리샬 현대미술 센터(Vleeshal Center for Contemporary Art)에 전시된 다채널 비디오 설치 시리즈였다. 또한 MIT 박물관에서 아서 갠선(Arthur Ganson)과 예술가들이 작업한 촉지각 상호작용과 멀티미디어 몰입에 관한 프로젝트, 보스턴 사이버예술(Boston Cyberarts)과 뉴 잉글랜드 예술 기술(the Art Technology of New England) 그룹이 선보인 혁신적인 디지털 작품들, 그리고 로드 아일랜드(Rhode Island), 브리스톨(Bristol)에 위치한 패타메카니크 박물관(Musée Patamécanique)에 전시된 실험적인 디지털 예술 작품들이 우리가 살펴본 작품들이다. 우리 세미나에서는 몸 센서와 새로운 매체에 관한 크리스틴 디에크만(Kristine Diekman)의 작품, 마깃 갤랜터(Margit Galanter)의 몸-프로젝트(Projects-body), 올리버 비에링가(Oliver Bieringa)의 몸 지형도(Body Cartography) 프로젝트, 그리고 빌 비올라(Bill Viola)의 멀티미디어 감각, 공연 그리고 움직임에 관한 매우 인상적인 실험을 다뤘다. 마지막으로 우리는 알베르토 갤러스(Alberto Gallace)와 찰스 스펜스(Charles Spence)가 「촉각 미학: 그 특징과 신경 상관물의 정의를 위하여」("Tactile Aesthetics:

Towards a Definition of Its Characteristics and Neural Correlates")(*Social Semiotics*, 2011)에서 보여준 유익한 연구 결과들에 대해 토론했다. 2020년 6월 여성이 만든 갤러리(Woman Made Gallery)에서 개최한 「터치: 가상 전시」("Touch: A Virtual Exhibition")도 참고.

24 〈데스 스트랜딩〉(*Death Stranding*)은 영웅 샘 더 포터(Sam the Porter)가 소원해진 이복 여동생 아멜리아(Amelia)와 종말 이후 시대의 한 바닷가에서 포옹하며 화해하는 모습으로 마무리된다. 2019-2020년 가장 인기 있던 디지털 게임에 관한 간단한 수업 리뷰에서 디지털 문화의 새로운 제품에 대해 비판적인 해석학적 분별력이 필요함을 재확인할 수 있었다. 트랜스젠더 관계를 다루는 〈텔 미 와이〉(*Tell Me Why*), 죽음으로 전환되는 경험을 다루는 〈스피릿 패어러〉(*Spirit Farer*), 제3차 세계대전 이후 동물의 연대를 다루는 〈웨이 투 우즈〉(*Way to Woods*)와 같이 다양한 플레이스루[아바타로 모험을 떠나며 길목마다 당면한 문제들을 해결해 가는 종류의 게임]를 하면서 진보적이면서 "사색적인" 주제를 다루는가 하면, 특히 〈다잉 라이트 II〉(*Dying Light II*), 〈뱀파이어 마스커레이드 블러드라인즈 II〉(*Vampire Masquerade Bloodlines II*), 〈리틀 나이트메어 II〉(*Little Nightmares II*), 〈웰컴 투 리틀 호프〉(*Welcome to Little Hope*)와 같이 대리적인 폭력과 이유 없는 공포에 빠져들게 하는 게임들도 있었다. 우리는 또한 미래적이면서도 과거지향적인 이러한 메가 게임들이 〈스타워즈〉(*Star Wars*), 〈반지의 제왕〉(*Lord of the Rings*), 〈왕좌의 게임〉(*Game of Thrones*)과 같은 서사시풍의 현대식 전설의 대중적인 성공에 발맞추어, 집단적 무의식에 호소하면서 북유럽 신화와 인도 유럽 신화에서 얼마나 자주 모티브를 차용했는지도 알게 되었다. 이러한 컬트 게임과 영화들이 연속적으로 반복 등장하는 모습에서 "언캐니"(uncanny)의 반복강박이 작동하고 있음을 발견하게 되어 흥미로웠고, 이는 (이 책의 제2장 부록에서) 언캐니 "분신"(doublings)에 대한 논의를 떠올리게 한다.

25 우리는 디지털 기술의 독성과 치료 능력 모두에 대해 분명 진일보한 철학을 기대하지만, 시뮬레이션 현상을 선구적으로 고찰한 다음과 같은 연구에서 영감을 얻을 수 있다. 장 보드리야르의 『시뮬라크럼과 시뮬라시옹』(*Simulacrum and Simulation*)(Standford: Stanford University Press, 1984), 래이 커즈와일(Ray Kurzweil)의 『특이성이 온다: 기술이 인간을 초월하는 순간』(*The Singularity Is Near: When Humans Transcend Biology*)(New York: Penguin, 2006), MIT 기술과 자아에 관한 새로운 기획(MIT Initiative on Technology and Self)의 디렉터인 쉐리 터클(Sherry Turkle)이 집필한 『대화 회복하기』(*Reclaiming Conversation*)(New York: Penguin, 2015), 그리고 그녀가 편집한 『스크린 인생: 인터넷 시대의 정체성』(*Life on the Screen: Identity in the Age of the Internet*)(New York: Simon and Schuster, 1997). 또한 유크 후이(Yuk Hui)의 『디지털 사물의 존재에 관하여』(*On the Existence of Digital Objects*)(Saint Paul: University of

Minnesota Press, 2016)와 『중국에서 기술에 관한 문제: 우주 기술론에 관한 소고』(*The Question Concerning Technology in China: An Essay in Cosmotechnics*) (Cambridge, MA: MIT Press, 2017), 그리고 칼 살린(Karl Sallin)과 캐리 울프(Cary Wolfe)와 같은 저자들의 트랜스휴머니즘과 포스트휴머니즘에 관한 중요한 논쟁은 말할 것도 없이 대표적인 연구들이다. 트라우마의 원인과 치료에 있어 디지털 기술의 역할에 대한 분석에도 현대 심리학과 심리치료는 아직 앞으로 해야 할 과제가 많다. 제4장에서 검토한 바 있는 트라우마에 관한 고급 심리학조차도(예를 들어, 〈블랙 미러〉(*Black Mirror*)와 같은 시리즈를 논의한 바와 같이) 사이버 기술을 일상적으로 사용하고 남용하면서 우리가 몸에 주는 트라우마 효과보다는, 전쟁, 고문, 강간, 대량 학살 및 아동 학대 피해자들에 더 초점을 맞추는 경향이 있다. 미래의 치료법을 위해 디지털 중재, 내러티브 재구성, 가상 연합을 통해 탐구할 새로운 치유의 가능성들이 아직 많이 남아 있다.

26 다른 지면에서 나는 종교 이후 종교에 관한 사고의 방식으로 재신학(anatheology)의 개념을 제안한 바 있다. 『재신론: 신 이후 신에게로 되돌아 가기』(*Anatheism: Returning to God After God*)(New York: Columbia University Press, 2010) 참고.

27 디지털 스토리텔링 센터(The Center for Digital Storytelling, CDS) 디렉터인 조셉 램버트(Joseph Lambert)의 훌륭한 작업과 브루클린 인터액티브 그룹(Brookline Interactive Group) 디렉터인 캐시 비스비(Kathy Bisbee)의 작업을 참고. 나는 이들이 보여준 유익한 사례를 통해 도움을 받았다.

28 디지털 교육학 분야에서 유사한 예로 게스트북 프로젝트(Guestbook Project)의 "이야기 맞바꾸기 - 역사 바꾸기"(Exchanging Stories-Changing Histories)가 있는데, 이것은 분열된 공동체의 젊은이들이 자신들의 내러티브를 현장에서 행동으로 옮기기 전, 내러티브 교환을 위해 사람들을 온라인으로 초청한다. 젊은이들은 "적극적인 공감 경청"의 형태에 참여함으로써 디지털적 상상력을 통해 감춰진 상처(너무 깊고 충격적이어서 직접적으로 관여할 수 없는)와 다시 접촉하고, 이를 다시 살아있는 기억과 제스처로 변화시키게 된다. 최근 게스트북 영상에는 아르메니아와 터키 젊은이들이 새로운 기념식의 형태로 아르메니아 대학살에 대해 지금까지 억압되어 왔던 이야기를 교환했고, 북아일랜드 개신교와 가톨릭 신자들이 "벽"의 경쟁 역사를 "다리"의 협력적인 이야기로 바꾸었으며, 이스라엘 유대교도와 팔레스타인 이슬람교도들이 현시대를 위해 이삭과 이스마엘의 이야기를 되살리고, 르완다와 콩고 젊은이들이 금지된 사랑의 이야기를 통해 역사적인 적개심을 극복하는 모습이 나타났다. 이처럼 각 디지털 프로젝트에는 주로 촉감(보통 옷, 모자, 악수, 선물 교환)을 통한 새로운 제스처를 만들어 가는 것이 있는데, 여기서 디지털 커뮤니케이션은 협력하는 이들 사이에서 상호 공감을 만들어 내고, 일상에서 시민성을 향상시킨다. 이러한 교류들은 상상력을 통한 디지털 방식의 우회 작업이 어떻게 기존 공동체에 새로운 감

각을 촉진 시키고, 세대를 넘어 전수되는 상처들을 치유라는 실제 행위로 변화시킬 수 있는지를 보여준다. 이 교류들은 미래를 향한 실질적인 방식으로써 공감 교육학의 전형이 되고, 우리가 숨겨진 상처와 접촉하게 함으로써 우리의 과거에 미래를 가져다 준다.

29 여기서 나는 특히 공익을 위해 몰입형 사회 다큐멘터리를 제작하는 다학제적 예술가 캐시 비스비(Kathy Bisbee)의 작품이 생각난다. 그녀는 브루클린 인터랙티브 그룹(Brookline Interactive Group, BIG)의 전무이사이자, MIT 오픈 독 랩(MIT Open Doc Lab)의 연구원이고, 퍼블릭 VR 랩(Public VR Lab)의 설립자로, 그녀는 VR을 활용한 국민 참여형 이민/이주 스토리텔링 체험인 어라이벌 VR(Arrival VR)의 수석 창작 디자이너/제작자이기도 하다. 이 책 「맺음말」 장에 포함된 햅틱 기술에 관한 논의도 참고.

30 기본적인 수준에서 우리는 이미 심박수, 체온, 수면 패턴, 이동성, 수분 섭취량 등을 모니터링하여 사람의 피부와 상호 작용하는 디지털 시계 및 핏비트(fitbits)와 같은 일상적인 기기가 사용되는 것을 목격하고 있다. 또한 우리는 디지털 치료를 위한 처방이 등장한 것도 알고 있다. 이러한 처방은 신체 및 뇌 패턴(예를 들어, 불면증 치료에서)과 연동되고, 약물 및 신체 요법을 보조해 주는 아이폰 앱을 사용하는 페어 테라퓨틱스(Pear Therapeutics)와 같은 생물학과 소프트웨어 기술이 결합 되는 지점에서 작동한다. 비록 이러한 기술들이 우리의 생체 정보를 감시할 가능성에 대해 우려할 수도 있지만 말이다. 쇼샤나 주보프(Shoshana Zuboff)의 『감시 자본주의』(*Surveillance Capitalism*)(London: Hachette, 2019) 참고.

31 리차드 루브의 『야생적 소명: 동물과의 연결이 어떻게 우리의 삶과 그들의 생명을 구할 수 있는가』 참고.

맺음말

1 COVID-19와는 전혀 별개로, 터치에 대한 특별한 인식을 일깨우는 접촉 불가에 관련된 사례는 많이 알려져 있다. 귀중한 예술 작품, 깨지기 쉬운 물건, 종교 성상, 또는 "만져질 수 없는" 특정 사람들(인기 영화배우들, 손에 잡히지 않는 연인, 사회적 또는 성적 금기의 대상 등)에 대한 일반적인 "접촉 금지"를 생각해 보라. 우리는 만져서는 안 되는 것들에 집착한다. 루브르 박물관에서 모나리자를 바라보는 사람들을 생각해 보라. 또는 자연적 본능과는 반대로 손에서 공을 떼고 발과 머리에 공을 맡기는 축구 선수들을 보라. 베아트리즈 베레즈(Beatriz Vélez)의 『축구와 에로티시즘』(*Football et érotisme*)(Montreal: Liber, 2014) 참고. COVID-19는 접촉에 관한 이러한 규범적 금지 사항을 극단적으로 부각시켰다.

2 존 마누사키스의 「코로나국가: 격리 중 수기」("Coronations: Notes from the Quarantine")(*New Polis*, Apr. 10, 2020) 참고. "거리감각과 근접감각의 차이를 염두해 두고, 나는 COVID-19의 증상들(기침, 발열과 같은 다른 호흡기 감염과 공통적으로 나타나는 증상을 제외하고)이 정확히는 후각상실증과 미각상실증, 즉 감염으로 인해 냄새를 맡지도, 맛을 느끼지도 못하는 증상이라는 것은 의미심장하다고 본다. 하이데거의 표현을 빌리자면, 거리를 없앰으로써 작동하는 이러한 접촉 감각들이 없이, 바이러스는 사람의 근접감각을 손상시켜 건강을 해친다. 인간의 특징인 직립 자세와 이에 따른 이족 보행은 인간이 후각보다는 시각에 더 의존하고자 하는 욕구의 진화론적 결과로 추정되어 왔다. 인간이 일어서게 되면서 동물들 사이에서 사회적 상호작용을 위한 주요 감각이었던 후각은 시각으로 대체되었다."

3 미시간의 한 요양원에 거주하던 66세의 루앤 다젠(LouAnn Dagen)은 홀로 죽기 전 알렉사에게 40번이나 도움을 청한 바 있다. 녹음된 그녀의 외로운 목소리가 이러한 비극적인 사례(2020년 4월 7일)를 보여준다. 이와 대조적으로, 가족과 친구를 잃고 고통스럽게 죽어가는 환자를 안고 만지는 "최전선" 간병인들에 관한 많은 감동적인 이야기도 있었다.

4 *New York Review of Books* 67, no. 7 (April 2020). 이 모음집에는 프란체스카 멜란드리(Francesca Melandri), 케빈 배리(Kevin Barry), 앤 엔라이트(Anne Enright), 닉 래어드(Nick Laird) 등의 글들이 실려 있었고, 수잔 손택(Susan Sontag)의 「정치적 은유로서의 질병」("Disease as Political Metaphor")과 토니 주트(Tony Judt)의 「역병에 관하여」("On the Plague")를 포함한 『뉴욕 리뷰 오브 북스』 아카이브의 에세이들이 뒤이어 실렸다. 해비 캐럴(Havi Carel)의 「봉쇄된 몸: 팬데믹 시대에서의 체화」("The Locked-Down Body: Embodiment in the Age of Pandemic")과 루나 도네잘(Luna Donezal)의 「상호신체성과 사회적 거리두기」("Intercorporeality and Social Distancing")(*Philosopher* 108, no.3)와 같은 통찰력 있는 연구들도 참고.

5 레일라 슬리마니(Leïla Slimani), 「코로나바이러스 전염병은 이런 상황을 더욱 악화시켰다: 사람들은 피부를 점점 덜 만진다」("L'Epidémie de Coronavirus vient nous accentuer une tendance: Nous touchons de moins en moins la peau de l'autre")(*Le Monde*, Apr. 2020).

6 줄리아 크리스테바, 「인류는 존재론적 고독을 재발견하고 있다. 인류가 가진 한계와 필멸의 의미」("Humanity Is Rediscovering Existential Solitude, the Meaning of Limits and Mortality")(*Corriere del Serra*, Mar. 29, 2020).

7 크리스테바. 팬데믹으로 인해 급격히 드러난 인간의 죽음과 연약함에 관하여 사이먼 크리츨리(Simon Critchley)의 도발적인 기고문 「철학한다는 것은 죽는 법을 배우는 것이다」("To Philosophize Is to Learn How to Die")(The Stone, *New York Times*, Apr. 11, 2020)를 참고.

8 「코로나바이러스가 터치의 힘을 죽였다: 우리는 어떻게 다시 연결할 것인가?」 ("Coronavirus Has Killed the Power of Touch: How Do We Reconnect?") (*Daily Beast*, Apr. 16, 2020)라는 제목의 설문조사 보고에서 팀 티먼(Tim Teeman)은 "터치 고립"과 "터치 상실"이라는 팬데믹 경험에 대한 다양한 터치 전문 학자들의 의견을 기록한다. 여기에는 『가장 깊은 감각: 터치의 문화사』(*The Deepest Sense: A Cultural History of Touch*)(전염병에 대한 두려움이 어떻게 터치에 대한 불신으로 이어졌는지 역사적으로 분석)의 저자 콘스탄스 클라센(Constance Classen)과 마이애미 밀러 의과대학 터치 연구소(The Touch Research Institute of Miami Miller School of Medicine)의 티파니 필드 박사(Dr. Tiffany Field)("코로나19 봉쇄 활동 조사" 디렉터), 리버풀 존 무어스 대학(Liverpool John Moores University)의 신경과학 교수인 프랜시스 맥글론(Francis McGlone), 그리고 럿거스 대학(Rutgers University)의 터치 연구 전문가인 빅토리아 아브라리아 박사(Dr. Victoria Abraria)가 포함되어 있다. 아브리아는 팬데믹으로 인해 터치가 우리 삶에 얼마나 필수적인지를 깨닫기 전까지 시각에 관한 논문 100편당 터치에 관한 논문은 고작 1편만이 게재되었다고 기록한다. 아브라리아와 같은 과학자들은 장기간에 걸쳐 터치가 결핍되면 "터치 외상후스트레스장애" 형태를 포함한 "심각한 정신적 문제"로 이어질 수 있다고 강조한다. 촉각 박탈, 즉 피부 아래의 압력 수용체를 자극하고, 신경계를 이완시키며, 심박수와 혈압을 낮추고, 스트레스 호르몬을 "사랑의 호르몬" 옥시토신으로 바꾸는 터치를 상실하게 되면, 사람들은 심각한 심리적 불안과 금단 증상을 겪을 수 있다. 클라센이 기록하기를, 시각이 지배적인 온라인 환경에 대해 우리의 몰입도가 높아지면서, "시각은 현란해지고, 촉각이 축소되는 감각 언어"에 특권을 부여했던 봉쇄기간 동안 이러한 심리적 불안 현상은 두드러졌다. 이 모든 상황에도 불구하고, 이 연구는 팬데믹으로 인해 사람들이 우리의 촉각적인 환경, 즉 더욱 존중하고 돌보는 터치가 필요한 영역들에 대해 더욱 많이 고민하게 될 것"이라는 희망으로 결론 맺는다. 전 세계 중환자실에서 의사와 간호사들이 자신들의 환자가 손길이 닿지 않은 채로 고통당하거나 죽도록 내버려두지 않았음이 증명되었듯이 말이다.

9 알트스페이스(Altspace)에 있는 소셜 VR 촉각 애플리케이션에 대해서는 https://www.vrfitnessinsider.com/haptics-thrilling-prospect를 참고. 인터넷 미사나 전례의식의 경우 사람들이 가상 이례에 "원격으로" 참여할 때, 손으로 만질 수 있는 컵, 성배, 양초, 그리고 빵을 들고 싶은 강한 욕망에 대해 어떻게 느끼는지는 시사하는 바가 크다.

10 클라센은 "미래 시대의 터치에 관해 주목해야 할 중요한 발전된 모습 중 하나로 햅틱 기술이 점점 더 많은 촉각 영역을 사이버 공간으로 가져와 촉각을 시각과 같은 거리감각으로 바꾸고, 촉각에 대안적인 가상 생활을 가져다 준다는 점"이라고 기록한다(티먼의 「코로나바이러스가 터치의 힘을 죽였다」에서 인용).

깊이 읽기 **217**

COVID-19 이전에 이미 진행된 VR 햅틱을 사용한 교육 연구에 대해서는 다음 사이트를 참고. https://educatorsinvr.com/events/international-summit. 또 다른 사회적 VR의 예로는 https://lab.onebonsai.com/social-vr-is-the-weird-future-of-social-media-2fedf4663011를 참고.

11 https://www.ign.com/articles/mother-plays-with-deceased-daughter-in-vr-recreation [MBC 다큐멘터리 〈너를 만났다〉(2020)]와 https://www.vrfitnessinsider.com/haptics-thrilling-prospect/ 참고.

12 VR에 관한 사회성 실험에서 인조 가죽을 사용한 사례에 대해서는 https://singularityhub.com/2019/11/25/synthetic-skin-is-bringing-a-sense-of-touch-to-virtual-reality를 참고. 공감 그리고 디지털 스토리텔링, 원격햅틱, 육감 사이의 VR 관계에 대한 시의적절한 논의에 대해서는 https://teslasuit.io/blog/empathy-virtual-reality/ 참고. 그리고 그에 대한 과학적 배경은 https://www.sciencedaily.com/releases/2019/11/191120131255.htm을 참고. 또한 마이주 로우콜라(Maiju Loukola)의 「잠시 거리를 두시죠: 매체성과 터치의 관계에 관하여」("A Little Distance Please: On the Relationship Between Mediality and Touch")(in Maiju Loukola and Mike Luoto, eds., *Figures of Touch: Sense, Technics, Body*, Helsinki: University of Helsinki Press, 2018) 121-52페이지. 그리고 폴 마틴(Paul Martin), 「육체 해석학과 디지털 게임」("Carnal Hermeneutics and the Digital Game")(*Journal of the Philosophy of Games* 2, no. 1 (2018)) 1-20페이지 참고.

13 여기에는 자연(그리고 동물)과 접촉하고자 하는 강한 욕구가 포함된다. 그리고 나는 햅틱 VR 분야에서 가장 주목할 만한 초기 연구 프로젝트 중 하나가 앞서 언급된 바 있는 "나무 실험"이라는 점은 결코 우연이 아니라고 본다. 이 실험에서 사람은 햅틱 조끼를 입고 나무가 바람에 움직이는 경험을 "느끼"게 되어 있다. 모든 지혜 전통에서 나타났듯이, 태초부터 나무는 인간에게 줄 수 있는 근본적으로 원형적인 힘을 지닌다. COVID-19를 언급하면서 리차드 로어는 촉각 접촉에 대한 욕망이 자기 자신을 넘어 "타자성"으로 향하고자 하는 근원적인 욕구를 나타낸다고 기록하면서, 그는 아프리카계 미국인 신비주의자 하워드 서먼(Howard Thurman)을 예로 든다. 서먼은 "인생의 고통에 대해 가장 중요한 어떤 면역력"을 제공해 준 자연과 연결된 경험을 통해 이를 깊이 이해하고 있었다고 한다. 젊은 시절 서먼은 집 근처에 있던 한 나무와의 관계에서 위안을 얻었다. "마침내 나는 그 참나무와 내가 어떤 특별한 관계를 맺고 있다는 것을 알게 되었다. 나는 나무 기둥에 등을 기대어 앉을 수 있었고, 내 영혼의 고요한 곳으로 찾아 내려갈 수 있었으며, 내 상처와 기쁨을 꺼내어 펼쳐 보이면서 그것들에 대해 말할 수도 있었다. 나는 참나무에게 큰 목소리로 말할 수 있었고, 내가 이해받고 있다고도 느꼈다. 나무 역시 나에게 공간을 내어주는 숲처럼 내 현실의 일부였다"(하워드 서먼, 『머리와 가슴으로』(*With Head and Heart*)

(New York: Harcourt Brace, 1979, 8페이지). 타인으로부터 사회적 거리두기를 하는 요즘이야말로 로어에게는 나무들, 자연과 접촉하면서 치유하는 "환경 치유"(일본어로는 쉰린-요쿠, *Shinrin-yoku*)를 시험해 볼 기회이다. "실내에서 피신"하는 기간이 끝나면, 야외활동에 대해 새롭게 감사할 점을 발견할 기회인 것이다(리차드 로어의 활동과 명상 센터, 2020년 4월 18일 참고). 나무가 자연과 인간의 상호작용을 위한 매개 역할을 하는 유사한 사례로는 피터 볼레벤(Peter Wohlleben)의 『나무의 감춰진 일생』(*The Hidden Life of Trees*)(Vancouver: Greystone, 2015)을 참고. 생태계와 기술 사이의 공생적 협력관계에 대해 시대를 앞서 호소한 알렉산더 시케라(Alexander Pschera)의 『동물 인터넷: 자연과 디지털 혁명』(*Animal Internet: Nature and the Digital Revolution*)(New York: New Vessel, 2020)을 참고. 저자는 새로운 동물 추적 기술(예를 들어, 공간을 이용한 동물 연구에 대한 국제 협력(International Cooperation for Animal Research Using Space))이 인간이 동물 세계와 맺는 관계를 변화시킬 수 있고, 자연과 기술의 강한 이분법을 창조적이며 공감적인 방식으로 완화시킬 수 있다고 주장한다. 그는 기술이 더 이상 자연에 대해 영원히 적대적인 대상은 아니고, 우리 공통의 지구에서 인간은 자연과 동물 동료들 사이에서 이상적이고, 융통성 있는 상호작용의 공간을 제공할 수 있다고 본다. "동물 인터넷"은 "종간 소통"에 관한 새로운 가능성을 열어 보이며, 인간이 일시적으로라도 다른 종(species)의 구성원으로서 경험하듯이 가깝거나 먼 장소를 느끼면서 동물의 관점으로 세상을 보도록 한다. 추적 기술은 디지털 기술을 활용해 다른 종의 습성과 행동을 우리에게 알려주고, 우리가 이들의 삶에 상상적으로 접근할 수 있도록 해주면서, 우리가 실제 환경에 존재하는 동물들을 더욱 긴밀히 돌보도록 가르쳐 줄 수 있다. 결국 아이러니하게도 동물들에 대한 우리의 "감각 접근"이 회복된다. 촉감과 접촉의 관계에 대해서는 카트자 하우스타인(Katja Haustein)의 「타인과 함께 홀로 지내는 법: 촉각에 관한 플레서, 아도르노, 바르트의 철학」("How to Be Alone with Others: Plesser, Adorno, and Barthes on Tact") (*Modern Language Review* 114, no. 1 (January 2019): 1–21)을 참고. 마지막으로 클라우디아 햄몬드(Claudia Hammond)가 진행한 팬데믹 시대에 꼭 맞는 「터치의 해부학」("Anatomy of Touch")에 관한 BBC 라디오4 시리즈를 참고.

찾아보기

ㄱ

고보도-매디키젤라 Gobodo-Madikizela, Pumla 129, 205

ㄴ

낭시 Nancy, Jean-Luc 57, 181, 186, 194
누겐트 Nugent, Joseph 37, 172
니체 Nietzsche, Friedrich 43, 52, 98, 192, 202

ㄷ

도마 Thomas, St. 90, 95-97, 192
듀포르망텔 Dufourmantelle, Anne 33, 172, 185
드릴로 DeLillo, Don 138, 208
드 발 de Waal, Frans 29, 171, 206
딜라드 Dillard, Annie 177

ㄹ

라이히 Reich, Wilhelm 105
레비나스 Levinas, Emmanuel 65, 183, 205
레비스트로스 Lévi-Strauss, C 33
레빈 Levine, Peter 110, 198
로사 Rosa, Hartmut 177, 202
로어 Rohr, Richard 174, 176, 177, 191, 192, 200, 218
루미 Rumi 189, 193

루브 Louv, Richard 19, 20, 131, 132, 169, 178, 207, 208, 215

ㅁ

마누사키스 Manoussakis, John 172, 181, 186, 188, 216
마리옹 Marion, Jean-Luc 172, 186
막달라 Magdalene, Mary 101, 174, 190, 194
맥글론 McGlone, Francis 167, 168, 217
맥켄드릭 Mckendrick, Karmen 186, 205
메를로-퐁티 Merleau-Ponty, Maurice 40, 65, 66, 172, 174, 175, 181, 184, 185, 191
메이니엘 Meyniel, Dominique 125, 204

ㅂ

바르트 Barthes, Roland 52, 149, 208, 219
바울 Paul, St. 40, 90, 191
반 데어 콜크 Van der Kolk, Bessel 109-111, 116, 118, 119, 127, 197-199, 202, 206
반 모어 Van Mohr, Mariana 197
뱀버 Bamber, Helen 45, 106, 107,

178, 196
보들리야르 Baudrillard, Jean 211
보부아르 Beauvoir, Simone de 66, 172
부조 Bourgeault, Cynthia 174, 176, 178, 190
브룩스 Brooks, David 209, 210

ㅅ

사르트르 Sartre, Jean-Paul 65, 172
셰익스피어 Shakespeare, William 36, 71
슐먼 Schulman, Audrey 36
스택클 Stackle, Erin 180
슬리마니 Slimani, Lëila 163, 216
시헌 Sheehan, Thomas 180

ㅇ

아리스토텔레스 Aristotle 49-55, 59-63, 79, 177, 179-182, 188
아브라리아 Abraria, Victoria 167, 217
아빌라의 테레사 Teresa of Avilla 99, 100, 192, 193
아스클레피오스 Asclepius 82-85, 87, 114, 128, 166, 188-190, 207
아시시의 프란치스코 Francis of Assisi 179, 192
아퀴나스 Aquinas, Thomas 35, 179
알로아 Alloa, Emmanuel 180-182

애디치코 Eadicicco, Lisa 208
애쉐리 Asheri, Shoshi 195
예수 Jesus 34, 35, 90-92, 94-97, 100, 101, 166, 176, 186, 191
오디세우스 Odysseus 34, 78-81, 182
오이디푸스 Oedipus 40, 80, 81
오핸론 O'Hanlon, Redmond 167, 175, 178, 185, 195-198, 200
우드 Wood, David 169, 172
워넥 Warnecke, Tom 200
위니콧 Winnicott, Donald Woods 122, 203
위커샴 Wickersham, Joan 114, 199
이리가레 Irigaray, Luce 66, 67, 185

ㅈ

제우스 Zeus 34, 82, 83
제임스 James, William 119, 120, 202
조이스 Joyce, James 45, 73, 178, 187

ㅊ

찰팩 Charpak, Nathalie 131, 207

ㅋ

카니 Kearney, Michael 85, 188-190
카니 Kearney, Richard 7, 168, 170, 172, 187, 188, 192, 195, 196,

199, 208, 209
카뮈 Camus, Albert 28, 38, 173
커즈와일 Kurzweil, Ray 145, 213
케이론 Chiron 81-84, 166, 188, 189, 199, 207
켈러 Keller, Catherine 169
크레티엥 Chretien, Jean-Louis 179, 180, 182, 183
크리스테바 Kristeva, Julia 66, 68, 70, 72, 164, 185, 187, 216
크리츨리 Critchley, Simon 208, 216
클라센 Classen, Constance 167, 169, 217
클레멘테 Clemente, Matthew 184

ㅌ
톰슨 Thompson, Evan 181, 186
트레바던 Trevarthern, Colwyn 44, 178
트리너 Treanor, Brian 169, 173, 177
티먼 Teeman Tim 167-169, 217

ㅍ
퐁탈리스 Pontalis, Jean-Bertrand 181
프렌더개스트 Prendergast, John 190
프로이트 Freud, Sigmund. 28, 55, 70-72, 103, 105, 106, 143, 181, 187, 188, 193, 195, 199, 209
프루스트 Proust, Marcel 38, 44, 45, 185
플라톤 Plato 49, 52, 178, 179
필드 Field, Tiffany 124, 167, 203, 210, 217

ㅎ
하이데거 Heidegger, Marin 64, 70-72, 174, 180, 187, 209, 216
하틀리 Hartley, Linda 189, 197, 199, 203, 206
핼릭 Halik, Tomas 169, 192, 209
햄블린 Hamblin, James 108, 170, 196, 203, 210, 211
허만 Herman, Judith 106, 201
헤더먼 Hederman, Patrick 178, 187
헤르메스 Hermes 34, 54, 62
호머 Homer 29, 78
홉킨스 Hopkins, Gerald Manley 33, 41, 176
후설 Husserl, Edmund 25, 62-64, 183, 185, 186
휴즈 Hughes, Langston 115, 200
히니 Heaney, Seamus 42, 74-76, 175, 182, 188

전남대학교 인문학연구원 HK+ 가족커뮤니티사업단 번역총서 · 8

터치, 생명의 감각을 회복하다

1판 1쇄 발행 2025년 2월 21일

원   제 | Touch: Recovering Our Most Vital Sense
지 은 이 | 리차드 카니
옮 긴 이 | 김연민·김은혜
펴 낸 이 | 김진수
펴 낸 곳 | 한국문화사
등   록 | 제1994-9호
주   소 | 서울시 성동구 아차산로49, 404호(성수동1가, 서울숲코오롱디지털타워3차)
전   화 | 02-464-7708
팩   스 | 02-499-0846
이 메 일 | hkm7708@daum.net
홈페이지 | http://hph.co.kr

ISBN 979-11-6919-295-8 93100

· 이 책의 내용은 저작권법에 따라 보호받고 있습니다.
· 잘못된 책은 구매처에서 바꾸어 드립니다.
· 책값은 뒤표지에 있습니다.
· 이 저서는 2018년 대한민국 교육부와 한국연구재단의 지원을 받아 수행된 연구임(NRF-2018S1A6A3A04042721)

오류를 발견하셨다면 이메일이나 홈페이지를 통해 제보해주세요.
소중한 의견을 모아 더 좋은 책을 만들겠습니다.